广州城市智库丛书

广州市社会科学院　组编

迈向高质量发展的
广州制造业

杨代友　陈　刚　等◎著

中国社会科学出版社

图书在版编目（CIP）数据

迈向高质量发展的广州制造业／杨代友等著.
北京：中国社会科学出版社，2024.9. -- （广州城市
智库丛书）. -- ISBN 978 - 7 - 5227 - 4097 - 3

Ⅰ. F426.4

中国国家版本馆 CIP 数据核字第 2024C2U309 号

出 版 人	赵剑英
责任编辑	喻　苗
责任校对	胡新芳
责任印制	王　超

出　　版	中国社会科学出版社
社　　址	北京鼓楼西大街甲 158 号
邮　　编	100720
网　　址	http://www.csspw.cn
发 行 部	010 - 84083685
门 市 部	010 - 84029450
经　　销	新华书店及其他书店

印　　刷	北京君升印刷有限公司
装　　订	廊坊市广阳区广增装订厂
版　　次	2024 年 9 月第 1 版
印　　次	2024 年 9 月第 1 次印刷

开　　本	710 × 1000　1/16
印　　张	21.5
字　　数	280 千字
定　　价	109.00 元

总　序

　　何谓智库？一般理解，智库是生产思想和传播智慧的专门机构。但是，生产思想产品的机构和行业不少，智库因何而存在，它的独特价值和主体功能体现在哪里？再深一层说，同为生产思想产品，每家智库的性质、定位、结构、功能各不相同，一家智库的生产方式、组织形式、产品内容和传播渠道又该如何界定？这些问题看似简单，实际上直接决定着一家智库的立身之本和发展之道，是必须首先回答清楚的根本问题。

　　从属性和功能上说，智库不是一般意义上的学术团体，也不是传统意义上的哲学社会科学研究机构，更不是所谓的"出点子""眉头一皱，计上心来"的术士俱乐部。概括起来，智库应具备三个基本要素：第一，要有明确目标，就是出思想、出成果，影响决策、服务决策，它是奔着决策去的；第二，要有主攻方向，就是某一领域、某个区域的重大理论和现实问题，它是直面重大问题的；第三，要有具体服务对象，就是某个层级、某个方面的决策者和政策制定者，它是择木而栖的。当然，智库的功能具有延展性、价值具有外溢性，但如果背离本质属性、偏离基本航向，智库必会惘然自失，甚至可有可无。因此，推动智库建设，既要遵循智库发展的一般规律，又要突出个体存在的特殊价值。也就是说，智库要区别于搞学科建设或教材体系的大学和一般学术研究机构，它重在综合运用理论和知识分析研判重大问题，这是对智库建设的一般要求；同时，具体到一家智库个体，又要依据自身独一无二的性质、类型和定位，塑造独特个性和鲜明风格，占据真正属于自己的空间和制高点，这是智库独立和自立的根本标志。当前，智库建设的理论和政策不一而足，实践探索也呈现出八仙过海之势，这当然有利于形成智库界的时代标签和身份识别，但在热情高涨、高歌猛进的大时代，也容易盲目跟风、漫天飞舞，以致破坏本就脆弱的智库生态。所以，我们可能还要保持一点冷静，从战略上认真思考智库到底应该怎么建，社科院智库应该怎么建，城市社科院智库又应该怎么建。

广州市社会科学院建院时间不短，在改革发展上也曾经历曲折艰难探索，但对于如何建设一所拿得起、顶得上、叫得响的新型城市智库，仍是一个崭新的时代课题。近几年，我们全面分析研判新型智库发展方向、趋势和规律，认真学习借鉴国内外智库建设的有益经验，对标全球城市未来演变态势和广州重大战略需求，深刻检视自身发展阶段和先天禀赋、后天条件，确定了建成市委、市政府用得上、人民群众信得过、具有一定国际影响力和品牌知名度的新型城市智库的战略目标。围绕实现这个战略目标，边探索边思考、边实践边总结，初步形成了"1122335"的一套工作思路：明确一个立院之本，即坚持研究广州、服务决策的宗旨；明确一个主攻方向，即以决策研究咨询为主攻方向；坚持两个导向，即研究的目标导向和问题导向；提升两个能力，即综合研判能力和战略谋划能力；确立三个定位，即马克思主义重要理论阵地、党的意识形态工作重镇和新型城市智库；瞄准三大发展愿景，即创造战略性思想、构建枢纽型格局和打造国际化平台；发挥五大功能，即咨政建言、理论创新、舆论引导、公众服务、国际交往。很显然，未来，面对世界高度分化又高度整合的时代矛盾，我们跟不上、不适应的感觉将长期存在。由于世界变化的不确定性，没有耐力的人常会感到身不由己、力不从心，唯有坚信事在人为、功在不舍的自觉自愿者，才会一直追逐梦想直至抵达理想的彼岸。正如习近平总书记在哲学社会科学工作座谈会上的讲话中指出的，"这是一个需要理论而且一定能够产生理论的时代，这是一个需要思想而且一定能够产生思想的时代。我们不能辜负了这个时代"。作为以生产思想和知识自期自许的智库，我们确实应该树立起具有标杆意义的目标，并且为之不懈努力。

智库风采千姿百态，但立足点还是在提高研究质量、推动内容创新上。有组织地开展重大课题研究是广州市社会科学院提高研究质量、推动内容创新的尝试，也算是一个创举。总的考虑是，加强顶层设计、统筹协调和分类指导，突出优势和特色，形成系统化设计、专业化支撑、特色化配套、集成化创新的重大课题研究体系。这项工作由院统筹组织。在课题选项上，每个研究团队围绕广州城市发展战略需求和经济社会发展中的重大理论与现实问题，结合各自业务专长和学术积累，每年年初提出一个重大课题项目，经院内外专家三轮论证评析后，院里正式决定立项。在课题管理上，要求从基本逻辑与文字表达、基础理论与实践探索、实地调研与方法集成、综合研判与战略谋划等方面反复打磨锤炼，结项仍然要经过三轮评审，并集中举行重大课题成果发布会。在成果转化应用上，建设"研究专报＋刊物发表＋成果发布＋媒体宣传＋著作出版"组合式转化传播平台，形成延伸转化、彼此补充、互相支撑的系列成果。自 2016 年以来，广州市社会科学院已组织开展 40 多项重大课题研究，积累了一批具有一定学术价值和应用价值的研究成果，这些成果绝大部分以专报方式呈送市委、市政府作为决策参考，对广州城市发展产生了积极影响，有些内容经媒体宣传报道，也产生了一定的社会影响。我们认为，遴选一些质量较高、符合出版要求的研究成果统一出版，既可以记录我们成长的足迹，也能为关注城市问题和广州实践的各界人士提供一个观察窗口，是很有意义的一件事情。因此，我们充满底气地策划出版了这套智库丛书，并且希望将这项工作常态化、制度化，在智库建设实践中形成一条兼具地方特色和时代特点的景观带。

感谢同事们的辛勤劳作。他们的执着和奉献不但升华了自我，也点亮了一座城市通向未来的智慧之光。

广州市社会科学院党组书记、院长

2018 年 12 月 3 日

前　言

　　制造业是国家经济命脉所系，实现制造业高质量发展是国家经济高质量发展的重中之重。广州市在 2022 年政府工作报告中，首次明确提出"坚持产业第一、制造业立市"，进一步加强了对制造业的重视和部署。党的二十大之后，广东又在全国率先提出了"制造业当家"，突出了制造业在经济发展中的地位。这一方面说明了制造业是经济发展的关键，在创造就业机会、建立创新引擎和保持创新型经济等方面具有不可或缺的作用；另一方面说明政府已经越来越深刻地认识到制造业的重要性，并从战略层面推动制造业创新和高质量发展。

　　制造业是广州经济发展的重要产业支撑。广州制造业行业门类齐备，拥有 41 个工业大类中的 35 个，工业经济总体规模、综合实力、质量效益等指标领跑全国。围绕广州制造业开展研究，一直是广州市社会科学院现代产业研究所的重点课题。近年来，我们先后开展了"工业重型化十年后广州市制造业的产业选择与结构升级""'十三五'时期广州市制造业发展重点难点问题及对策研究""广州制造业高质量发展评价研究""广州市制造业发展的国际比较研究"等课题的研究，对广州制造业的了解不断深入，积累了一定的研究成果和经验认识。

　　制造业高质量发展是一个动态的演进过程，在这一过程中，没有最高质量，只有更高质量。这是一个值得跟踪研究的课题，本书的写作是一次初步探讨，是在 2020 年广州市社会科学院现代产业研究所完成的重大课题成果的基础上进一步修改完善而成，是全所研究人员集体智慧和努力的结晶。全书写作分工如下：框架设计杨代友、第一章杨代友、第二章陈荣、第三章莫佳雯、第四章陈刚、第五章王世英、第六章郭贵民、第七章李明充、第八章秦瑞英、第九章陈刚、第十章陈峰、第十一章陈荣。本书最后由杨代友和陈刚统稿完成。

全书在研究立项和写作过程中得到院领导、课题评审专家、科研处的大力支持和帮助。院党组书记、院长张跃国对现代产业研究所的研究和选题方向提出了宝贵的指导意见；尹涛副院长在本书大纲设计、写作过程和书稿修改完善中提出了许多意见和建议；课题评审专家审阅了书稿，并提出了许多有价值的修改意见；科研处在推动本书出版过程中做了大量细致的工作。感谢以上各位领导、专家和同事的辛勤付出，使本书增彩不少。

本书是课题组的工作成果，其中可能有不足之处，欢迎提出修改完善意见。

杨代友

2023 年 1 月 15 日

目　录

第一章　导论 ……………………………………………（1）

一　课题研究的提出 ……………………………………（1）

二　本研究的贡献及意义 ………………………………（6）

三　内容框架和结构安排 ………………………………（9）

第二章　改革创新推动制造业高质量发展的理论依据 ……（14）

一　产业高质量发展的历史轨迹和时代逻辑 …………（14）

二　制造业高质量发展是一个系统工程 ………………（23）

三　制造业高质量发展改革创新的经济学解释 ………（30）

第三章　广州制造业高质量发展的现状分析 ……………（38）

一　发展规模 ……………………………………………（39）

二　结构调整 ……………………………………………（43）

三　支柱产业 ……………………………………………（46）

四　创新能力 ……………………………………………（50）

五　融合发展 ……………………………………………（54）

六　对外开放 ……………………………………………（58）

七　绿色制造 ……………………………………………（62）

第四章　广州制造业发展质量评估和比较 ……………（66）

　　一　指标体系设立原则 …………………………………（67）

　　二　指标体系建立依据 …………………………………（67）

　　三　评价指标体系的构建 ………………………………（71）

　　四　评估方法 ……………………………………………（84）

　　五　广州与中国其他城市制造业发展质量比较 ………（88）

　　六　广州制造业发展质量的总体评价 …………………（100）

第五章　广州制造业发展政策评估及建议 ……………（104）

　　一　有关政策体系的演化与结构分析 …………………（104）

　　二　广州促进制造业发展的总体政策分析 ……………（109）

　　三　广州促进制造业发展的专项政策分析 ……………（117）

　　四　广州制造业政策体系亮点分析 ……………………（131）

　　五　广州制造业政策体系存在的改进空间 ……………（138）

　　六　广州优化制造业政策体系的建议 …………………（140）

第六章　广州制造业结构调整评估及建议 ……………（143）

　　一　有关理论问题 ………………………………………（144）

　　二　广州制造业结构演变历程及现状特点 ……………（151）

　　三　制造业结构优化的创新实践 ………………………（160）

　　四　广州优化制造业结构的对策建议 …………………（171）

第七章　广州制造业技术创新评估及建议 ……………（175）

　　一　有关理论研究 ………………………………………（176）

　　二　广州制造业技术创新发展现状 ……………………（181）

　　三　广州制造业技术创新实践 …………………………（189）

　　四　技术创新的主要短板 ………………………………（192）

　　五　国内外技术创新经验借鉴 …………………………（195）

六　广州促进技术创新的对策建议 …………………（207）

第八章　广州制造业空间布局评估及建议 …………………（212）
　　一　有关理论研究 ……………………………………（212）
　　二　改革开放后广州制造业空间布局演进 …………（218）
　　三　广州制造业空间布局现状分析 …………………（221）
　　四　广州制造业空间布局的创新实践 ………………（231）
　　五　广州制造业布局的主要问题 ……………………（235）
　　六　进一步优化制造业空间布局的对策建议 ………（237）

第九章　广州制造业与服务业融合发展评估及建议 ……（244）
　　一　制造业与服务业融合发展理论分析 ……………（244）
　　二　广州制造业与服务业融合发展分析 ……………（246）
　　三　先进经验借鉴及启示 ……………………………（257）
　　四　广州推动服务业与制造业融合发展的
　　　　对策建议 …………………………………………（262）

第十章　广州制造业基础高级化评估及建议 ……………（264）
　　一　制造业基础高级化的内涵、特征和标准 ………（264）
　　二　广州制造业基础能力建设现状分析 ……………（267）
　　三　广州制造业基础能力建设创新实践 ……………（270）
　　四　存在的主要问题 …………………………………（276）
　　五　国内外经验借鉴 …………………………………（279）
　　六　广州制造业基础高级化的对策建议 ……………（289）

第十一章　广州制造业产业链现代化评估及建议 ………（294）
　　一　产业链现代化理论基础 …………………………（295）

二　广州制造业产业链现状——以生物医药
　　产业为例 …………………………………………（300）

三　广州制造业产业链现代化创新实践 ……………（305）

四　广州制造业产业链现代化的基础条件与
　　现实挑战 …………………………………………（309）

五　广州加快提升制造业产业链现代化的
　　对策建议 …………………………………………（316）

参考文献 …………………………………………………（322）

附表　广州与中国主要城市制造业发展质量评估
　　基础指标得分 ……………………………………（326）

第一章　导论

党的十九大报告做出了"我国经济已由高速增长阶段转向高质量发展阶段"的科学论断，开启了中国经济发展的新征程。产业发展的好坏状况是经济发展质量水平的直接体现。就产业经济而言，对发展质量的提倡和强调是相对于发展数量而言的。产业发展数量意味着产业发展的追求是产业增长速度和产业规模；而产业发展质量则意味着产业发展的追求是产品供给质量和产业经济效益。由注重产业发展速度和规模转向更加注重产业发展的质量和效益，必须在政策体系设计和相应的具体措施上进行改革创新。通过改革创新建立起有利于产业高质量发展的体制机制，制定实施一揽子推动产业结构优化、技术革新、品质提升、品牌塑造等高端化发展的新措施，促使产业迈向高质量发展的道路。沿着这一思路，本书围绕"推动广州制造业高质量发展"开展研究，在对制造业发展质量进行评估分析的基础上提出供决策参考的对策建议。

一　课题研究的提出

（一）走向高质量发展的经济

虽然在党的十九大报告提出中国经济已由高速增长阶段转向高质量发展阶段之后，高质量发展才成为普遍被接受的概念，并成为制定发展政策的目标导向，以及衡量所采取措施是否有效的标准，但从中国经济发展的轨迹以及经济发展规划政策的制定和实施来看，经济发展所展现的就是从重视速度逐渐转向重视效益，从重视规模逐渐转向重视质量。在短缺经济时期，重视发展的速度、规模和数量是自然而然的，也是符合客观现实需要的，这是一个从无到有的过程，首先解决"有没有"的问题；而当发展到一定时期，物质财富不断积累，增加到一定水平之后，社会需求则发生变化，在"有"的基础上追求"好"，从而发展的目标导向则会从数量向质量转变。

　　在新中国成立以后，直到改革开放初期的很长一段时间里，中国经济发展追求的主要还是以速度为主。例如，在《关于国民经济和社会发展十年规划和第八个五年计划纲要的报告》中分析当时发展形势的时候就有这么一段话："我国经济还不发达，人口增长的压力很大。要解决各种经济社会矛盾，改善人民生活，逐步实现现代化，没有一定的经济增长速度是不行的。在条件许可的前提下，应该努力争取经济发展有较快的速度。"①可见，在这之前，对发展速度的重视一直是中国经济规划和政策的重要目标导向。

　　从"九五"计划开始，中国经济发展逐渐转向重视质量和效益。《关于国民经济和社会发展"九五"计划和2010年远景目标纲要的报告》②指出："经过建国以来的建设，特别是改革开放以来的快速发展，我国已经有了比较雄厚的物质技术基础"，但面临着"人口和就业负担较重，人均资源相对不足，国民经济整体素质低"的突出问题。报告提出，要"积极推进经济体制和经济增长方式的根本转变"，即"促进经济增长方式从

---

① 1991年3月25日李鹏总理在第七届全国人民代表大会第四次会议上所做的报告。
② 1996年3月5日李鹏总理在第八届全国人民代表大会第四次会议上所做的报告。

粗放型向集约型转变，处理好速度和效益的关系，提高经济整体素质和生产要素的配置效率，注重结构优化效益、规模经济效益和科技进步效益。"从发展规划的导向上可以看出，从"八五"计划到"九五"计划是中国经济发展转向的一个分界点，"八五"计划及之前强调发展速度，追求规模数量为主，从"九五"计划开始，规划政策开始导向发展的质量和效益。

此后的规划目标要求显示了这一趋势特征。"十五"计划的目标要求是"国民经济保持较快发展速度，经济结构战略性调整取得明显成效，经济增长质量和效益显著提高"。"十一五"规划的目标要求是"保持经济平稳较快发展，实现又快又好发展"。"十二五"规划的目标要求是"经济平稳较快发展，经济增长质量和效益明显提高"。"十三五"规划目标要求是"经济保持中高速增长，主要经济指标平衡协调，发展质量和效益明显提高"。由此可见，经济转向高质量的发展道路是大势所趋。

（二）制造业高质量发展的关键地位

在产业层次上，经济高质量发展体现为农业、工业制造业、服务业等的高质量发展。作为工业化社会的产业支柱，制造业的发展水平决定了整个经济的发展状况。在当前做大做强制造业成为全球竞争热点的背景下，推动制造业高质量发展是经济高质量发展的关键。

从国内外形势来看，制造业已成为全球推动经济长期稳定增长的核心引擎。当前国际产业分工体系正在重塑，国际竞争日趋激烈，制造业重新成为全球经济竞争的制高点。发达国家纷纷实施"再工业化"战略，发展中国家也在调整布局。尤其是 2018 年以来，受中国和美国的经济贸易冲突带来的不确定性因素的影响，全球产业链供应链的稳定安全受到威胁。与此同时，国内制造业供给体系质量还不够高、创新能力不够强、质量效益不够好等问题依然比较突出，虽然表现出较强的韧性，但下行压力仍然较大，困难和挑战比较明显。认识和把握制造业在全球范围的价值链重构与产业国际分工格局重大调整的历史机遇，重新建立制造业的国际竞争优势，成为推动中国制造业实现高质量发展的重要内容。

从中国对制造业发展的重视来看，推动制造业高质量发展已成为全国经济高质量发展的重中之重。习近平总书记多次对发展先进制造业、建设制造强国做出重要指示批示。习近平总书记在致2019世界制造业大会的贺信中指出，"全球制造业正经历深刻变革"，要"把推动制造业高质量发展作为构建现代化经济体系的重要一环"。在2018年中央经济工作会议将"着力推动高质量发展"作为六大重点工作之一后，2019年12月的中央经济工作会议再次提出要积极发展先进制造业，支持战略性产业发展，支持加大设备更新和技改投入力度，推进传统制造业优化升级，提升产业基础能力和产业链现代化水平。

广东省于2019年11月下旬召开推动制造业高质量发展大会，提出要实施"强核""立柱""强链""优化布局""品质""培土"六大工程，攻坚克难突破重点领域关键环节，加快制造强省建设。为贯彻国家和广东省发展先进制造业的精神，2019年12月18日广州召开先进制造业强市推进大会，提出大力实施"结构优化""技术创新""主体壮大""基础升级""布局优化""融合深化""品质品牌""发展环境"等八大提质工程，加快建设先进制造业强市，争取在建设制造强国、制造强省中赛龙夺锦，体现广州担当，贡献广州力量。

（三）广州推动制造业高质量发展要有试验示范作用

广州是中国制造业相对发达城市，也承担着国家中心城市的重要职责，有基础、有条件、有责任在推动制造业高质量发展中发挥试验示范作用。

从发展基础和条件看，广州制造业转向高质量发展已取得一定成绩。作为国家先进制造业重要基地，经过改革开放40多年的快速发展，广州制造业综合实力和配套能力居全国前列，在制造业高质量发展示范实践上已有一定基础，在全国率先获批工信部制造强市战略试点示范城市、首批国家服务型制造示范城市，入围全国数字经济"五大引领型城市"，"两化融合"发展水平、绿色制造指标居全国前列。目前在建和准备推动建设的示范项目还有争取创建国家级车联网先导区、建设人工智能与数字经济试验区、建设国家科技成果转移转化示范区、临空经济示范区、广佛高质量发展融合试验区、开展先进标准化体系试点、南沙粤港澳人才合作示范区等。近年来，广州制造业质量稳步提升，在经济实效、结构优化、创新能力、社会价值、国际影响、绿色发展等方面向高质量方向发展的态势不断加强，奠定了改革创新示范的良好基础。

从作为国家中心城市的责任担当来看，广州应该在推动制造业高质量发展方面走在全国前列，发挥国家中心城市的示范带动作用。一方面，因为制造业高质量发展是中国特色社会主义进入新时代，经济发展由高速增长阶段转向高质量发展，推动中国由"制造大国"转向"制造强国"的必然要求。作为国家中心城市，广州必然有责任在推动制造业高质量发展中发挥领头羊作用。另一方面，作为粤港澳大湾区的核心城市之一，广州与深圳协同合作，践行"双核驱动、双区驱动"发展战略，既要支持深圳建设先行区，把深圳的成功做法在广州试验示范，再推广到其他地区，又要结合广州实际，通过改革创新探索新的推动制造业高质量发展的模式，发挥在区域发展中的示范引领作用。

从促进国内大循环的作用看，广州在推动制造业高质量发展、建立现代产业体系方面具有广泛的代表性，其通过改革创新推动制造业高质量发展的成功经验具有很好的辐射效应。广州是产业门类最齐全的城市之一，拥有全国39个工业门类中的35个，是华南地区工业门类最为齐全的城市，也是中国少数几个工业门类最齐全的大城市之一。因此，在推动制造业高质量发展过程中，无论是各个方面的综合改革创新，还是在个别领域的成功做法，广州都可能成为其他地区的标杆，而且能通过产业链、价值链、供应链直接影响到具有经济联系的周边腹地和全国其他地区。

二　本研究的贡献及意义

（一）本研究的贡献

1. 理论价值

主要包括两个方面，一是基于通过改革创新推动制造业高质量发展的认识，提出制造业高质量发展是一个系统工程的概念。目前，无论广州，还是国内其他城市，在产业高质量发展的创新改革探索方面，大多只是在某一个方面，或者几个少数的方面进行，比如各地的数字经济创新发展试验区、人工智能发展试验区、转型发展试验区等，还没有明确提出系统性的产业发展改革创新方案。本书基于广州制造业发展的具体实践，从制度政策改革创新、科技变革和产业创新等综合性措施探索推动制造业高质量发展的系统性路径，对制造业及整个产业转向高质量发展具有理论上的指导意义。二是从产业经济学、制度经济学等视角探讨推动通过改革创新推动制造业高质量发展的机制和路径。关于如何推动制造业、产业和经济高质量发展，目前在理论上和各地政策制定及实施中，基本都是在各自探索和不断完善中。本书系统考察广州和其他主要城市推动制造业高质量发展的做法和经验，结合制造业高质量发展的特征，提出推动制造业高质量发展综合改革创新的内涵要求，为推动制造业高质量发展的综合性政策制定和实施提供一定的理论支撑。

2. 应用价值

习近平总书记在参加十三届全国人大一次会议广东代表团审议时的重要讲话中明确要求，广东要在"构建推动经济高质量发展体制机制"方面走在全国前列。习近平总书记视察广州时对广州提出了要推动实现老城市新活力、"四个出新出彩"的发展要求，其中，推动实现综合城市功能出新出彩的一项重要任务就是要高质量建设具有全球竞争力的先进制造业强市。深圳正在建设中国特色社会主义先行示范区，其先行示范的做法和经验是否可以推广、如何推广需要试验来验证，进一步总结经验和规律，这可以发挥广州支持深圳建设中国特色社会主义先行示范区的作用。因此，研究广州推动制造业高质量发展的一揽子政策措施，提出进一步综合改革创新试验的系统性措施，对于广州提高制造业发展质量，加快先进制造业发展，促进"制造强市"建设，具有决策参考价值，也对中国其他城市推动制造业高质量发展具有参考借鉴价值。

（二）研究对广州的意义

研究通过改革创新的手段和途径，加快推动广州制造业高质量发展具有非常重要的意义。

1. 推动制造业高质量发展是广州落实"双区驱动"的战略使命

自《粤港澳大湾区发展规划纲要》和《关于支持深圳建设中国特色社会主义先行示范区的意见》发布以来，广东省充分发挥大湾区、先行示范区"双区驱动效应"，出台支持深圳建设先行示范区若干重大措施，以同等力度支持广州实现老城市新活力、"四个出新出彩",推动广州提升发展活力,与深圳"双核联动、比翼双飞",打造全省发展的核心引擎。2020 年 1 月14 日的广东省第十三届人民代表大会第三次会议,再次强调要充分释放"双区驱动效应",发挥广州、深圳"双核联动、比翼双飞"作用,牵引带动"一核一带一区"在各自跑道上赛龙夺锦,形成优势互补、高质量发展的区域经济布局;提出要以制造业高质量发展作为推进大湾区和先行示范区建设的重中之重,强化广州、深圳"双核联动、比翼双飞",推动形成合理分工、优化发展的制造业空间布局。广州作为省会城市、粤港澳大湾区核心引擎之一,充分利用国家、省政策红利,以推动制造业高质量发展为主要抓手,深入改革创新,强化示范带动,推进与兄弟城市的合作,支持深圳建设先行示范区"双区驱动",促进"一核一带一区"的融合互动,为全省乃至全国的经济高质量发展探索新模式和新途径,是落实和彰显"双区驱动、双核联动"叠加效益的主战场,是先行先试的必然历史使命。

2. 推动制造业高质量发展是广州率先构建具有国际竞争力现代产业体系的强大基础

建设实体经济、科技创新、现代金融、人力资源协同发展的产业体系是党的十九大做出的战略部署,也是中国经济步入工业化后期的新命题。制造业是实体经济的主体,制造业强则经济强,制造业高质量发展是实现经济高质量发展的主引擎。《粤港澳大湾区发展规划纲要》明确提出,要构建具有国际竞争力的现代产业体系。广州作为粤港澳大湾区核心引擎之一,必然要发挥核心带动作用,放大优势长处,补齐短板弱项,率先构建以先进制造业为主体的具有国际竞争力的现代产业体系。2019 年 7 月,广州市政府出台《广州市协同构建粤港澳大湾区具有国际竞争力的现代产业体系行动计划》,提出以先进制造业、战略性新兴产业、现代服务业、海洋经济、都市现代农业等五大产业为主导，形成"1596"现代产业体系①。发挥协调带动作用，强化改革创新，推动制造业高质量发展就成为广州率先构建具有国际竞争力现代产业体系的关键。

3. 推动制造业高质量发展是实现老城市新活力、"四个出新出彩"的首要任务

2018 年 10 月，习近平总书记在视察广东时，要求广州实现老城市新活力，在综合城市功能、城市文化综合实力、现代服务业、现代化国际化营商环境方面出新出彩。实现老城市新活力、"四个出新出彩"是习近平总书记交给广州的政治任务，其中，实现综合城市功能出新出彩的首要任务就是要高质量建设具有全球竞争力的先进制造业强市，全力提升广州经济中心功能。充分释放改革开放强大动力，强化科技创新，加速新旧动能的转换，促进融合发展，增强全球资源配置能力，以建设国家服务型制造示范城市为抓手，以制造业高质量发展改革创新走在全国前列，提升经济竞争力，是实现广州城市综合功能出新出彩的应有之义和首要选择。

三 内容框架和结构安排

（一）内容框架

本书主要研究讨论三个方面的内容。第一个是建立通过改革创新推动制造业高质量发展的理论分析框架，即从理论上阐述制造业高质量发展需要通过改革和创新的途径来实现。改革主要是指体制机制方面，而创新则主要侧重于技术和管理上。制度上的改革和技术上的创新是制造业实现高质量发展的"两

---

① 指以高质量发展为 1 个主线，以先进制造业、战略性新兴产业、现代服务业、海洋经济、都市现代农业等 5 类产业为主导，以 9 大行动为支撑、以 6 项措施为保障的"1596"现代产业体系。

个轮子"，本书从制度经济学、发展经济学等视角为推动制造业高质量发展的综合性政策制定和实施提供了理论依据。

第二个是从总体上把握广州制造业高质量发展的现状水平，以及与之紧密相关的一揽子政策的制定和实施情况。制造业的发展质量体现在很多方面，可以从不同维度去认识和把握。本书选择从纵向和横向两个视角分析认识广州制造业迈向高质量发展的情况：纵向上，从结构调整、创新发展、融合发展、开放发展、绿色制造等方面分析广州制造业高质量发展取得的成效；横向上，通过建立评价模型，与国内其他主要城市进行比较，得出广州制造业高质量发展的优势和短板。纵、横向的比较分析可以比较全面地了解广州制造业高质量发展的真实水平。本书专门讨论了广州促进制造业高质量发展的有关政策及其实施情况，为进一步实现政策创新提供了经验依据。

第三个是重点讨论广州制造业高质量发展的几个重要问题，结合理论认识和广州制造业发展实际，对广州制造业的产业结构、创新发展、空间布局、融合发展、产业基础、产业链等方面进行专题研究和实证分析。这些专题所反映的指标现象包含了制造业迈向高质量发展的显示性特征因素，也是制定完善相关产业政策需要考虑的影响因素，通过对这些专题的实证分析，可以为进一步的政策创新提供实证依据。

（二）结构安排

导论部分首先回答为什么要研究这个课题，即广州必须通过综合改革创新的途径实现制造业高质量发展，并在全国发挥示范引领作用。在经济迈入高质量发展阶段的大背景下，作为实体经济主体的制造业的高质量发展是经济高质量发展的核心支撑和坚实基础。广州是中国制造业相对发达的城市，制造业门类齐全，体系完备；同时广州也是国家中心城市，具有国家赋予的引领区域经济发展、开展国际经济合作的职能，因此，广州制造业高质量发展有必要走在全国前列，发挥示范带动的作用。这一部分也对已有相关研究和区域实践进行了简要回顾和评价，并在此基础上提出本报告研究的创新观点和研究意义，以及本研究要解决的问题。

改革和创新是制造业实现高质量发展的必然途径，在对广州制造业高质量发展进行分析之前，有必要先厘清改革创新推动制造业高质量发展的理论基础。因此在第二章，我们对推动制造业高质量发展的相关理论问题进行了梳理。首先从历史的角度考察了产业迈向高质量发展的必然性；然后对制造业高质量发展的概念内涵、主要特征和实现路径进行了理论阐述；最后从马克思主义政治经济学、制度经济学、发展经济学、创新经济学等方面论述了改革创新是推动制造业高质量发展的必然途径。

在经济新常态下，广州市经济和产业正加快转向高质量发展。了解当前的发展状况和发展质量水平，是科学评价和进一步推动高质量发展的基础。因此，在第三章，我们从发展规模、行业结构、支柱产业、创新能力、融合发展、对外开放、绿色制造等方面综合分析广州制造业的发展现状特征，了解转向高质量发展的基础条件。然后，在第四章我们构建了制造业发展质量评价体系，从经济实效、结构优化、创新能力、绿色发展、国际影响和社会价值六个方面进行比较评价，综合地显示了广州制造业的发展质量水平。

从第五章开始到第十一章，选择从制造业发展的重要领域，有针对性地研究广州推动制造业高质量发展的改革创新问题。

第五章研究广州推动制造业高质量发展的政策创新问题。产业政策是政府制定的调控产业结构、推动产业升级、促进经济健康可持续发展的政策。产业政策具有引导产业发展方向，指导各生产要素在产业之间合理有效配置的作用。制造业要转向高质量发展，离不开产业政策的引导和支持。本章系统评估广州制造业有关政策。分别从政策体系演化、内容结构、总体政策、专项政策以及政策亮点等视角，对近年来广州市制造业相关政策进行了分析和总结，指出了政策体系存在的不足，提出了推动制造业向高质量发展转变的政策创新建议。

第六章研究广州制造业结构调整优化问题。从一般的理论认识出发，回顾了广州制造业结构调整的演变历程，总结现状特征，并与中国其他主要城市进行了比较，在分析广州推动制造业结构优化做法的基础上提出了进一步的对策建议。

第七章讨论了推动广州制造业高质量发展的技术创新问题。首先在理论上阐释了技术创新及其与制造业高质量发展的关系，然后基于此分析了广州制造业技术创新的具体做法，及取得的成效和存在的不足，并在总结其他城市经验的基础上提出了促进技术创新的对策措施。

制造业空间布局关系到制造业空间形态和土地资源利用效率问题。第八章比较系统地研究了广州制造业的空间布局问题。基于产业空间布局的理论认识，梳理总结了改革开放以来广州制造业空间形态随时间的变化，分析了广州推动制造业布局优化的创新做法、现状特征和主要不足，提出了进一步优化制造业空间布局的对策建议。

"两业融合"，即制造业与服务业融合发展是制造业发展的一个新趋势。第九章对"两业融合"发展的有关理论进行了探讨，分析了广州推动制造业与服务业融合发展的做法和成效，在归纳借鉴国内外经验的基础上提出了推动制造业与服务业融合发展的对策建议。

产业基础高级化是中国产业高端化发展面临的一个亟需解决的问题。第十章对广州制造业基础高级化进行了比较系统的讨论。从内涵、特征和标准三个方面对什么是制造业基础高级化进行了回答，分析了广州制造业基础高级化的创新实践、现状特征及存在的主要问题，在比较借鉴国内外典型城市经验的基础上提出了广州进一步推动制造业基础高级化的对策建议。

产业链现代化是构建现代产业体系的基础和关键。第十一章以生物医药产业为例探讨了广州推动提升产业链现代化水平问题。首先阐述了产业链现代化的相关理论，然后基于广州生物医药产业发展现状，分析广州推动产业链现代化的基础条件、创新实践和现实挑战，并在此基础上提出了广州推动制造业产业链现代化的对策建议。

第二章　改革创新推动制造业高质量发展的理论依据

制造业是实现工业化和现代化的核心力量，也是推动区域经济发展的强大驱动力。伴随着中国特色社会主义进入了新时代，中国经济正在由高速增长阶段转向高质量发展阶段，如何改变中国制造业利润微薄、产业低端等发展困境，真正实现制造业高质量发展，成为亟待突破的关键性问题。

创新是新发展理念的题中应有之义，是竞争中立于不败之地的关键所在，是新旧动能转换的根本出路。在实现经济迅速发展和生产率稳步提升的过程中，创新赋能应当成为制造业升级提质和实现高质量发展的主要路径之一。基于此，回顾产业高质量发展的历程、探寻改革创新推动制造业高质量发展的理论背景、深刻认识改革创新驱动制造业高质量发展的理论机制，对于实现制造业高质量发展有着重要的指导作用。

一　产业高质量发展的历史轨迹和时代逻辑

历经改革开放 40 多年的不懈努力，中国已经成为具有全球影响力的制造业大国。从产业发展的历程来看，中国经济经历了从"有没有""快不快"到"又快又好"再到"又好又快"，以及高质量发展等几个阶段。不同产业发展阶段亟待解决的主要矛盾和问题存在明显差异，因而产业发展质量的内涵呈现明显的阶段性特征。但总体来看，产业走向高质量发展是经济发展阶段的历史演进，也是中国经济走向高质量发展的必然要求。

（一）计划经济时期：1949—1978 年

新中国成立初期，中国还处在以小农经济为主、只能生产品种有限的日用消费品和少量矿产品的落后状态，工业基础极其薄弱，"有没有"和"快不快"是这一时期经济发展的主要矛盾。为解决这一矛盾，政府决定实行计划经济体制，开始集全国之力，进行大规模工业项目建设。这一时期经济发展战略的主要特点是：片面追求高速度，突出发展重工业，以实现经济自给自足为目标。侧重基于经济要素投入的数量增长和规模扩张，追求的是资本积累和财富增加，解决的是"有没有"的问题。这与走出贫困阶段的社会需求相适应。

党的十一届三中全会前，中国经济发展战略的选择漫长而曲折。新中国成立初期，中国实行了以"一化三改"①为内容的过渡时期的经济发展战略，以恢复生产和迅速发展经济为重点。在"一五"时期，国家制定的基本战略措施是：优先发展重工业，相应发展轻工业和农业，集中力量搞好以 156 项重点工程为骨干的基本建设。1958—1960 年，中国经济发展出现不顾客观规律的问题，提出了以"赶超英美"为目标的经济发展战略。之后，经过反思和调整，《1964 年国务院政府工作报告》进一步提出了建设"四个现代化"的目标和"两步走"的战略设想，即"第一步，用 15 年时间，即在 1980 年以前，建成一个

---

① "一化三改"是党在从中华人民共和国成立到社会主义改造基本完成的这个过渡时期的总路线和总任务，即在这个时期内，逐步实现国家的社会主义工业化，并逐步实现国家对农业、手工业和资本主义工商业的社会主义改造。

独立的比较完整的工业体系和国民经济体系；第二步，在本世纪内，全面实现农业、工业、国防和科学技术的现代化，使我国国民经济走在世界的前列"。应该说，"四个现代化"的战略目标和"两步走"的战略设想，对于社会主义经济建设产生过巨大的作用。但总体来看，由于一些目标定得太高，片面追求高速度增长，尤其是提出了不切实际的"赶上和超过世界先进水平"的发展目标，违反了经济增速与质量效益的相互依存关系，导致国内经济发展比例严重失调，工业发展效益较低。总体来看，改革开放前的经济发展以数量型增长为主，侧重于经济要素投入的数量增长和规模扩张，追求的是资本积累和财富增加，解决的是"有没有"的问题。

（二）又快又好阶段：1979—2006 年

这一阶段，由于计划经济体制弊端的影响，经济工作中急于求成的倾向仍然存在，社会总需求大于总供给的矛盾尚未根本缓解，中国整体上仍处在贫困状态。1978 年党的十一届三中全会决定将全党的工作重心转移到社会主义现代化建设上来，开始改革经济管理体制，实行以公有制为主体、多种所有制共同发展的制度。中国经济发展质量的主要矛盾开始由"有没有"和"快不快"向"快不快"和"好不好"转变，开始重视产业结构的协调、工业企业效益、重大技术改造以及地区布局等。但这一阶段中国经济发展一直以"快"为主，"快"在"好"之前。依据"又快又好"发展要求，中国经济从 1979 年到 2006 年经历了一个加速发展的飞跃时期，以不变价计算的 GDP 年均增速达到 15.97%[①]，经济总量从 1990 年的全球第 8 位波动上升至 2006 年的第 4 位。

———————
① 数据来源：根据《中国统计年鉴（2022）》计算。

改革开放初期，集中力量发展社会生产力被摆在首要地位，政府明确提出经济总量翻番的目标。党的十二大、十三大、十四大都明确了到 20 世纪末要实现国民生产总值比 1980 年翻一番的目标。1987 年召开的党的十三大，首次比较系统地论述了中国社会主义初级阶段的理论，明确概括和全面阐发了党的"一个中心、两个基本点"的基本路线和"三步走"的经济建设战略部署，即"第一步，实现国民生产总值比一九八〇年翻一番，解决人民的温饱问题。第二步，到本世纪末，使国民生产总值再增长一倍，人民生活达到小康水平。第三步，到下个世纪中叶，人均国民生产总值达到中等发达国家水平，人民生活比较富裕，基本实现现代化"①。1992 年，党的十四大提出 90 年代国民生产总值的年均增速要争取达到 8%—9%。1997 年党的十五大在此基础上则进一步提出 21 世纪的第一个十年实现国民生产总值比 2000 年翻一番。党的十六大提出全面建成小康社会的经济目标是在优化经济结构和提高发展效益的基础上，国内生产总值到 2020 年力争比 2000 年翻两番，综合国力和国际竞争力明显增强。整个 20 世纪八九十年代国民经济都以较高的速度持续发展，但整体素质和效益不高，经济结构不合理的矛盾仍然比较突出，仍然没有摆脱粗放型发展的特征。

基于发展模式的种种弊端和经济发展现实困境，政府开始意识到经济发展过程中的缺点和不足，在总结过去经济发展经验和教训的基础上，经济政策的制定转向注重效益的"好不好"，产业发展开始走向"又快又好"的发展阶段。1997 年，党的十五大提出要建设有中国特色社会主义的经济，保证国民经济持续快速健康发展，走出"一条速度较快、效益较好、整

---

① 赵紫阳：《沿着中国特色的社会主义道路前进——在中国共产党第十三次全国代表大会上的报告》，人民出版社 1987 年版。

体素质不断提高的经济协调发展的路子"。2002 年,党的十六大提出了全面建设小康社会的奋斗目标,会议指出中国现在达到的小康还是低水平的、不全面的、发展很不平衡的小康,人民日益增长的物质文化需要同落后的社会生产之间的矛盾仍然是中国社会的主要矛盾。要实现全面建设小康社会奋斗目标,必须坚持以信息化带动工业化,以工业化促进信息化,走科技含量高、经济效益好、资源消耗低、环境污染少、人力资源得到充分发挥的新型工业化道路。在追求经济发展速度的同时,开始重视发展速度、质量和效益相协调。2004 年 12 月召开的中央经济工作会议上进一步提出,要全面转变经济增长方式,坚决扭转高消耗、高污染、低产出的状况,贯彻落实科学发展观,提高经济增长的质量和效益,促进经济社会全面协调可持续发展。

从以上对党的十一届三中全会到党的十六大各个阶段的经济发展战略的分析,可以看出,这一时期中国经济仍然以数量型增长为主,同时开始注重效益"好不好","又快又好"是中国经济发展的显著特征,但以"快"为主,"快"在"好"之前,中国经济仍未摆脱粗放型发展的特点,侧重基于经济增长的结构调整、效益提升和体制改善,追求的是经济结构优化和经济效益提升,解决的是"多和少"的问题。

(三) 又好又快阶段:2007—2016 年

改革开放 20 多年来,中国经济保持高速增长,但也为这种"粗放型"快速增长方式付出了不小代价。进入 21 世纪以后,面对国内资源日益枯竭、环境迅速恶化,以往粗放型的发展模式已难以为继,能源的高消耗以及由此造成的环境污染和生态破坏成为制约经济社会发展的突出问题。因此,政府审时度势,对中国工业与经济未来的发展模式进行了重新思考。2006 年 11

月，胡锦涛总书记在中共中央召开的对经济工作意见建议的党外人士座谈会上提出，要坚持以科学发展观统领经济社会发展全局，促进经济社会"又好又快"发展。这一阶段，中国经济更加注重发展质量和效益，数量与质量发展并重，不仅重视经济发展速度，而且要使经济在一个良性的状态下发展，均衡产业结构，处理好效率与公平，重视环境保护等，"好"开始位于"快"前面，经济实现平稳较快发展。由于复杂的内部环境和外部环境，中国经济增长经历着速度换挡的关键节点，从8%—10%的高速增长向6%—8%的中高速增长"换挡"。中央先后做出"三期叠加"阶段和"新常态"的科学判断。2012年，中国经济增速从上一年的9.55%下降到7.86%，"正式告别9%以上的快速增长"。

2006年12月中央经济工作会议进一步提出，"又好又快"是全面落实科学发展观的本质要求。2007年党的十七大继续强调要加快转变经济发展方式，深入贯彻落实科学发展观，明确提出科学发展观的第一要义是发展、核心是以人为本、基本要求是全面协调可持续、根本方法是统筹兼顾，并将科学发展观写入了党章作为行动纲领。党的十七大报告指出，在党的十六大确立的实现全面建设小康社会的奋斗目标的基础上对中国发展提出新的更高要求，要增强发展协调性，提高发展的质量和效益，努力实现经济又好又快发展。要坚持走具有中国特色的新型工业化道路，坚持扩大国内需求特别是消费需求，推动经济增长由主要依靠投资、出口拉动向依靠消费、投资和出口拉动转变，由主要依靠第二产业带动向依靠第一、第二、第三产业协同带动转变，由主要依靠不断增加物质资源的投入向主要依靠科技创新、从业人员技能素质提升和管理创新转变。从"又快又好发展"调整为"又好又快发展"；把原来的"经济增长方式"改提为"经济发展方式"，由强调发展的速度到注重发展的效益和增长的质量，反映了中国经济发展理念的一大转变。

2012年11月，党的第十八次代表大会指出，为实现全面建成小康社会目标，要深入贯彻落实科学发展观，推动经济持续健康发展。经济发展方式转变要取得重大进展，在保持发展平衡性、协调性、可持续性不断增强的基础上，实现国内生产总值和城乡居民人均收入比2010年翻一番。大会强调，要适应国内和国外经济形势出现的新的变化，加快建立形成新的经济发展方式，切实把推动发展的立足点转变到提高发展的质量和效益上来，要激发各类市场主体的发展活力，增强创新驱动发展的新动力，加快构建现代产业发展新体系，培育开放型经济发展新优势，使经济发展更多地依靠内部需求特别是国内消费需求的拉动，更多地依靠现代服务业和战略性新兴产业的发展带动，更多地依靠科技创新、从业人员素质的提高和管理模式优化的驱动，更多地依靠资源节约集约和循环经济发展的推动，更多地依靠城乡区域发展相互协调，不断提高经济长期可持续发展的潜力。大会将科学发展观确立为党的指导思想，强调必须更加自觉地把全面协调可持续作为深入贯彻落实科学发展观的基本要求，全面落实经济建设、政治建设、文化建设、社会建设、生态文明建设"五位一体"总体布局，促进现代化建设各方面相协调，促进生产关系与生产力、上层建筑与经济基础相协调，不断开拓生产发展、生活富裕、生态良好的文明发展道路。

从中国经济发展的阶段性特征看，中国GDP增速从2011年起开始回落，2011年、2012年、2013年、2014年增速分别为9.6%、7.9%、7.8%、7.3%，告别过去30多年平均10%以上的高速增长。习近平总书记2014年5月在河南考察时指出，"中国发展仍处于重要战略机遇期，我们要增强信心，从当前中国经济发展的阶段性特征出发，适应新常态，保持战略上的平常心态"。中国经济进入"新常态"，经济速度从高速增长转为中高速增长，经济结构不断优化升级，增长动力从要素驱动、投资驱动转向创新驱动。习近平总书记进一步强调，中国将主动适应和引领经济发展新常态，坚持以提高经济发展质量和效益为中心，把转方式调结构放到更加重要位置，更加扎实地推进经济发展，更加坚定地深化改革开放，更加充分地激发创造活力，更加有效地维护公平正义，更加有力地保障和改善民生，促进经济社会平稳健康发展。

2015年10月，党的十八届五中全会提出了全面建成小康社会新的目标要求：经济保持中高速增长，在提高发展平衡性、包容性、可持续性的基础上，到2020年国内生产总值和城乡居民人均收入比2010年翻一番，产业迈向中高端水平，消费对经济增长贡献明显加大，户籍人口城镇化率加快提高。全会强调，实现"十三五"时期发展目标，必须牢固树立并切实贯彻创新、协调、绿色、开放、共享的发展理念。五大新发展理念，是在深刻总结国内外发展经验教训、分析国内外发展趋势的基础上形成的，是针对中国发展中的突出矛盾和问题提出来的，是"十三五"乃至更长时期中国发展思路、发展方向、发展着力点的集中体现，是关系中国发展全局的一场深刻变革。

通过对这一阶段的经济发展方针的分析可以看出，中国经济发展不再以单一的GDP增长速度为目标，而是在"两个翻番"的实现过程中，重构新的增长模式、重塑新的发展源泉，加快经济增长结构调整，加快形成新的增长动力，努力实现经济"又好又快"发展。经济发展的内涵进一步丰富，侧重基于经济资源利用效率和生态承载能力，强调发展的可持续性，解决的是"有"的可持续性问题。

（四）迈向高质量发展阶段：2017年至今

中国在长期以要素驱动和投资拉动为特征的外延式经济增

长模式中保持了经济的超高速增长，取得了经济建设历史性的成就，实现了经济发展的历史性变革。应该看到，片面追求速度与规模的发展方式，已无法满足人民日益增长的美好生活需要。同时，经过改革开放40多年来所积累的经济结构矛盾、区域发展不协调的矛盾、经济增长与资源环境约束的矛盾日渐凸显。而"三期叠加"时期的到来，也让党中央深刻认识到，在追求经济发展规模与速度的同时，更应注重发展的内涵与质量，中国经济社会发展从"又好又快"转向"高质量发展"，更加注重平衡好数量和质量的关系。

针对中国经济社会发展的历史性成就和当前的发展阶段，党的十九大做出了重大判断，指出中国社会矛盾已经转化为人民日益增长的美好生活需要和发展不平衡不充分之间的矛盾，中国经济已由高速增长阶段转向高质量发展阶段，正处在转变发展方式、优化经济结构、转换增长动力的攻关期，今后必须坚持新发展理念，必须坚定不移地贯彻创新、协调、绿色、开放、共享的发展理念，必须坚持质量第一、效益优先，以供给侧结构性改革为主线，推动经济发展质量变革、效率变革、动力变革，提高全要素生产率，着力加快建设实体经济、科技创新、现代金融、人力资源协同发展的产业体系，着力构建市场机制有效、微观主体有活力、宏观调控有度的经济体制，不断增强中国经济创新力和竞争力。使市场在资源配置中起决定性作用，更好发挥政府作用，推动新型工业化、信息化、城镇化、农业现代化同步发展，推动中国经济实现高质量、高效率、可持续发展。至此，正式转向高质量发展阶段。

从"发展是硬道理"到"发展是党执政兴国的第一要务"，意味着高质量发展的基础是发展。高质量发展所强调的发展有了新的内涵：一是发展质量和效益更加被重视。习近平强调，我们要的是有质量、有效益、可持续的发展，要的是以比较充分就业和提高劳动生产率、投资回报率、资源配置效率为支撑的发展。[①]　二是生产力的研究有了新的内容。对生产力的研究，邓小平认为一个是解放生产力，一个是发展生产力；习近平则进一步提出"牢固树立保护生态环境就是保护生产力、改善生产环境就是发展生产力的理念"。这样，生产力就包括解放生产力、发展生产力和保护生产力三个方面的内容。其中，解放生产力是动力、发展生产力是目的，发展和保护生产力有自身的内容和规律。[②]　三是发展重点的改变。在改革开放初期，发展的重点是满足人民日益增长的物质文化需要，社会生产的重点是解决数量问题。在高质量发展阶段，发展是为了满足人民日益增长的美好生活需要，社会生产更加注重高水平的质量和效率，发展质量的内涵越来越丰富。

综上所述，从中国经济发展的轨迹以及经济发展规划政策的制定实施来看，经济发展所展现的就是从重视速度逐渐转向重视效益，从重视规模逐渐转向重视质量。这也进一步证明，经济发展走向高质量的道路是一般趋势，也是必然之路。

二　制造业高质量发展是一个系统工程

2018 年 12 月的中央经济工作会议和 2019 年的全国"两会"，均明确提出要推动制造业高质量发展，建设制造强国。新时代创新驱动制造业高质量发展，是一项系统工程，涉及制造业发展理念、发展模式、产业结构、发展动力、体制机制等方方面面。

---

① 《习近平关于社会主义经济建设论述摘编》，中央文献出版社 2017 年版，第 8 页。
② 洪银兴：《以创新的理论构建中国特色社会主义政治经济学的理论体系》，《经济研究》2016 年第 4 期。

（一）制造业高质量发展的科学内涵

制造业高质量发展是经济高质量发展的重要内容，是中国基本实现工业化以后制造业发展进入新阶段的基本要求。制造业高质量发展是全面体现创新、协调、绿色、开放、共享五大新发展理念的发展，是创新成为第一动力、协调成为内生特点、绿色成为普遍形态、开放成为必由之路、共享成为根本目的的发展；也是具有坚持质量第一、更高水平、更可持续、更有效率、更加公平、更加符合美好生活需要的发展。加快促进制造业迈向高质量发展，不仅要重视发展规模的扩大，还要重视经济结构的调整优化；不仅要重视经济发展，还要重视生态环境的保护、社会文明的进步，是以制造业高质量发展为支撑的包括经济、政治、社会、文化、生态五位一体的全面发展。

推动制造业高质量发展是加快实体经济发展、构建现代化经济体系、实现经济高质量发展的前提和基础。党的十九大报告明确指出，推动制造业迈向高质量发展就是实现制造业质量变革、效率变革、动力变革，要以供给侧结构性改革为主线，以提升供给体系质量为主攻方向，以产业体系协同发展为基础，以增强制造业创新能力为核心驱动，以工业强基、智能制造、绿色制造为抓手。实现制造业高质量发展需要破除以往形成的惯性思维，努力转变形成新的发展思路，培育转换形成新的发展动力，加快推动发展路径转变和发展模式优化，实现速度、质量、效益的协调统一。可见，要推动制造业迈向高质量发展，从内涵要求来看，必须在创新能力强化、产业结构优化、融合发展深化、要素效率增加、质量效益提升、品质品牌高端化、生产制造绿色化等方面不断迈向新台阶。

（1）创新能力强化。创新是引领发展的第一动力。制造业要实现高质量发展就必须依赖不断创新来推动。创新推动传统制造业转型升级和培育壮大新兴制造业，形成制造业发展的新动能，实现动力变革。只有不断强化制造业的创新能力，才能够实现制造业高质量发展的可持续性。

（2）产业结构优化。制造业高质量发展要求制造业内部结构包括行业结构、空间结构、要素配置结构、产业生态结构等更加协调优化，这决定了制造业的地区特点、竞争优势、产业效率，以及可持续发展的能力，根据"结构决定功能"的原理，产业结构优化是制造业实现高质量发展的内在要求。

（3）融合发展深化。融合发展是现代产业发展的趋势和特征。制造业的融合发展包括技术融合和行业融合两个方面，技术融合是以新一代信息技术为代表的新技术在制造业领域的应用，最典型的就是我们熟知的"两化融合"；行业融合则是指以生产性服务业为主的产业业态与制造业的融合发展，即"两业融合"。顺应制造业数字化、智能化、服务化发展趋势，利用新技术，发展新业态，深化推动融合发展是制造业实现高质量发展的必然趋势。

（4）要素效率增加。党的十九大报告指出，要"着力加快建设实体经济、科技创新、现代金融、人力资源协同发展的产业体系"。这里的协同发展就是要求提高技术、资金、劳动等生产要素在产业经济活动中的配置效率，这也是对制造业高质量发展的内在要求。推动制造业高质量发展，必须通过一揽子政策深化要素市场改革，不断提升资源要素的配置和利用效率，提高要素供给质量，从而提高制造业的发展质量。

（5）质量效益提升。质量效益的不断提升是实现高质量发展的核心要义。就制造业来说，质量就是效益，即我们常说的提质增效。只有生产制造出高质量的产品，才有更高的产品附加价值，才会有更好的市场价值，形成更高的经济产出效益。因此，追求质量效益是制造业高质量发展的目标。

（6）品质品牌高端化。高端化是产业高质量发展的重要体现。产业的高端化在很大程度上取决于产品的品质和品牌状况。而在品质和品牌之间，品质最为关键，过硬的产品品质是品牌得以维持长久的核心支撑。培育壮大一批产品品质优良、市场知名度高的著名品牌的制造业企业，是推动实现制造业高质量发展的坚实基础。

（7）生产制造绿色化。作为新发展理念之一的绿色发展，是高质量发展的内在要求，即绿色成为普遍形态的发展。这里的绿色就是指对我们人类赖以生存的生态环境的保护。产业经济活动要利用自然资源，也会向环境排放废弃物，为了减少甚至消除对生态环境的破坏，产业高质量发展必然要求在经济与生态环境之间取得平衡，最大可能提高资源的利用效率、减少对环境的排放，实现生态效益和经济效益的协调。

（二）新发展理念下的制造业高质量发展

党的十九届五中全会提出，新时代新阶段的发展必须贯彻新发展理念，必须是高质量发展。这为制造业迈向高质量发展提供了根本遵循，指明了路径方向。当前，创新、协调、绿色、开放、共享的新发展理念深入人心，不断深入落实到经济社会发展的各个领域、各个环节，制造业高质量发展正是制造业深入践行新发展理念的重要体现。推动制造业高质量发展是一个系统工程。当前和今后一个时期，要贯彻落实新发展理念，按照建设现代化经济体系的要求，推动制造业高质量发展。

1. 创新是制造业高质量发展的第一动力

高质量发展是创新成为第一动力的发展，这对制造业同样适用。这意味着创新，尤其是科技创新是制造业迈向高质量发展的核心驱动力量。过去 20 年来，中国不断推动经济增长实现动力转换，从要素驱动、投资驱动逐渐转向创新驱动。党的十九届五中全会提出要坚持创新在中国现代化建设全局中的核心地位，突出强调了创新的重要性。按照创新驱动的路径，制造业高质量发展，要在不牺牲发展速度的基础上，注重利用新技术改造提升传统制造业。创新驱动在制造业高质量发展中发挥着引领作用，把科技创新作为根本动力，推动技术创新，包括利用新技术对传统产业的改造和利用新技术培育发展新产业，加速新旧动能转换，为制造业高质量发展注入新的强劲动力。这里要强调的是，推动制造业创新和高质量发展，关键是要抓科技创新，科技创新是产业变革的前提和基础，有了科技创新的先发优势，才能在产业发展中抢占先机，形成产业优势。因此，通过科技创新投入，掌握核心技术，提高整体技术水平，是推动经济发展具有可持续性的内生动力。必须把创新摆在制造业发展全局的核心位置，通过技术创新、产业创新等各种创新，在产业链上不断向中高端迈进，持续提升制造业的竞争力。

2. 协调是制造业高质量发展的内生要求

协调既是发展手段又是发展目标，也是评价发展的标准和尺度。当前中国制造业发展面临着经济结构供需失衡、发展不平衡不充分的问题，迫切需要提高发展的协调性。基于新发展理念，协调发展强调制造业发展的整体性、协同性，关键是协调制造业产业内部不同生产部门之间和产业链上下游之间的关系。区域之间的协调也非常重要，在协调发展理念引领下，制造业区域布局也进一步优化，例如形成以长三角、粤港澳大湾区、成渝城市群为载体的区域一体化市场，发展要素在区域内部不同城市地区之间，乃至不同区域之间正常流动的体制机制进一步改革优化，资源要素的空间配置效率不断提高，区域发展的协调性、相互关联性明显增强，发展的差距也在不断缩小。从行业之间的协调看，制造业的高端化发展对农业现代化、现代服务业的支撑带动作用也进一步增强。支撑以制造业为主体的实体经济高质量发展的科技创新、现代金融、人力资源协同性不断提高，呈现平衡、开放、联动和可持续的发展态势，为制造业高质量发展奠定了坚实基础。

3. 绿色是制造业高质量发展的普遍形态

制造业高质量发展表现为对生态环境是友好的，即对自然资源的利用不超过其再生能力，对环境排放污染物不超过其自净能力，制造业的发展与生态环境是协调的、和谐的。这就是绿色是高质量发展的普遍形态对制造业的衡量标准。以往的经济发展是粗放型的，资源利用率低下，废弃物排放过多，资源和环境投入的代价高，不符合高质量发展的要求；在迈向高质量发展的过程中，制造业的绿色化发展成为生态文明建设的重要内容，也是制造业转型升级的必然要求。推动制造业绿色发展是破解资源环境约束难题，不断提高中国制造业发展质量，满足人民美好生活需要的客观要求。在绿色发展理念下，坚持生态优先，发展循环经济，构建科学合理的产业发展体系，制造业发展实现资源节约和环境友好，促进人和自然和谐发展。绿色制造的理念贯穿于制造业生产的全流程和产品全生命周期，充分体现清洁安全和集约生产的内在要求，可持续发展能力进一步提高。深入推动绿色发展，就是制造业发展建立在高效利用资源、严格保护生态环境的基础上，把高质量发展和高水平生态保护统筹起来，推动制造业的绿色化转型。

4. 开放是制造业高质量发展的必由之路

开放是高质量发展的必由之路，显然也是制造业高质量发展的必由之路。也就是说，推动制造业高质量发展必然是也必须是开放型的。开放是经济社会发展的必然趋势，能够有效解决内外联动问题。中国作为发展中国家，正处于加快推进工业化进程中，既是全球制造业产业链中不可分割的组成部分，也是巨大的制造业产品消费市场。遵循开放发展理念，制造业高质量发展在开放大局中定位和谋划，面向国内国外整合技术、人才、要素资源，用好国内和国际两种资源、两个市场。通过内外市场联动，形成优势互补，相互促进，增强产业链供给体系的韧性，提升竞争力和综合实力，实现经济在高水平的动态平衡。

目前，经济全球化存在逆向发展趋势，区域化特征越来越明显。但开放发展的链条并没有也不可能被切断，我们仍旧要对外开放，抓住新一轮高水平对外开放的历史机遇，尽可能地构建广泛的经济贸易联系，利用好国际国内两个市场、两种资源，构建全方位对外开放新格局，通过开放互补形成发展优势，让自身在开放中见世面、"壮筋骨"，在开放中集众长、长本事，在开放中拓市场、增实力。特别要鼓励和协助制造业企业拓展国际市场，培育有国际竞争力和影响力的先进制造业集群，提升国际竞争优势。

5. 共享是制造业高质量发展的价值导向

共享理念实质就是坚持以人民为中心的发展思想，体现的是逐步实现共同富裕的要求。习近平总书记强调指出，必须坚持发展为了人民、发展依靠人民、发展成果由人民共享，做出更有效的制度安排，使全体人民在共建共享中有更多获得感。高质量发展的制造业就是要生产制造出更高品质的产品，以满足人们生活质量不断提高的要求。在共享发展理念下，一个城市、一个地区的制造业既要考虑面向全球市场的经济效益，也要考虑本地居民的生产生活对产品消费的有效需求，同时也要考虑到对本地居民的就业和收入有促进作用。通过促进收入水平提升，扩大产品有效需求逐步实现制造业高质量发展的共享目标。

三 制造业高质量发展改革创新的经济学解释

实体经济是一国经济的立身之本，制造业是实体经济的主体和推动经济长期稳定增长的核心引擎，也是构筑未来发展战略优势的重要支撑。随着高质量发展成为新时代中国发展的主题，加快实现制造业高质量发展就显得尤为迫切。推动制造业高质量发展的实践需要经济学提供理论指导，梳理和概括制造业高质量发展的有关经济学理论，厘清制造业高质量发展改革创新背后的理论逻辑，对新时代实现制造业高质量发展具有重要的现实意义。

（一）马克思主义政治经济学

马克思关于创新的思想，对于制造业高质量发展具有重要指导意义。在马克思看来，创新有科学创新、技术创新、制度创新这三种基本形式。自然科学、力学、化学等的自觉运用、利用科学的力量，等等，都是指科学创新。技术创新则是指以创造新技术为目的的创新或者是以科学技术知识及其创造的资源为基础的创新。技术创新是一种实践活动，是在一定的创新条件下，由创新主体利用创新要素，促使创新客体转换形态，以适应市场需求，实现市场价值的实践活动。它是人类与生俱来的内在活力累积的变化和革新，是人类改造外部世界的内在力量从量变到质变的突破提升过程。技术创新在社会发展中发挥着重要作用，进行技术创新，尤其是将发明的新技术、新方法、新工艺等成果应用到生产制造的产业链的各个环节中，不仅可以提高生产效率、节约投入成本，还能在很大程度上促进产业升级，形成新动能，推动经济向更高端方向发展。马克思在《资本论》中，以蒸汽机的发明、利用为例，论述了技术创新对生产力发展所起的重要作用。

马克思制度创新思想则融入生产力理论中。首先，生产力是衡量社会进步的根本尺度，而创新驱动是生产力的根本价值所在。在马克思看来，社会生产力作为一种客观存在，既有数量要求，即生产力的发展规模，也有质量要求，即生产力的效率。生产力的效率不能单纯依靠劳动生产率来衡量，还需要将技术效率及资本效率考虑在内。① 其次，生产力由劳动者和生产工具构成，其中，工具是先进生产力最重要的标志，不同时代的机器设备代表和反映不同时代的生产力水平，这意味着制造业高质量发展必须重视创新和装备制造业的发展问题，而人才是创新的主体。因此，生产力的提高依赖于生产要素的质量，包括生产工具的质量、技术进步、人力资本质量和产业发展的质量。最后，马克思认为生产关系必须适应生产力的发展，当生产力发展到特定阶段后，生产关系必然与生产力的发展相矛盾，阻碍生产力的发展。在这里，马克思实际上是把制度创新的原因或根源归结为生产力与生产关系的变化情况，经济基础与上层建筑之间的矛盾发展的一种必然结果。当生产力的发展受到旧的生产关系的束缚时，就要求突破原来的旧制度，重新建立起符合它的特点、适应它的发展方向的新制度。这意味着制造业高质量发展，必须高度重视生产力发展和生产关系之间的协调问题，通过生产条件的改善、技术进步和人力资本作用的发挥实现制造业发展质量与水平的提高，而先进的制度和政策体系是实现制造业高质量发展的重要保障。

---

① 钞小静、薛志欣：《新时代中国经济高质量发展的理论逻辑与实践机制》，《西北大学学报》（哲学社会科学版）2018 年第 6 期。

（二）制度经济学

制度经济学是把经济制度作为研究对象的一门经济学分支，它研究制度对于经济发展的影响，也研究经济的发展如何影响制度的演变。制度经济学的发展可以大致分为以凡勃伦、康芒斯和米切尔等为代表的旧制度经济学时期，以伯利、米恩斯和加尔布雷斯等为代表的从旧制度经济学向新制度经济学过渡的时期，以科斯、诺思和威廉姆森等为代表的新制度经济学时期。

新制度经济学把制度及其起源、变迁和作用机制作为研究对象，为制造业高质量发展的技术创新和制度创新提供了坚实的理论基础。新制度经济学将技术创新和制度创新都看作一种创新的过程，制度的改革创新被认为是一种人为主观地去降低生产的交易成本所做的努力。① 对于技术创新和制度创新之间的相互关系，新制度经济学的观点是，制度创新决定性地影响技术创新，而不是技术创新去影响和决定制度创新，更好的制度选择会推动技术创新，差的制度选择会使技术创新偏离经济发展的轨道，或阻止技术创新。② 有效的制度改革，既可以给予技术创新成果知识产权保护，避免和减少创新成果被其他人利用而带来的损失，又可以对创新行为进行激励，促使创新动力的最大化。

为了提高经济成效，新制度经济学把制度及其演变作为影响经济增长的一个重要因素。所谓制度，在诺思看来，"是一系列被制定出来的规则、守法程序和行为的道德伦理规范"，这些制度可能包括正式的制度（法律、规章等）和非正式的制度

---

① 汪丁丁：《制度创新的一般理论》，《经济研究》1992 年第 5 期。

② 李玉虹、马勇：《技术创新与制度创新互动关系的理论探源——马克思主义经济学与新制度经济学的比较》，《经济科学》2001 年第 1 期。

（习俗、传统等）。① 制度构成了人们在社会经济方面的激励结构，对于经济发展的效果如何是至关重要的，这也是新制度经济学的核心思想和重要结论。

交易费用是新制度经济学的一个基本的分析范式，其内涵由科斯最初提出的"运行价格机制的成本"② 扩展为经济制度的运行费用。科斯指出，在交易费用为正的情况下，制度是极其重要的，因为制度构造了人们在政治、社会或经济方面发生交换的激励结构，因而合理的制度设定能够降低交易费用。结合产权理论，如果交易费用为正，产权界定明确，则当事人在交易中的成本费用将显著降低，提高整体效益。

制度不可能一劳永逸地解决所有问题，它需要根据实际情况的变化进行自我革新来解决自身的矛盾，提高对新问题的适应性，拓展自身的绩效范围，这就是制度经济学所强调的"制度创新"，即制度的调整、完善、改革和更替等。随着人类知识存量的增加以及受到外部环境不断变化的影响，对制度的偏好和需求也会升级换代。制度变迁实际上是对制度非均衡的一种反应，一般都是在现实制度的供给已不适应人们需求偏好巨大改变的状况下发生。③ 制度变迁的最终目的是使得产权清晰，交易成本逐步降低，进而实现社会经济全面、协调、可持续发展。依据新制度经济学的观点，制度变迁对长期的经济变化具有重要作用，而且还有路径依赖的特征。以此为依据来看待中国制造业高质量发展，应该通过有效的制度安排，构建有利于促进转型升级的体制机制与政策体系，重视制度及制度创新的重要

---

① ［美］道格拉斯·C. 诺思：《经济史中的结构与变迁》，陈郁、罗华平等译，上海三联书店 1994 年版。

② ［美］罗纳德·哈里·科斯：《论生产的制度结构》，盛洪、陈郁等译，上海三联书店 1994 年版。

③ 张屹山、高丽媛：《制度变迁下交易费用变化的权力视角分析——对诺斯第二悖论的再认识》，《东北师大学报》（哲学社会科学版）2014 年第 3 期。

作用。

（三）发展经济学

发展经济学是经济学范畴的一个重要分支学科，是 20 世纪中期以来首先在西方国家逐步发展形成的一门经济学分支学科，它的研究对象主要是不发达国家和发展中国家在各方面的经济发展问题，即贫困落后的农业国家或发展中国家如何通过工业化发展来摆脱贫困，怎样由传统走向发达的过程和规律。它对于加快发展中国家的经济发展有着极为重要的指导作用。

从发展历程来看，发展经济学的演变是发展理论与经济实践相互回应的过程，在不同时期为发展中国家提出了不同的经济增长路径。发展经济学先后经历了旧结构主义和新自由主义思潮的影响，但都没能很好地解决发展中国家的问题，发展中国家和发达国家的收入差距并没有像预想的那样缩小，反而是进一步扩大了。对于这一现象，林毅夫从旧结构主义和新自由主义理论出发，通过研究发展中国家的成功和失败经验，尤其是东亚经济飞速发展的奇迹，创造性地提出了新结构经济学的理论分析框架。[①] 该理论认为，要素禀赋及其结构变化对经济发展具有决定性作用，但在不同的经济发展阶段，经济体系的最优结构是不一样的，产业结构、制度体系以及金融结构也是不相同的；在经济发展的过程中，市场在资源配置上具有基础性作用，当经济需要进行结构优化和转型升级时，政府要主动发挥因势利导的积极作用。

需要注意的是，发展经济学研究的不仅是经济的短期增长和波动，更为重要的是讨论从传统经济形态到现代经济形态转

---

① 林毅夫：《新结构经济学——重构发展经济学的框架》，《经济学（季刊）》2011 年第 1 期。

变的长期成长过程。在这长期的发展过程中，我们可以看到GDP 的持续增长和经济规模的不断扩大，而本质上是经济和产业结构的调整和优化提升。这也恰恰证明，在发展经济学的视野中，经济增长只是一种量变，经济发展才是在增长基础上从贫穷走向富裕发达的质变。① 应该认识到中国制造业高质量发展是一个动态的过程，不同阶段对应的要素禀赋不同，相应的最优产业结构也会随之变化。因此，应从动态的眼光看待经济和制造业结构调整。针对中国经济进入"新常态"的现状，如何推动产业从中低端走向中高端，以及进一步高端升级，实现可持续增长，其中一个重要的点就是要在"有效市场"中发挥"有为政府"的作用。

新古典发展经济学研究了结构主义发展经济学中提出的结构主义问题，将发展中国家落后的原因归于制度问题。历史经验表明，计划经济时期的中国经济遭遇了严重困难，改革开放才是中国经济发展的正确方式。对中国制造业来说，只有不断推进经济体制改革，深化改革开放，才能实现高质量发展。

从经济增长方式来看，发展经济学认为经济增长的最好方式体现为生产率的不断提高，经济增长必备的条件是技术创新、制度创新和思想意识的进步，即经济增长表现为全要素增长率的提高。② 过去那种单纯依靠投资、劳动力和资源环境的粗放型发展已不适用，未来经济增长方式的转变要在市场经济体制不断完善的基础上，依靠科技创新、建立现代产权制度、增加人力资本积累等，实现经济的高端化和可持续发展，这对于实现制造业高质量发展是至关重要的。

---

① 叶初升：《发展经济学视野中的经济增长质量》，《天津社会科学》2014 年第 2 期。
② 杨宏翔：《发展经济学对中国经济增长方式转变的启示》，《学术交流》2006 年第 3 期。

（四）创新经济学

奥地利经济学家熊彼特对创新经济学的发展做出了开创性贡献，是举世公认的"创新经济学之父"。1912年，熊彼特出版了《经济发展理论》，在书中他首先提出了创新的基本概念和思想。之后，在1939年和1942年，熊彼特又分别出版了《经济周期》《资本主义、社会主义和民主主义》两部专著，对创新理论进行了补充完善，形成了以创新理论为基础的独特的创新经济学理论体系。熊彼特的理论要点可以概括为：经济发展是经济内生的质变过程；推动经济发展的力量是创新；资本主义本质上是实现创新的一种机制，持续的创新及其引起的结构变迁是资本主义的本质特征。

之后熊彼特的创新经济学理论追随者的研究工作主要围绕在以下几个方面。一是以索洛为代表的新古典经济学家将技术进步纳入新古典经济学的理论框架。索洛在《技术变化和总量生产函数》中以技术进步为变量，建立了著名的技术进步索洛模型，专门用于分析技术进步的巨大作用，指出了经济增长中技术进步所做的巨大贡献。同时，技术也受到非独占性、外部性等市场失灵因素的影响，因而要通过适当的政府干预来促进技术创新。二是以技术进步与市场经济结构的关系为对象进行研究。施瓦茨从垄断与竞争的角度探讨了技术创新与市场结构的关系。通过分析，他认为市场竞争程度的强弱、企业规模的大小和垄断力量的强弱是影响技术创新的重要因素。三是以英国学者弗里曼为代表的学术团体提出的国家创新系统理论，将创新主体的激励机制与外部环境条件有机结合起来。弗里曼基于经验研究和案例分析，认为企业的技术创新不是孤立行为，而是需要国家对创新系统进行顶层设计来推动的。通过国家在战略上进行部署安排，推动知识的创新、引进、扩散和应用，可以使企业的技术创新取得更好结果。

通过以上分析可以看出，创新经济学把创新作为研究对象，关注了科技创新对经济社会发展的促进作用。结合中国创新驱动战略和现实情况，创新经济学不仅为理解中国经济高质量发展提供了方法论，而且其中提出的创新和创新驱动发展思想推动制造业高质量发展具有很强的现实意义。从中国制造业发展阶段看，制造业的技术创新经过模仿创新、集成创新、引进消化吸收再创新等多个阶段，已经到了由跟随式创新转向自主创新、引领式创新转型的新阶段。只有靠自主创新，以创新驱动和改革开放为两个轮子，中国制造业才能突破一直处于产业链低端的陷阱位置。

第三章 广州制造业高质量
发展的现状分析

近年来，广州制造业总体发展呈现稳定态势，发展规模继续扩大，持续增长的投资为制造业发展提供动力，其中规模以上工业企业减税降负成效明显，小微工业企业释放发展新活力，各区工业发展结构有所分化。在结构优化升级方面，先进制造业增加值整体呈现波动上升趋势，高技术产业增加值、战略性新兴产业增加值占规模以上工业增加值比重呈持续上升趋势，全市产业结构转型升级加速，产业结构不断迈向高端化；全市三大主导产业中，广州汽车产量居全国首位，汽车制造业主导地位稳定，而电子产品制造业主导地位有所弱化，石油化工制造业在环境保护更趋严格的影响下主导地位持续弱化；在创新能力方面，广州市积极出台创新扶持政策，打造创新平台，持续增加创新投入，促使工业加快向中高端迈进，"深圳—香港—广州集群"成为国内最具创新活力的城市群；在融合发展方面，广州市两化融合水平仍居全国首位，近年来重点发展"个性化定制、信息服务、工业互联网、工业设计、工业电子商务、物流与供应链管理"等领域，积极打造引领全国的服务型制造示范城市；在对外开放方面，外贸政策环境积极向好，外贸经济环境受中美博弈影响有所恶化，导致制造业境外投资企业数量持续减少，但外企增资扩股彰显投资信心，工业产值、增加值

等继续保持上升趋势；在绿色制造方面，广州作为"中国制造
2025 试点示范城市"，积极打造绿色园区、绿色工厂，构建绿
色制造供应链，并培育绿色制造评价和服务体系，为全市制造
业高质量发展提供有力支撑。

一　发展规模

（一）总体发展态势稳定

广州市委、市政府高度重视工业制造业发展，提出了"产
业第一、制造业立市"的战略方针，不断推动工业经济平稳较
快增长和高质量发展，2021 年全市全年工业总产值 24644.4 亿
元，较上年增长 9.7%。全年工业增加值 6716.71 亿元，较上年
增长 9.1%，并比上年提速 6.5 个百分点。全市完成工业投资额
1100.83 亿元，技术改造投资占工业投资比重为 39.02%，较上
年提高 3.6 个百分点；制造业实际使用外资规模达 56.94 万亿
元。全市规模以上工业企业工业经济效益综合指数达 346.78，
较上年增长 13.8%；实现利润总额 1519.49 亿元，较上年增长
3.97%；全员劳动生产率 39.61 万元/人，较上年提升 6.44%，
高于全省水平 10.13 万元/人，但增速低于全省水平 6.86 个百
分点。全市营业收入利润率为 6.37%，低于全省 0.12 个百分
点；规模以上工业企业工业成本费用利润率为 7.72%，较上年
下降 0.85 个百分点。

上述数据显示，广州制造业总体规模继续扩大，持续增长
的投资为制造业发展提供动力，增加值增速高于总产值增速，
全员劳动生产率进一步提升，但工业利润规模、利税规模以及
工业成本利润率有所下降，说明广州正处于制造业高质量发展
转型攻坚期。2020 年以来，尽管受新冠疫情等因素影响较大，
但广州工业经济运行展现出了强大的韧性，2021 年广州规模以

上工业总产值达到 23121.0 亿元，规模以上工业增加值达 4963.72 亿元，分别较上一年提升 13.84% 和 9.22%，制造业固定资产投资 809.98 亿元，同比增长 11.9%。（见图 3.1）随着疫情防控形势持续向好，广州工业企业生产逐步恢复，行业总体呈现稳定态势。

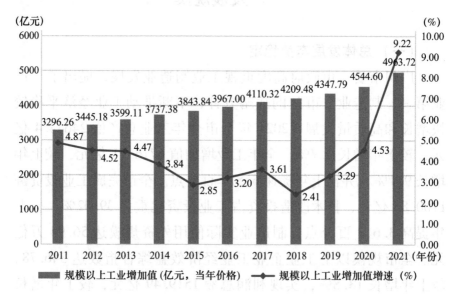

图 3.1　2011—2021 年广州市规模以上工业增加值及其增速

数据来源：广州市统计年鉴。

（二）规模以上工业企业减税降负成效明显

2021 年，规模以上工业企业实现利税①总额 2769.73 亿元，实现利润总额 1519.49 亿元，税负率为 45.14%，较上年增加 0.46 个百分点。

广州积极落实国家出台的各项减税措施，2016 年至 2021 年，规模以上工业企业税负率持续下降，总降幅达 2.25%，在

---

①　利税总额为税金及附加、利润、所得税和增值税总和。

不考虑价格因素的情况下，说明 2021 年规模以上工业每 100 元所获净利润，相比 2016 年从绝对值上提升了 2.25 元，规模以上工业企业减税降负效果显著。（见图 3.2）

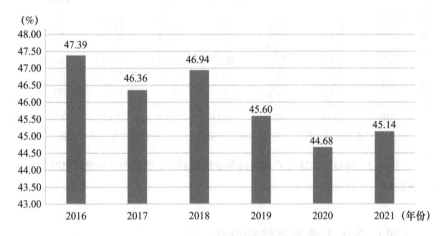

图 3.2　2016—2021 年广州市规模以上工业企业平均税负率变化

数据来源：广州市统计年鉴。

（三）小微工企释放发展新活力

小微型工业企业总产值占比逐年上升。2021 年，规模以上大型工业总产值为 12237.25 亿元，中型工业总产值为 3670.47 亿元，分别占全市工业总产值的 52.92% 和 15.88%，较 2015 年比重分别下降 2.91 个百分点和 1.3 个百分点，而小微型工业总产值份额逐年上升，2021 年工业总产值为 7213.28 亿元，占全市工业总产值的 31.2%，再创新高。

小微型工业企业释放新活力。2021 年，全市规模以上小微型企业工业增加值 1231.29 亿元，较上年增长 14.1%，增速高于规模以上工业增加值 4.88 个百分点。（见图 3.3）综合上述情况可以看出，广州市中小微工业企业发展迅速，进一步释放了发展新活力，推动了广州制造业经济的高质量发展。

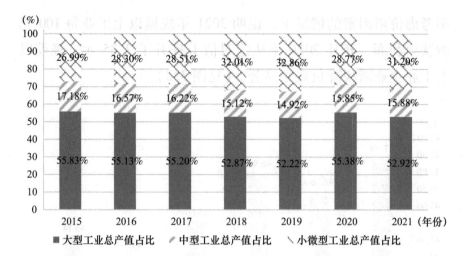

图 3.3　2015—2021 年广州市按企业规模划分工业总产结构变化情况

数据来源：广州市统计年鉴。

（四）各区工业发展结构分化

工业区域集聚度进一步加强，黄埔区工业总产值仍居首位。2021 年，广州市各区工业总产值中，排名第一位的仍然是黄埔区（开发区），工业总产值为 8902.98 亿元，占全市工业总产值的 36.96%，其次为南沙区（14.48%）、花都区（12.57%）、番禺区（11.2%），其余七区占比均在 10% 以下，共计 24.97%。

这一时期，黄埔区（开发区）、花都区、南沙区、番禺区四区合计占全市工业总产值的比重从 2016 年的 69.3% 提升至 2021 年的 75.03%，增长了 5.73 个百分点，表明这一时期广州的工业经济区域集聚程度在不断增强。从工业总产值增长情况来看，黄埔区、花都区、南沙区均呈现增长态势，番禺区呈现先增后减波动上升态势。从占全市工业总产值的比重来看，2016 年至 2021 年间，花都区工业总产值占广州全市工业总产值的比重逐年提升，这一时期占比提升了 1.23 个百分点，处于稳定增长态势；黄埔区占比全市工业总产值呈现先降后增趋势，2016—2021 年提升了 4.62 个百分点；番禺区占全市工业总产值的比重呈现小范围波动趋势，相应的工业总产值呈现先增后减波动上升趋势；南沙区占全市工业总产值的比重则是呈现逐渐下降趋势，2016 年至 2021 年下降约 0.43 个百分点。（见图 3.4）

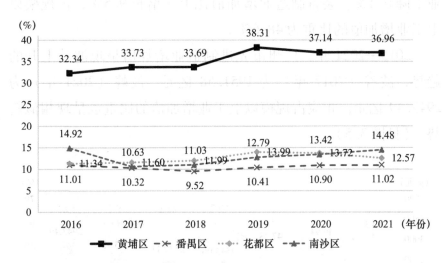

图 3.4　2016—2021 年广州市主要工业区工业总产值占比情况

数据来源：广州市统计年鉴。

二　结构调整

全市工业新动能加快集聚，不断深化供给侧结构性改革，积极促进工业结构优化升级，制造业产业结构持续得到改善。2021 年，广州市规模以上先进制造业总产值达 13183.32 亿元，占广州工业总产值的比重达到 54.72%，其中高技术制造业实现总产值 3533.29 亿元，占先进制造业的 26.8%，制造业新旧动能接续转换，产业结构不断迈向高端化。

（一）先进制造业

整体呈现波动上升趋势，持续推进结构调整。先进制造业增加值比上年增长 7.2%，占规模以上工业增加值的比重为

59.3%，其中高端电子信息制造业增长 30.4%，生物医药及高性能医疗器械业增长 18.7%，先进装备制造业增长 2.1%，先进轻纺制造业增长 6.5%，新材料制造业增长 5.0%，石油化工业下降 0.4%。装备制造业增加值比上年增长 9.5%，占规模以上工业增加值的比重为 48.6%。

2015—2021 年，广州市先进制造业增加值呈现波动上升的趋势，波谷（2017 年）为 1951.58 亿元，波峰（2021 年）为 2943.49 亿元，相应占规模以上工业增加值的比重也呈现相似趋势。（见图 3.5）

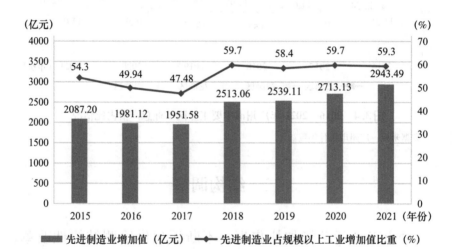

图 3.5　2015—2021 年广州市先进制造业及占比情况

数据来源：广州市统计年鉴。

（二）高技术制造业

2021 年广州规模以上高技术制造业增加值 941.14 亿元，同比增长 25.7%，其中，医药制造业增长 23.1%，航空航天器制造业下降 1.8%，电子及通信设备制造业增长 34.7%，计算机、通信和其他电子设备制造业增长 14.5%，医疗设备及仪器仪表制造业下降 16.9%。

高技术制造业增加值的占比呈现持续上升趋势。2016—2021年，规模以上高技术制造业增加值占规上工业增加值的比重不断扩大，2021年，比重达到新高为18.96%，较2016年提升了近7个百分点。（见图3.6）

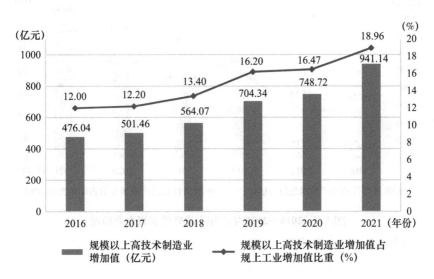

图3.6　2016—2021年广州市高技术制造业增加值规模及占比情况

数据来源：历年《广州市国民经济和社会发展统计公报》。

（三）战略性新兴产业

2020年上半年，战略性新兴产业增加值占GDP比重为26.4%。在总体经济受疫情影响负增长的情况下，IAB产业增加值增长2.5%，其中生物医药与健康、新一代信息技术，分别增长2.9%和4.0%。

全市产业结构转型升级加速，产业结构不断迈向高端化。2016—2021年，广州市战略性新兴产业增加值逐年增长，战略性新兴产业增加值占GDP比重逐渐提升。其中，2017—2019年战略性新兴产业增加值每年增长约1700亿元，占GDP比重分别增长7.6个百分点和6.4个百分点，全市产业转型升级加速。2021 年，战略性新兴产业占 GDP 比重进一步提升，新冠疫情对战略性新兴产业发展影响逐渐减弱，产业结构持续优化。（见图 3.7）

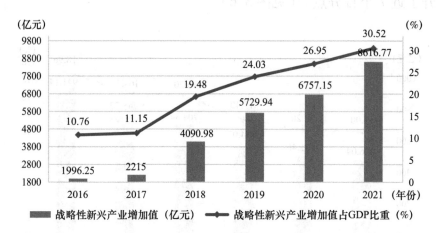

图 3.7　2016—2021 年广州市战略性新兴产业情况

数据来源：广州市统计年鉴。

三　支柱产业

全市三大支柱产业产值稳步上升，虽然主导地位依然突出，但对广州工业经济发展的支撑能力在减弱。2021 年，全市规模以上汽车制造业、电子产品制造业和石油化工制造业三大支柱产业工业总产值为 11405.15 亿元，同比增长 6.0%，占全市规模以上工业总产值的比重为 49.33%。（见图 3.8）

（一）汽车制造业

作为国家汽车及零部件出口基地、国家节能与新能源汽车示范推广试点城市，广州已形成以整车制造为核心、零部件企业聚集、初创型企业不断孕育而生的完整产业链。拥有番禺、增城、花都、南沙和从化五大国际汽车零部件产业基地，11 家

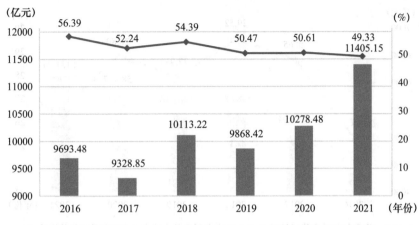

图3.8 2016—2021年广州市三大支柱产业情况

数据来源：广州市统计年鉴。

整车制造企业，集聚了1200多家汽车零部件生产和贸易企业，整车生产规模在全省占比超过90%。[①] 2021年广州整车产量将近300万辆，占全国整车产量的11.3%，连续三年整车产量居全国城市首位。近年来，广州市汽车产业产值呈现出逐渐上升的态势，但由于疫情等因素的影响，增长速度下滑明显，产值占比也下降不少（见图3.9）。比如，2021年，广州市汽车制造业总产值为6121.74亿元，同比增长4.67%，受疫情影响，增速较上一年下滑2.43个百分点，总产值占规上工业总产值比重也较上一年下降2.32个百分点。据调研所知，受疫情期间交通限制影响，花都区东风日产产值主要因为疫情高危地区生产的汽车零部件无法及时送达整车厂进行组装，从而影响当地汽车产值。

---

① 广州市发展和改革委员会：《广州市智能与新能源汽车创新发展"十四五"规划》，2022年3月17日。

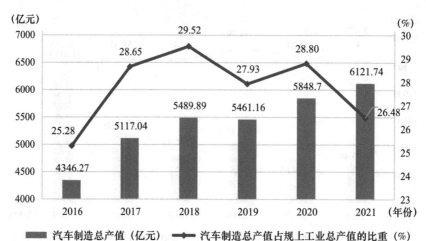

图3.9　2016—2021年广州市汽车制造业发展情况

数据来源：广州市统计年鉴。

（二）电子产品制造业

电子产品制造业保持稳定增长，支柱地位有所弱化。2019年，全市电子产品制造业总产值为2643.07亿元，同比增长5.2%，占规模以上工业总产值比重为13.52%。2016—2021年，广州电子产品制造业总产值占规模以上工业总产值比重基本保持降低趋势，其中2017年达到最低为12.83%，其余年份均不同程度有所降低。（见图3.10）

2021年，广州市电子产品制造业总产值为3352.29亿元，同比增长22.48%，占规模以上工业总产值比重为14.5%，较2016年下滑2.33个百分点，支柱地位进一步弱化。

（三）石油化工制造业

石油化工制造业主导地位持续弱化。从绝对值上来说，2016—2019年，广州市石油化工制造业总产值持续降低，共降低约21.32%，2019年石油化工制造业总产值为1764.19亿元，受国际原油价格下跌和疫情的双重影响，2020年上半年石油化

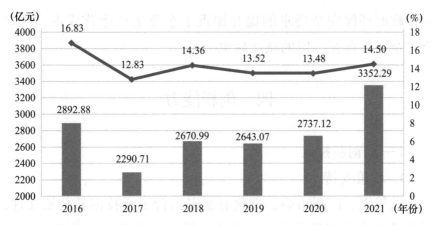

图3.10　2016—2021年广州市电子产品制造业情况

数据来源：广州市统计年鉴。

工总产值为1692.67亿元，同比减少4.05%。

2016—2021年，广州石油化工制造业总产值占比规模以上工业总产值的比重呈持续降低趋势，这一时期降幅达约5.93个百分点，主导地位正在逐渐被削弱。（见图3.11）调研结果显

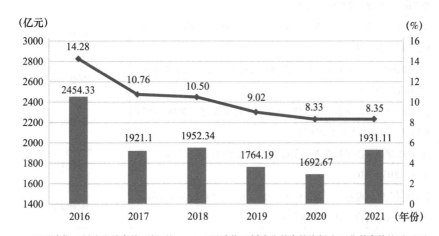

图3.11　2016—2021年广州市石油化工制造业情况

数据来源：广州市统计年鉴。

示，政府环保安全要求的提升加重了企业生产运营成本，较多化工企业都存在一定的减产现象。

四 创新能力

（一）创新投入

1. 政策支持

近年来，广州市委、市政府制定出台了科技创新政策文件，形成了《中共广州市委　广州市人民政府关于加快实施创新驱动发展战略的决定》，以及若干份配套政策文件，其主要内容包括增强企业创新能力、推进科技成果转化、完善科技创新平台、吸引科技创新人才、加强科技金融等。（见表3.1）

表 3.1　　　　　广州市科技创新政策汇总（2021 年）

政策	文件类型
《中共广州市委　广州市人民政府关于加快实施创新驱动发展战略的决定》（穗字〔2015〕4 号）	主体文件
《广州市人民政府关于印发进一步加快促进科技创新政策措施的通知》（穗府规〔2019〕5 号）	配套文件
《珠三角国家自主创新示范区（广州）先行先试的若干政策意见》（穗府〔2018〕8 号）	配套文件
《广州市建设国际创新产业创新中心三年行动计划（2018—2020 年）》（穗府函〔2018〕224 号）	配套文件
《广州市建设科技创新强市三年行动计划（2019—2021 年）》（穗科字〔2019〕316 号）	配套文件
《广州市人民政府办公厅关于促进科技、金融与产业融合发展的实施意见》（穗府办〔2015〕26 号）	配套文件
《广州市鼓励创业投资促进创新创业发展若干政策规定》（穗府办规〔2018〕18 号）	配套文件

政策	文件类型
《广州市人民政府办公厅关于促进新型研发机构建设发展的意见》（穗府办〔2015〕27号）	配套文件
《广州市人民政府办公厅关于印发广州市促进科技成果转化实施办法的通知》（穗府办〔2015〕57号）	配套文件

资料来源：广州市科技局。

为建设"中国制造2025"试点示范城市，2018年2月广州市出台《广州市工业和信息化委　广州市财政局关于印发广州市"中国制造2025"产业发展资金管理办法和相关配套实施细则的通知》（穗工信规字〔2018〕2号），重点支持八大方向，包括汽车产业（含新能源和智能网联汽车、国际汽车零部件产业基地建设）、新一代信息技术产业、大数据和人工智能、创新发展和技术改造、绿色制造、产业集聚（含价值创新园区、园区提质增效）、民营企业做大做强、中小企业发展（含"两高四新""小升规"）。同时，广州市出台了《广州市人民政府关于落实广东省降低制造业企业成本若干政策措施的实施意见》（穗府〔2018〕3号），在企业税负、用地成本、社会保险成本、用电成本、运输成本、融资成本、制度性交易成本等方面提供支持。

2. 创新平台

近年来，广州面向世界科技前沿、国家重大需求、国民经济主战场，着力加强"从0到1"的原始创新和科学发现，带动"从1到10"的科技成果产业化，探索并形成"科学发现、技术发明、产业发展、人才支撑、生态优化"的全链条创新发展路径，积极布局高端战略创新平台体系，打造"1+4+4+

N"高端战略创新平台体系：着力构建以明珠科学园①为主阵地、以重大科技基础设施②（4个）为前沿研究战略支撑、以省实验室③（4个）为原始创新主力军、多个高水平创新研究院④为技术供给主平台。

3. 研发投入

创新投入持续扩大，研发能力不断增强。2021年广州市规模以上工业企业R&D经费内部支出规模为377.89亿元，较上年增长19.92%，增速较上年增长2.03个百分点，规上工业企业R&D内部支出经费占规模以上工业增加值比重达到7.61%，较2016年提升2.32个百分点；规模以上工业企业R&D人员折合全时当量68775人/年，较上年下滑11.52%。（见图3.12）

工业技术改造规模不断扩大。2019年，广州市工业投资1038亿元，较上年增长9.1%。技术改造投资迅猛增长，较上年增长43.0%，占工业投资比重35%。2020年上半年，全市完成工业投资额460.3亿元，同比下降0.6%，降幅比一季度收窄22.1个百分点。其中，完成技改投资额133.6亿元，同比增长3.6%。

---

① 明珠科学园一期启动区包含中科院沈阳自动化所广东智能无人系统研究院、中科院力学所广东空天科技研究院、中科院南海海洋研究所、中科院广州分院、中科院大学广州学院、植物园、大科学中心、纳米中心共8家单位。二期区域包含能源所、地化所、南海所、大科学装置、双创公司等5家新单位，还包含人才公寓、幼儿园等配套设施用地。

② 广州与中国科学院合作启动冷泉生态系统研究装置、智能化动态宽域高超声速风洞、极端海洋动态过程多尺度自主观测科考设施、人类细胞谱系大科学研究设施4个国家重大科技基础设施建设。

③ 位于广州的4个省实验室，即广州再生医学与健康省实验室、南方海洋科学与工程省实验室、人工智能与数字经济省实验室、岭南现代农业科学与技术省实验室。

④ 目前，广州已完成建制、成体系、机构化地引进了中国科学院系统高水平研究院、复旦大学等国家级大院大所和顶尖高校落户，积极推进广东粤港澳大湾区国家纳米科技创新研究院、中国科学院力学研究所广东空天科技研究院、粤港澳大湾区精准医学研究院等10余家高水平创新研究院建设。

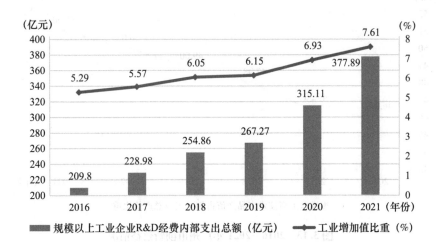

图3.12 2016—2021年广州市创新投入情况

数据来源：广州市统计年鉴。

（二）创新产出

2021年，广州市全年专利授权数189516项，全年吸纳技术成交金额为1446.87亿元。工业加快向中高端迈进，工业高新技术产品产值占工业总产值的比重也在持续地增长。2021年，广州高新技术产品、机电产品出口总值占商品出口总值比重分别为15.81%和49.8%，占比分别提高1.44个百分点和0.04个百分点。高新技术产品、机电产品进口总值占商品进口总值比重分别为22.85%和37.41%，同比分别下滑3.31个百分点和5.01个百分点。

2021年，广州规模以上工业高新技术产品产值占规模以上工业总产值的比重达到51.00%，高技术制造业增加值增长25.7%，其比重仍保持上升通道。其中，电子及通信设备制造业增长34.7%，计算机、通信和其他电子设备制造业增长14.5%，仍保持较快增长趋势。（见图3.13）

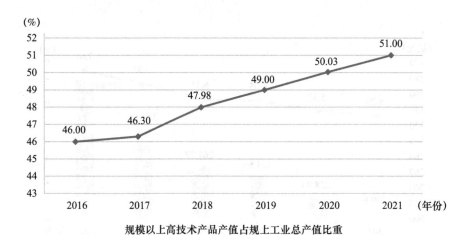

规模以上高技术产品产值占规上工业总产值比重

图 3.13   2016—2021 年广州市创新效益情况

数据来源：根据广州市统计局《年度报表》整理。

（三）创新效益

近日，世界知识产权组织（WIPO）、美国康奈尔大学、欧洲工商管理学院联合发布的《2022 年全球创新指数（GII）报告》显示，在世界五大科技集群中，"深圳—香港—广州地区"排名全球第 2，是国内最具创新活力的城市群。

五   融合发展

（一）两化融合水平居全国首位

两化融合是广州市实现现代化过程中工业化和信息化两大历史进程的交融交汇，是生产方式、管理模式、产业体系及社会经济运行方式等不同层面的全方位融合。在过去的十年里，广州市两化融合顶层设计逐步完善，在改造提升传统产业、培育新模式新业态、增强企业创新活力等方面成效卓著，为制造业的高质量发展奠定了坚实基础。

在工信部的指导下，国家工业信息安全发展研究中心连续多年在全国范围内开展企业两化融合评估，2019 年全国两化融合发展总体水平为 54.5，珠三角地区两化融合发展总体水平为 55.7，广州与深圳、惠州、佛山四市属于珠三角地区的第一梯队，两化融合发展水平均在 60 分以上，广州发展水平为 66.5，仍然占据全国第一的位置。（见表 3.2）

表 3.2　　　　　　广州市与全国的两化融合发展水平（2019）

内容	指标	广州总体水平（%）	全国总体水平（%）
	总体水平	66.5	54.5
发展阶段	起步建设	2.0	24.8
	单项覆盖	52.7	52.4
	集成提升	38.7	17.2
	创新突破	6.6	5.6
关键指标	生产设备数字化率	50.9	53.1
	数字化研发设计工具普及率	91.5	69.7
	关键工序数控化率	51.3	49.7
	关键业务环节全面信息化的企业比例	68.0	46.0
	工业电子商务普及率	76.3	60.9
	实现管控集成的企业比例	27.4	22.2
	实现产供销集成的企业比例	46.5	26.9
	实现产业链协同的企业比例	9.0	10.9
	智能制造就绪率	12.9	7.7
新模式新业态	重点行业骨干企业"双创"平台普及率	76.6	81
	实现网络化协同的企业比例	37.9	35.3
	开展服务型制造的企业比例	34.8	25.3
	开展个性化定制的企业比例	9.7	8.1
	智能制造就绪率	12.9	7.0

资料来源：国家工业信息安全发展研究中心。广州发展阶段、关键指标、新模式新业态数据均为 2018 年数据。

从发展阶段来看，2019年，广州除了起步建设指标值远低于全国总体水平，其余单项覆盖、集成提升和创新突破三项指标值均高于全国平均水平。尤其在一些关键指标上，如数字化研发设计工具普及率、工业电子商务普及率、实现产供销集成的企业比例、智能制造就绪率等指标值，广州表现突出，在全国位居前列。

（二）服务型制造业

广州市是重要的国家中心城市和先进制造业基地，制造业基础雄厚、门类齐全，但制造业总体上处于产业链中低端的生产加工制造环节，中高端环节相对欠缺，如何加快从传统单一的制造环节向产业链两端延伸，提升产品附加值、要素生产率和市场占有率是广州市制造业高质量发展的关键。发展服务型制造、提供全价值链服务是当前广州市融合发展推进的重点之一，是推动广州制造业高质量发展、推动企业实现价值跃升，以及推动优质资源配置的重要抓手，也是广州制造业转型升级，抢占全球制造业竞争制高点的关键所在。

为贯彻落实制造强国战略，结合自身产业实际，按照国家关于建设服务型制造示范城市的要求，广州提出"加快发展服务型制造及生产性服务业"的重点任务，并相继制定了一系列配套政策措施，如2014年制定实施《关于促进广州市服务业新业态发展的若干措施》，2015年出台《广州市加快发展生产性服务业三年行动方案（2015—2017年)》，2016年出台《广州市推进文化创意和设计服务与相关产业融合发展行动方案（2016—2020年)》，2022年出台《广州市促进服务业领域困难行业恢复发展的若干措施》等。在相关一揽子政策支持下，广州重点发展个性化定制、信息服务、工业互联网、工业设计、工业电子商务、物流与供应链管理等领域，建设了一批全国示范企业、项目、平台，打造引领全国的服务型制造示范城市。2021 年，全市生产性服务业增加值达 10860.02 亿元，同比增长 9.0%，占 GDP 的比重达 38.47%，规模仅次于北京、上海。

在个性化定制领域，"全球定制看中国，中国定制看广州"，广州是全国家具定制的行业标杆，全国 9 家 A 股上市定制家具企业中，有 4 家总部在广州，特别是行业规模前三的欧派、索菲亚、尚品宅配都在广州。

在工业互联网领域，树根互联、阿里云、航天云网等 20 多家国内知名的工业互联网平台已落户广州，广州已建设工业互联网标识解析顶级节点，这是全国五个顶级节点之一。广州是广东省工业互联网产业示范基地和广东省工业互联网创新中心的所在地，工业互联网资源居全省第一。此外，广州还成立了省工业互联网产业联盟广州分联盟，设立了全国首家工业互联网企业医院，成立了全国首只规模为 100 亿元的工业互联网产业基金。

在工业设计领域，广州构建了国家、省、市三级工业设计中心创新能力建设体系，已培育 5 家国家级工业设计中心，数量位居全国前三，并培育认定 53 家市级工业设计中心企业。白云区"广州设计之都"、从化区生态设计小镇加快建设，"广州设计周"、世界生态设计大会等一批大型展会、高端论坛正成为广州的城市"新名片"。

在工业电子商务领域，广州的工业电子商务服务平台建设国内领先，广东塑料价格指数成为全国行业价格风向标，有米科技连续两年入围"中国互联网企业 100 强"，雪松旗下供通云供应链已成为中国最大的大宗商品做市商之一和智能供应链领军企业。广汽、珠江钢琴等一批制造业企业自建电子商务平台拓展营销、服务、宣传渠道，取得积极成效。

在物流与供应链管理领域，广州以创建全国现代物流创新发展试点城市为契机，大力支持产业物流与供应链发展，引导鼓励企业整合资源、创新模式，运用大数据、人工智能、物联网、区块链等新技术、新方法，逐步探索由初级供应链、响应型供应链向智慧供应链转型升级。广州现拥有广汽乘用车、天图物流等 34 家省级供应链管理试点示范企业，嘉诚物流、一智通等企业优化创新服务模式主，近年来发展迅速。2022 年，广州市入选工业和信息化部公布确定的国家首批产业链供应链生态体系建设试点城市，成为 12 个试点城市之一。

六　对外开放

（一）政策环境

作为国家中心城市和综合性门户，"一带一路"重要枢纽和粤港澳大湾区核心城市，广州将发挥国内大循环的中心节点和国内国际"双循环"的链接作用，为高质量共建"一带一路"做出新的贡献。

1. "一带一路"倡议

作为开放发展的重要途径，"一带一路"倡议主要通过推动国内产业发展再上新台阶，将中国制造业与"一带一路"建设融合在一起，首先将国内过剩的产业项目转化为海外产业，实现国内产业过剩产能转移，从而将中国产业辐射拓展向全球，实现国内产业转型升级、国内外产业发展协同共赢的良好局面。

"中国制造 2025"是中国推动制造业国际化，提升制造业国际竞争力的重要抓手，是中国实现制造强国战略的重要行动纲领。"一带一路"倡议的实施，为"中国制造 2025"战略的落实提供了重要契机，中国将在航空航天、高速铁路、海洋工程、电力装备等众多高端领域开展国际化装备制造合作，培育和挖掘与"一带一路"地区协同发展的机会。

2015 年，国家发展改革委、外交部、商务部联合发布的《推动共建丝绸之路经济带和 21 世纪海上丝绸之路的愿景与行动》强调，要推动新兴产业合作，按照优势互补、互利共赢的原则，促进沿线国家加强在新一代信息技术、生物、新能源、新材料等新兴产业领域的深入合作，推动建立创业投资合作机制。

广州致力于成为"一带一路"前沿和重要节点、城市枢纽和大都市区，在建立区域连通性、加强合作网络和寻求创新方面，发挥着重要的作用。

2. 粤港澳大湾区建设

2019 年 2 月，《粤港澳大湾区发展规划纲要》（下称《纲要》）将粤港澳大湾区定位为充满活力的世界级城市群，以建成世界新兴产业、先进制造业和现代服务业基地，建设世界级城市群为目标。同时，强调广州要充分发挥国家中心城市和综合性门户城市引领作用，全面增强国际商贸中心、综合交通枢纽功能，培育提升科技教育文化中心功能，着力建设国际大都市。

《纲要》提出，湾区城市要加快发展先进制造业来增强制造业核心竞争力，优化制造业布局，加快制造业调整。同时，香港、澳门、广州、深圳等中心城市要积极发挥核心引擎作用，利于其科研资源优势和高新技术产业基础，充分发挥国家级新区、国家自主创新示范区、国家高新区等高端要素集聚平台作用，联合打造一批产业链条完善、辐射带动力强、具有国际竞争力的战略性新兴产业集群，提升制造业高质量发展水平，增强经济发展新动能。

（二）经济环境

近年来，广州市对外贸易不断实现跨越发展，利用外资水平和质量不断提升，已成为中国对外开放格局中的重要枢纽城市。2021 年，广州商品进出口总值 1674.52 亿美元，比上年增长

21.7%。其中，商品出口总值976.19亿美元，同比增长24.8%；商品进口总值698.33亿美元，同比增长17.6%。（见图3.14）

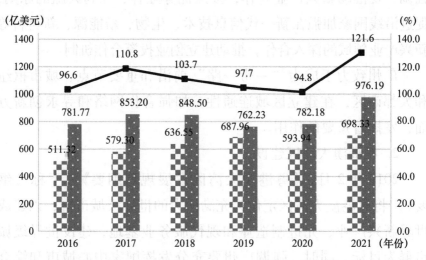

图3.14　2016—2021年广州市对外开放情况

数据来源：广州市统计年鉴。

（三）制造业"引进来，走出去"

近年来，制造业外商投资出现波动。2021年，广州外商投资项目总量达4048个，实际直接投资规模为84.21亿美元。2016—2021年，制造业外商直接投资项目数呈"V"字形的趋势，但实际使用外资规模不断增加，虽然疫情因素和中美博弈外部因素对其有一定影响，但广州实际利用外资规模整体上仍呈不断增长趋势。（见图3.15）

另外，境外企业数显著减少，增资扩股彰显投资信心。相比2016年，2021年全市制造业外商投资企业及分支机构工商登记3414个，同比减少3.85%，制造业外商投资企业及分支机构注册资本389.46亿美元，同比增加3.15%。（见图3.16）

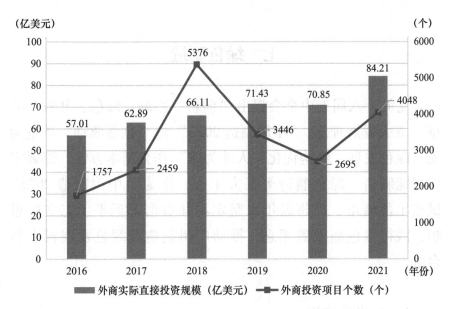

图 3.15　2016—2021 年广州市制造业外商投资情况

数据来源：广州市统计年鉴。

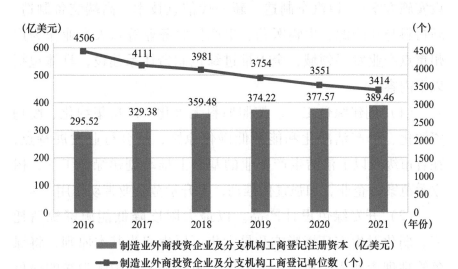

图 3.16　2016—2021 年广州制造业外商投资企业及分支机构单位、

注册资本情况

数据来源：广州市统计年鉴。

七　绿色制造

党的十八届五中全会提出"创新、协调、绿色、开放、共享"五大发展理念,"中国制造2025"把"创新驱动、质量为先、绿色发展、结构优化、人才为本"作为基本方针,部署实施智能制造、绿色制造等五大工程。作为"中国制造2025"试点示范城市,广州近年来坚定不移贯彻习近平生态文明思想,践行绿色新发展理念,推动广州制造业绿色发展再上新台阶。

(一)发展措施

2018年8月,广州市工信委印发《广州市绿色制造体系建设实施方案》,以汽车制造、新一代信息技术、高端装备制造、新材料与新能源、生物医药、生产性服务业等六大产业作为广州重点产业发展领域,全力推进绿色制造体系建设,具体包括以下内容。

(1)创建绿色工厂。按照原料无害化、厂房集约化、废物资源化、生产洁净化和能源低碳化原则,结合行业发展特点,在省市级及以上清洁生产企业的基础上推动创建绿色工厂,树立示范案例企业,加强宣传推动,提升示范企业带动作用。

(2)开发绿色设计产品。以最大限度降低能源资源消耗率、弱化对生态环境影响和最大化可再生率为基本原则,将绿色管理理念融入企业全生命周期,吸收和采纳国际尖端的绿色设计,采用更新型材料,使用更先进技术,着力提高产品的绿色特性。

(3)构建绿色供应链。充分发挥绿色核心龙头企业的引领带动作用,积极推动实施绿色供应标准与生产者责任延伸制度，推动绿色采购制度，将绿色生产企业和绿色产品优先纳入产品供应链中，应用5G、大数据、物联网、云计算等新一代信息技术，搭建绿色供应链管理体系以及可追溯信息系统，发展互联网回收模式，实施产品废弃回收以及资源化利用责任制度。

（4）建立绿色制造评估和服务体系。推动高等院校、科研院所、行业协会、第三方服务机构和金融机构等众多主体协同参与机遇，发展和培育第三方评价机构，为绿色制造体系政策的推广、咨询、信息交流、培训以及评估等提供基础支撑。

（二）发展成效

近年来，广州市制造业绿色发展成效较为显著，工业企业资源利用效率逐年提高、污染排放物减少。2021年，广州市单位工业产值废水排放指数由2016年的11241.82吨/亿元下降到6101.81吨/亿元，下降幅度达45.72%。（见图3.17）

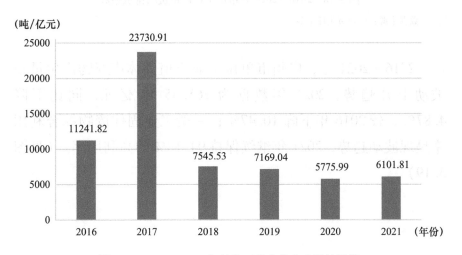

图 3.17　2016—2021 年单位工业产值废水排放指数

数据来源：广州市统计年鉴。

2016—2021 年，广州市单位工业产值废气排放指数波动幅度较大，呈现降低—升高—降低的特征，整体呈现波动上升趋势，其中 2021 年单位工业产值废气排放指数为 2910.06 万标立方米/亿元，为近五年峰值，2018 年单位工业产值废气排放指数是近五年唯一出现负增长的年份。（见图 3.18）

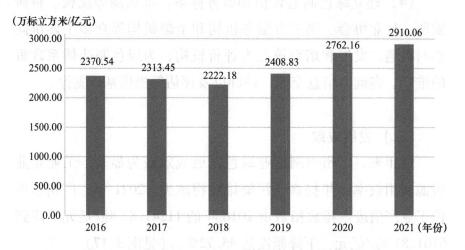

（万标立方米/亿元）

图 3.18 2016—2021 年单位工业产值废气排放指数

数据来源：广州市统计年鉴。

2016—2021 年，广州市单位工业产值固体废弃物产生量呈波动上升趋势，2021 年数据为 265.55 吨/亿元，同比下降4.87%，较 2016 年下降 10.47%；一般工业固体废物综合利用率呈现波动趋势，2021 年继续保持 94.18% 的高利用率。（见图3.19）

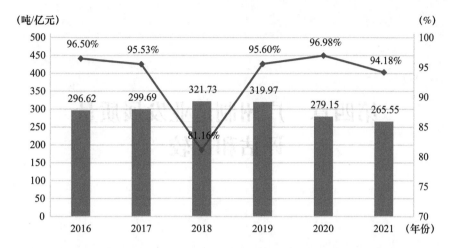

图 3.19 2016—2021 年单位工业产值固体废弃物产生指数及利用率

数据来源：广州市统计年鉴。

第四章 广州制造业发展质量评估和比较

党的十九大报告明确指出，中国经济已由高速增长阶段转向高质量发展阶段，要推动中国经济发展质量变革、效率变革、动力变革。党的二十大报告再次重申，高质量发展是全面建设社会主义现代化国家的首要任务。制造业作为国民经济的主体，要想实现中国经济高质量发展，关键是要推动制造业高质量发展。《中华人民共和国国民经济和社会发展第十四个五年规划和 2035 年远景目标纲要》明确指出，要深入实施制造强国战略，坚持把经济着力点放在实体经济上，加快推进制造强国、质量强国建设，增强制造业竞争优势，推动制造业高质量发展。这为中国制造业发展指明了方向，明确了任务。

作为中国超大型城市，研究广州制造业高质量发展问题，不仅有利于贯彻落实中央关于加快制造业高质量发展的重要指示精神，也对推动广州制造业加快转型升级步伐，为其他城市推动制造业高质量提供可借鉴的经验有重大现实意义。鉴于此，本书构建了一套科学合理的制造业高质量发展评价指标体系，以广州和中国其他制造业相对发达的城市为研究样本，并据此对比分析广州制造业高质量发展现状、态势、短板与区域差异，为进一步推动广州制造业高质量发展提供理论指引和决策参考。

一　指标体系设立原则

评价指标体系设立需遵循以下原则。

（一）系统性原则

制造业高质量的评价指标体系涉及范围广、综合性强，故各指标要充分反映系统整体，并能分层次从宏观到微观形成一个完整的科学评价体系。

（二）客观性原则

指标体系能够准确反映区域制造业高质量发展情况。

（三）可操作性原则

指标的选取应易于数据的采集与应用，同时指标需具有统一性和可比性，从而能够正确反映和比较制造业高质量发展状况。

（四）简明性原则

制造业高质量发展受多种因素影响，其涉及面较广，故指标在完整反映制造业发展的同时，需避免关联性强的变量重复出现，做到简明、实用。

二　指标体系建立依据

（一）新发展理念

党的十九大报告指出，中国经济已由高速增长阶段转向高质量发展阶段，正处在转变发展方式、优化经济结构、转换增长动力的攻关期。"发展是解决我国一切问题的基础和关键，发展必须是科学发展，必须坚定不移贯彻创新、协调、绿色、开放、共享的发展理念。"说明在中国特色社会主义新时代，我们要始终坚持新发展理念，把它作为全面建成小康社会、实现"两个一百年"奋斗目标的理论指导和行动指南。它是以习近平同志为核心的党中央牢牢把握中国发展的阶段性特征，牢牢把握人民群众对美好生活的向往，为当前乃至更长时期中国发展提供新思路、指明新方向、找准新着力点，是管全局、管根本、管长远的新发展理念。广州制造业发展要实现高质高效，就必须深入贯彻落实新发展理念，推动质量变革、效率变革、动力变革，不断增强产业创新力与竞争力。要崇尚创新，释放强劲动能，使创新成为建设现代化经济体系的战略支撑；要协调发展补足短板，让产业发展更趋稳健；要坚定绿色发展，推进人与自然更加和谐；要更高更广地开放发展，实现互利共赢；要共建共享，增进人民福祉。

（二）"四个走在前列"的新使命

习近平总书记在十三届全国人大一次会议广东代表团参加审议时，对广东提出了要"在构建推动经济高质量发展体制机制、建设现代化经济体系、形成全面开放新格局、营造共建共治共享社会治理格局上走在全国前列"的新时代新使命，对激励广东继续做好改革开放排头兵具有里程碑意义。"四个走在前列"充分体现了以习近平同志为核心的党中央对广东发展的高度重视，既是广州作为国家重要的中心城市和省会城市的责任担当，也是广州产业转向高质量发展的必然要求。广州产业要实现高质量发展就要加快构建推动经济高质量发展的体制机制，营造公平透明的市场环境、高效服务的营商环境、有利于创新的发展环境，就要深化供给侧结构性改革，强化创新对产业发展的引领和支撑作用，引导资本要素、人力资源向实体经济，特别是向高新技术产业和先进制造业集中，推动产业迈向中高端，真正把实体经济做实做强做优，建设实体经济、科技创新、现代金融、人力资源协同发展的产业体系；就要在"一带一路"建设、粤港澳大湾区建设、广深科技创新走廊等发展大局中主动作为，进一步优化对外开放布局。

（三）粤港澳大湾区制造业发展方向

《粤港澳大湾区发展规划纲要》明确提出，粤港澳大湾区要在构建经济高质量发展的体制机制方面走在全国前列，发挥示范引领作用，加快制度创新和先行先试，建设现代化经济体系，更好融入全球市场体系，建成世界新兴产业、先进制造业和现代服务业基地，建设世界级城市群。广州作为粤港澳大湾区的核心城市之一，必然要求发挥国家中心城市的科研资源和创新研发优势以及高新技术产业基础，带动大湾区其他城市产业转型升级，必然要推动制造业的高质量发展，在大湾区建设具有国际竞争力的先进制造业基地中发挥核心引领作用。

（四）中国制造 2025 战略

制造业是现代国民经济的基础与支柱，打造具有国际竞争力的制造业是一国或地区提升综合实力的必由之路。国际金融危机发生后，发达国家纷纷实施"再工业化"和"制造业回归"战略，重塑制造业竞争新优势。在此背景下，中国提出高质量发展，促进产业加快转型升级，在质量变革、效率变革、动力变革方面取得明显进展。2015年5月国务院发布《中国制造2025》，这是中国实施制造强国战略的第一个行动纲领。明确了9项战略任务和重点：一是提高国家制造业创新能力；二是推进信息化与工业化深度融合；三是强化工业基础能力；四是加强质量品牌建设；五是全面推行绿色制造；六是大力推动重点领域突破发展；七是深入推进制造业结构调整；八是积极发展服务型制造和生产型服务业；九是提高制造业国际化发展水平。提出了创新能力、质量效益、两化融合、绿色发展4大类共12项指标的制造业主要评价指标体系，以促进创新发展为主题，重塑制造业发展新优势。

2017年，经工信部批复，广州成为中国首个获批"创建'中国制造2025试点示范城市'"的一线城市。要求广州主动探寻新时期特大城市及重要中心城市制造业转型升级可复制、可推广的经验，辐射带动珠三角乃至粤港澳大湾区制造业整体水平提升，为中国探索出有效的制造业转型升级新模式、新路径。

（五）广州城市发展战略

在新一轮总体规划《广州市城市总体规划（2017—2035）》中提出，要在2020年全面建成高质量、高水平的小康社会，成为兼具实力、活力、魅力的美丽宜居花城；2035年建成社会主义现代化先行区，成为经济实力、科技实力、宜居水平达世界一流城市水平的活力全球城市；2050年全面建成中国特色社会主义引领型全球城市，实现高水平社会主义现代化，成为向世界展示中国特色社会主义制度巨大优越性，富裕文明、安定和谐、令人向往的美丽宜居花城、活力全球城市。既然要从国际一线城市的维度来审视和打造广州的未来，这就需要更高层次的眼光和魄力，广州制造业的革新就

要走出突破传统的路径，以创新驱动，以更高更广的开放促进制造业高质量发展。（见图4.1）

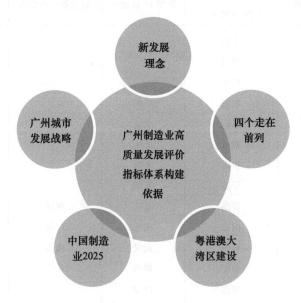

图4.1 广州制造业高质量发展评价指标体系构建依据

三 评价指标体系的构建

（一）主要城市选择

根据城市经济发展综合实力、产业发展目标等方面的相似性和可比性，本书选择国内包括广州在内的20个城市进行制造业高质量发展水平的比较评价。其中包括2018年的GDP"万亿俱乐部"的16个城市：上海、北京、广州、深圳、天津、苏州、重庆、武汉、成都、杭州、南京、青岛、无锡、长沙、宁波、郑州，以及即将进入"万亿俱乐部"，制造业发达的佛山；综合考虑中国先进制造业城市发展指数前20强中，以及粤港澳大湾区制造业发达城市。（见表4.1）

表 4.1　　　　　　　　　制造业高质量发展比较城市选择

2018 年 GDP "万亿俱乐部" 城市	中国先进制造业城市发展指数20 强城市	产业高质量发展 14 强城市	粤港澳大湾区制造业发达城市	最终选取（20 个）
	上海			广州
	深圳			上海
上海	广州			深圳
北京	北京	广州		北京
广州	苏州	北京		苏州
深圳	武汉	天津		武汉
天津	重庆	上海		重庆
苏州	宁波	深圳		宁波
重庆	青岛	重庆	深圳	青岛
武汉	南京	成都	广州	南京
成都	杭州	武汉	佛山	杭州
杭州	合肥	郑州	东莞	成都
南京	成都	西安		天津
青岛	天津	杭州		合肥
无锡	长沙	苏州		长沙
长沙	无锡	青岛		无锡
宁波	郑州	南京		郑州
郑州	佛山			佛山
	烟台			东莞
	西安			西安

（二）评价维度确定

遵循党的十九大报告有关高质量发展的重要论断及其产业发展质量的基本内涵和特征，新时代制造业高质量发展的衡量标准和特点，结合国家对广州发展的战略要求、广州在粤港澳大湾区建设的作用以及自身城市发展战略方向，本书从经济实效、结构优化、创新能力、社会价值、国际影响、绿色发展等六个维度构建了制造业高质量发展评价体系。（见图 4.2）

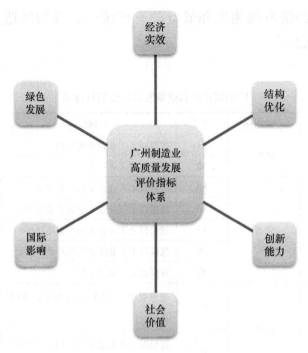

图4.2　广州制造业高质量发展评价指标体系的维度

（三）指标体系构建

遵照党的十九大报告有关高质量发展的重要论断和习近平总书记对广东"四个走在全国前列"、粤港澳大湾区建设发挥核心城市作用的战略要求，以及广州建设全球城市的客观需要，遵循系统性、客观性、可操作性和简明性的原则，本书构建了广州制造业高质量发展评价体系，包含6大维度、15个一级指标、36个基础指标。（见表4.2）

1. 经济实效

从经济实效维度看，经济规模与效益是衡量这一维度的重要指标，因此将规模与效益定为该维度的一级指标。当前，广州规模以上工业增加值增速整体处于合理区间，未来制造业能稳定增长仍将是长期重要目标，制造业增速仍是评价高质量的基础目标。另外，企业效益的可持续改善也是高质量发展的关

键，实现经济发展速度和效益的有机统一，成为制造业高质量
发展的基础。

表4.2 　　　　　　　　广州制造业高质量发展评价指标体系

指标维度	一级指标	序号	基础指标	指标属性
经济实效	规模	A1	规模以上工业企业增加值	正向
		A2	规模以上工业企业总资产	正向
	效益	A3	规模以上工业企业资产利润率	正向
		A4	规模以上工业企业全员劳动生产率	正向
		A5	规模以上工业企业成本费用利润率	正向
		A6	规模以上工业企业总资产贡献率	正向
		A7	规模以上工业增加值率	正向
结构优化	地位	B1	规模以上工业企业增加值占 GDP 比重	正向
		B2	规模以上工业企业对 GDP 增长的贡献率	正向
	高端化	B3	国家高新技术企业数	正向
		B4	高技术产业企业数量	正向
		B5	高技术制造业增加值占规模以上工业增加值比重	正向
	集聚水平	B6	规模以上工业产业区位熵	正向
		B7	规模以上工业企业全国市场占有率	正向
创新能力	创新投入	C1	规模以上工业企业 R&D 经费支出占工业增加值比重	正向
		C2	规模以上工业企业 R&D 人员全时当量	正向
		C3	规模以上工业企业 R&D 人员占规模以上工业从业人数比重	正向
	融合发展	C4	国家两化融合贯标企业数	正向
	创新效益	C5	有效发明专利数	正向
		C6	技术市场输出技术成交额	正向

指标维度	一级指标	序号	基础指标	指标属性
社会价值	社会效益	D1	规模以上工业企业就业人数占全社会就业人数比重	正向
		D2	城镇非私营制造业在岗职工年平均工资	正向
	区域贡献	D3	规模以上工业企业就业人员人均利润率	正向
国际影响	对外贸易	E1	货物出口与进口之比	正向
		E2	机电产品进口额占进口总额比重	正向
		E3	外贸依存度	正向
	对外效应	E4	工业境外企业数	正向
		E5	机电产品出口额占出口总额比重	正向
绿色发展	能源消耗	F1	单位增加值能耗	逆向
		F2	单位增加值耗电量	逆向
	资源节约	F3	单位用地增加值	逆向
		F4	单位增加值用水量	逆向
	环境保护	F5	单位增加值废气排放量	逆向
		F6	规模以上工业单位增加值固体废弃物排放量	逆向
		F7	单位增加值废水排放量	逆向
		F8	一般工业固体废物综合利用率	正向

经济实效类指标包括规模和效益 2 个一级指标。规模一级指标包含 2 个二级指标：规模以上工业企业增加值、规模以上工业企业总资产。效益一级指标包括 5 个二级指标：规模以上工业企业资产利润率、规模以上工业企业全员劳动生产率、规模以上工业企业成本费用利润率、规模以上工业企业总资产贡献率、规模以上工业增加值率。

2. 结构优化

从结构优化维度看，结构优化体现为产业地位、产品高端化和产业集聚水平3个方面。一级指标产业地位设置了2项二级指标：规模以上工业企业增加值占GDP比重、规模以上工业企业对GDP增长的贡献率。制造业高端化设置了3项二级指标：国家高新技术企业数、高技术产业企业数量、高技术制造业增加值占规模以上工业增加值比重。集聚水平设置了2项二级指标：规模以上工业产业区位熵、规模以上工业企业全国市场占有率。

3. 创新能力

在创新能力维度中，主要从创新投入、融合发展和创新效益3个方面对广州市制造业高质量发展水平进行评估。

体现创新投入的二级指标包括：规模以上工业企业R&D经费支出占工业增加值比重、规模以上工业企业R&D人员全时当量、规模以上工业企业R&D人员占规模以上工业从业人数比重。

从融合发展指标看，广州市制造业要做大做强，必须深入推进融合发展，其主要体现在加速推进两化融合，深化制造业与互联网融合发展，提升制造业发展的质量和效益，采用反映融合发展的二级指标为国家两化融合贯标企业数。

体现创新效益的二级指标包括有效发明专利数和技术市场输出技术成交额。

4. 社会价值

社会价值是评估制造业高质量发展必不可少的一个维度，从社会价值来看，社会价值主要体现在两方面：一方面是社会效益，随着城市化和工业化的加速，大量劳动力从农业中脱离出来进入工业，尤其是制造业，因此大量吸纳劳动力也成为制造业企业为社会分忧的重要途径；另一方面是区域贡献，企业做大做强后应担负更多的社会责任，企业回报社会的主要方式就是上缴利税，这是维持各级政府部门正常运作的重要保障。

因而，本书采用反映社会效益的指标为规模以上工业企业就业人数占全社会就业人数比重和城镇非私营制造业在岗职工年平均工资。反映区域贡献的指标主要选取的是规模以上工业企业就业人员人均利润率。

5. 国际影响

制造业国际影响体现了一个区域制造业在全球范围的对外市场竞争能力、国际产品竞争力、国际资本竞争力和经济外向度的综合表现，因此可用对外贸易和对外效应这两个一级指标来反映制造业的国际影响力。其中，对外贸易包括货物出口与进口之比、机电产品进口额占进口总额比重、外贸依存度来体现；反映对外效应的指标为工业境外企业数和机电产品出口额占出口总额比重。

6. 绿色发展

绿色发展是制造业产业升级的重要方向，是产业发展与生态环境协调一致的重要体现。要实现高质量发展，必须实现工业与资源环境协调发展。借鉴国家统计局《中国绿色发展指数报告》，从能源消耗、资源节约和环境保护3个方面构建指标。

能源消耗一级指标下，选取单位增加值能耗、单位增加值耗电量2个二级指标。资源节约一级指标下，选取单位用地增加值、单位增加值用水量2个二级指标。环境保护指标下，选取单位增加值废气排放量、规模以上工业单位增加值固体废弃物排放量、单位增加值废水排放量、一般工业固体废物综合利用率4个二级指标。

基于制造业高质量发展的内涵要求以及制造业发展的目标和制造业发展质量评价指标体系的设立应当遵循的客观性、综合性、动态性、一致性、可行性和简明性原则，依据前文对广州制造业高质量发展评价的维度划分：经济实效、结构优化、创新能力、社会价值、国际影响、绿色发展，以及根据对每个维度所选取的一、二级指标，本书构建了广州市制造业高质量

发展评价指标体系，其中：反映经济实效的一级指标的指标有 2
个，二级指标有 7 个；反映结构优化的一级指标有 3 个，二级
指标有 7 个；反映创新能力的一级指标有 3 个，二级指标有 6
个；反映社会价值的一级指标有 2 个，二级指标有 3 个；反映
国际影响的一级指标有 2 个，二级指标有 5 个；反映绿色发展
的指标有 3 个，二级指标有 8 个。

（四）主要指标的计算方式

A3：规模以上工业企业资产利润率＝（规模以上工业企业
的利润总额/规模以上工业企业的资产总额）×100%；

A4：规模以上工业企业全员劳动生产率＝（规模以上工业
企业总资产/规模以上工业企业就业人数）×100%；

A5：规模以上工业企业成本费用利用率＝（利润总额/成本
费用总额）×100%；

A6：规模以上工业企业总资产贡献率＝（利润总额＋税金
总额＋利息支出）/平均资金总额×100%；

A7：规模以上工业增加值率＝（规模以上工业企业增加值/
规模以上工业企业总产值）×100%；

B2：规模以上工业企业对 GDP 增长的贡献率＝（规模以上
工业企业增加值增量/GDP 增量）×100%；

B6：区位熵具体计算公式如下：

$$LQ = \frac{P_{ki}/P_i}{P_k/P}$$

P_{ki} 为广州市第二产业增加值，P_i 为全国第二产业增加值，
P_k 为广州市第二、三产业增加值之和，P 为全国第二、三产业
增加值之和；

B7：规模以上工业企业全国市场占有率＝（规模以上工业
企业总产值/全国工业企业总产值）×100%；

E3：外贸依存度 = 进出口总额/GDP；

F1：单位增加值能耗 = 规模以上工业企业综合能源消费量/规模以上工业企业增加值；

F2：单位增加值耗电量 = 规模以上工业企业耗电量/规模以上工业企业增加值；

F3：单位用地增加值 = 建城区面积/规模以上工业企业增加值；

F4：单位增加值用水量 = 规模以上工业企业用水量/规模以上工业企业增加值；

F5：单位增加值废气排放量 = 规模以上工业废气排放量/规模以上工业企业增加值；

F6：规模以上工业单位增加值固体废弃物排放量 = 规模以上工业固体废弃物排放量/规模以上工业企业增加值；

F7：单位增加值废水排放量 = 规模以上工业废水排放量/规模以上工业企业增加值。

（五）数据来源说明

在所建立的指标体系中，我们使用的数据一般直接取自政府发布的官方数据或公开出版物数据，而类似对外开放程度、占比等相对指标，则是对原始数据进一步处理得来的。从总体上讲，指标体系大体上分成三种数据源：一是各个城市的统计年鉴、统计公报、专业年鉴和政府网站、著名智库报告等；二是各大研究机构出版的调研或评价报告；本书使用的样本城市相关数据来自各城市 2019 年国民经济与社会发展统计公报、各城市 2020 年统计年鉴、2020 年中国统计年鉴、各城市所在省 2020 年统计年鉴、Wind 数据库以及其他产业发展相关数据库。①

---

① 极少数缺失年份数据由前后年份数据取算术平均值补充，不影响估计结果。

考虑到样本城市指标的可比性，在指标数据获取时，本研究数据获取的主要原则如下：一是以《2020 年中国城市统计年鉴》中的数据为主；二是缺损数据以各城市 2020 年统计年鉴或者 2019 年统计公报中的数据做补充；三是针对在城市统计年鉴和统计公报中找不到的数据，从其他数据库获取。如果获取不到，则采用省级相关数据根据城市制造业发展与所在省制造业发展情况对比后进行间接折算处理；四是考虑到《中国城市统计年鉴》中的数据可能与各城市统计年鉴数据存在一定的差异，针对差异性较大的城市数据，本书以城市统计年鉴或者城市统计公报数据为主。

由表 4.3 可知，各城市在经济实效、社会价值两方面相对均衡，在结构优化、创新能力、国际影响、绿色发展领域则表现出地区差异性特征，尤其是在结构地位、结构高端化、对外效应、资源节约、环境保护等一级指标方面地区差异性较为明显，一级指标创新产业的地区差异性最为明显。

其中，结构优化维度下，一级指标结构地位下属的基础指标规模以上工业企业对 GDP 增长的贡献率，结构高端化下属的基础指标规模以上工业企业对 GDP 增长的贡献率、国家高新技术企业数、高技术产业企业数量的标准差与均值①的比值分别为 1.02、1.03、0.96，极大值与极小值的比值分别为 −8.38、18.81、29.04，极大值与均值的比值分别为 3.4、4.52、4.39，均值与极小值的比值分别为 −2.46、4.16、6.62。

创新能力维度下，一级指标创新产业下属的技术市场输出技术成交额基础指标的标准差与均值的比值为 1.72，极大值与极小值的比值为 676.67，极大值与均值的比值为 7.90，均值与极小值的比值为 85.69。

---

① 变异系数＝标准差与均值，变异系数＞100% 属于强变异。

表 4.3

指标描述性统计

指标维度	一级指标	序号	基础指标	单位	均值	标准差	极小值	极大值
经济实效	规模	A1	规模以上工业企业增加值	亿元	4390	2129	2049	9110
		A2	规模以上工业企业总资产	亿元	14752	7954	4465	37040
		A3	规模以上工业企业资产利润率	%	10.26	9.53	4.02	38.39
		A4	规模以上工业企业全员劳动生产率	万元/人	169.61	55.81	79.18	340.47
	效益	A5	企业成本费用利润率	%	8.07	3.39	3.43	20.93
		A6	企业总资产贡献率	%	12.12	4.86	5.57	27.91
		A7	规模以上工业增加值率	%	23.00	7.37	15.41	49.43
结构优化	地位	B1	规模以上工业企业增加值占 GDP 比重	%	29.10	9.39	14.72	46.20
		B2	规模以上工业企业对 GDP 增长的贡献率	%	18.44	18.75	-7.49	62.75
	高端化	B3	国家高新技术企业数	个	5526	5696	1329	25000
		B4	高技术产业企业数量	个	754.65	724.15	114.00	3310.00
		B5	高技术制造业增加值占规模以上工业增加值比重	%	15.64	8.51	6.81	40.38
	集聚水平	B6	规模以上工业产业区位熵	%	0.98	0.22	0.40	1.37
		B7	规模以上工业企业全国市场占有率	%	1.72	0.74	0.60	3.07

续表

指标维度	一级指标	序号	基础指标	单位	均值	标准差	极小值	极大值
创新能力	创新投入	C1	规模以上工业企业R&D经费支出占工业增加值比重	%	6.42	2.05	3.19	10.61
		C2	规模以上工业企业R&D人员全时当量	人	66722	48761	25671	246593
		C3	规模以上工业企业R&D人员占规模以上工业从业人数比重	%	5.27	1.39	2.91	8.42
	融合发展	C4	国家两化融合贯标企业数	个	14.65	10.85	2.00	40.00
	创新效益	C5	有效发明专利数	件	196387	132870	78856	569929
		C6	技术市场输出技术成交额	亿元	628.12	1080	7.33	4960
社会价值	社会效益	D1	规模以上工业企业就业人数占全社会就业人数比重	%	25.31	21.79	7.25	95.19
		D2	城镇非私营制造业在岗职工年平均工资	万元	9.49	2.31	4.86	14.98
	区域贡献	D3	规模以上工业企业就业人员人均利率	万元/人	10.32	4.27	2.49	20.20
国际影响	对外贸易	E1	货物出口与进口之比	%	1.46	0.60	0.22	3.29
		E2	机电产品进口额占进口总额比重	%	53.63	23.14	17.62	90.39
		E3	外贸依存度	%	58.40	40.09	11.66	152.17

续表

指标维度	一级指标	基础指标	序号	单位	均值	标准差	极小值	极大值
国际影响	对外效应	工业境外企业数	E4	个	2291	2360	145	8371
		机电产品出口额占出口总额比重	E5	%	62.36	16.79	35.16	93.45
绿色发展	能源消耗	单位增加值能耗	F1	吨标准煤/万元	0.62	0.40	0.16	1.43
		单位增加值耗电量	F2	千瓦·时/万元	1027.82	414.26	396.85	1959.21
	资源节约	单位用地增加值	F3	亿元/平方公里	7.16	5.89	2.30	28.51
		单位增加值用水量	F4	立方米/万元	21.90	17.98	1.86	53.32
	环境保护	单位增加值废气排放量	F5	吨/万元	11.46	10.06	0.72	37.50
		规模以上工业单位增加值固体弃物排放量	F6	吨/万元	0.24	0.18	0.02	0.54
		单位增加值废水排放量	F7	吨/万元	3.48	1.82	0.85	7.37
		一般工业固体废物综合利用率	F8	%	80.67	13.65	54.31	99.15

国际影响维度下，一级指标对外效应下属的工业境外企业数基础指标的标准差与均值的比值为1.03，极大值与极小值的比值为57.73，极大值与均值的比值为3.65，均值与极小值的比值为15.8。

绿色发展维度下，一级指标资源节约下属的基础指标单位增加值用水量，环境保护下属的基础指标单位增加值废气排放量、规模以上工业单位增加值固体废弃物排放量的标准差与均值的比值分别为0.82、0.88、0.75，极大值与极小值的比值分别为28.67、52.08、27，极大值与均值的比值分别为2.43、3.27、2.24，均值与极小值的比值分别为11.77、15.92、12。

可见，相对于经济实效、社会价值而言，各城市地区差异性较小。从各要素自身差异度上看，各城市36个基础指标中，规模以上工业企业对GDP增长的贡献率、国家高新技术企业数、技术市场输出技术成交额、工业境外企业数的标准差与均值的比值大于1；高技术产业企业数量、技术市场输出技术成交额、工业境外企业数、单位增加值用水量、单位增加值废气排放量、规模以上工业单位增加值固体废弃物排放量六个指标的极大值与极小值比值均在25以上，以上基础指标的差异程度大。

四　评估方法

为了全面系统地评价城市的制造业高质量发展情况，本书在前两年关于制造业高质量发展的基础上，结合前文关于诸多综合指标指数测算方法的叙述，构建了一个结构性的多指标综合评价指数，并结合主观赋权法和客观赋权法确定各分项指标权重，以更全面地反映广州制造业高质量发展情况，并为下文城市之间的对比提供可实际操作的分析框架。本书的制造业高质量发展指数采取简单线性加权法，通过对每个指标的标准化数据进行加权计算，分别得出各个分类指数，然后通过各个分类指数加权计算得出总指数。

（一）标准化处理

考虑到本书所选基础指标对新动能发展均产生正向影响，因此在对指标进行无量纲处理时，不需要再关注指标大小走向对系统的影响问题。具体做法如下：假设系统初始矩阵为 $X = (x_{ij})_{mn}$，$i = 1, 2, \cdots, n$；$j = 1, 2, \cdots, m$，其中 m 表示指标个数，n 为样本数量，x_{ij} 为第 i 个城市的第 j 个基础指标值。正向指标的无量纲处理公式为：

$$x_{ij} = \frac{X_{ij} - mean\{X_j\}}{sd\{X_j\}} \tag{4.1}$$

逆向指标的无量纲处理公式为：

$$x_{ij} = \frac{mean\{X_j\} - X_{ij}}{sd\{X_j\}} \tag{4.2}$$

其中，$mean\{X_j\}$ 表示指标 j 的算数平均值，$sd\{X_j\}$ 表示指标 j 的标准差，x_{ij} 表示经过无量纲处理的指标值。[1]

（二）权重赋值：熵值法

借鉴张卫民等[2]、钟昌宝等[3]、李春艳等[4]、段从宇和迟景

---

① 由于熵值法要求对指标进行取对数处理，因此对 x_{ij} 进行平移，以消除负值，测算方式为：$y_{ij} = x_{ij} - min(x_{ij}) * 1.5$。

② 张卫民、安景、文韩朝：《熵值法在城市可持续发展评价问题中的应用》，《数量经济技术经济研究》2003 年第 6 期。

③ 钟昌宝、魏晓平、聂茂林等：《一种考虑风险的供应链利益两阶段分配法》，《中国管理科学》2010 年第 2 期。

④ 李春艳、徐喆、刘晓静：《东北地区大中型企业创新能力及其影响因素分析》，《经济管理》2014 年第 9 期。

明[①]、黄永斌等[②]等人的做法，利用熵值法[③]对无量纲处理后的指标进行赋值操作。指标 j 的信息熵 e_j 测算公式为：

$$e_j = -k \sum_{i=1}^{m} (\varpi_{ij} \times \ln \varpi_{ij}) \qquad (4.3)$$

式中 $\varpi_{ij} = y_{ij} / \sum_{i=1}^{m} y_{ij}$，假设各个评级样本中 j 项指标值在均相同，则存在 $\varpi_{ij} = 1/m$。此时，信息熵达到极大值，满足 $e_j = 1$，即：

$$e_j^{\max} = -k \sum_{i=1}^{m} \frac{1}{m} \ln \frac{1}{m} = k\ln m = 1 \qquad (4.4)$$

可进一步求出 $k = 1/\ln m$，利用公式（4.5）可计算信息熵 e_j，且满足 $e_j \in [0, 1]$。

对于第 j 项指标值而言，指标的差异化程度与对应的信息熵值呈正相关性。因此，指标 j 的权重 w_j 为：

$$w_j = \frac{1 - e_j}{\sum_{j=1}^{n} (1 - e_j)} \qquad (4.5)$$

根据各指标的权重和无量纲值，可进一步测算城市 i 产业、人口或空间发展水平得分：

$$R_i = \sum_{i=1}^{m} w_j y_{ij} \qquad (4.6)$$

各指标权重测算结果如下。（见表4.4）

---

① 段从宇、迟景明：《内涵、指标及测度：中国区域高等教育资源水平研究》，《高等教育研究》2015 年第 8 期。

② 黄永斌、董锁成、白永平：《中国城市紧凑度与城市效率关系的时空特征》，《中国人口·资源与环境》2015 年第 3 期。

③ 熵值法在社会系统应用时是指信息熵，其数学含义与物理学中的热力学熵等同，是对无序系统的一种度量，指标变异程度越大，对应的信息熵就越小，指标提供的信息就越大，该指标的权重也应该越大；反之亦然。熵值法获取的指标权重的大小仅取决于指标的变异程度，因此能有效地避免主观性因素对评价结果的影响。

表4.4　　广州与中国主要城市文化创新发展评价指标及相应权重

指标维度	一级指标	序号	基础指标	权重
经济实效	规模	A1	规模以上工业企业增加值	2.790
		A2	规模以上工业企业总资产	2.775
	效益	A3	规模以上工业企业资产利润率	2.778
		A4	规模以上工业企业全员劳动生产率	2.763
		A5	规模以上工业企业成本费用利润率	2.771
		A6	规模以上工业企业总资产贡献率	2.767
		A7	规模以上工业增加值率	2.775
结构优化	地位	B1	规模以上工业企业增加值占 GDP 比重	2.781
		B2	规模以上工业企业对 GDP 增长的贡献率	2.780
	高端化	B3	国家高新技术企业数	2.783
		B4	高技术产业企业数量	2.784
		B5	高技术制造业增加值占规模以上工业增加值比重	2.779
	集聚水平	B6	规模以上工业产业区位熵	2.761
		B7	规模以上工业企业全国市场占有率	2.787
创新能力	创新投入	C1	规模以上工业企业 R&D 经费支出占工业增加值比重	2.771
		C2	规模以上工业企业 R&D 人员全时当量	2.784
		C3	规模以上工业企业 R&D 人员占规模以上工业从业人数比重	2.779
	融合发展	C4	国家两化融合贯标企业数	2.780
	创新产业	C5	有效发明专利数	2.787
		C6	技术市场输出技术成交额	2.772
社会价值	社会效益	D1	规模以上工业企业就业人数占全社会就业人数比重	2.769
		D2	城镇非私营制造业在岗职工年平均工资	2.784
	区域贡献	D3	规模以上工业企业就业人员人均利润率	2.777

指标维度	一级指标	序号	基础指标	权重
国际影响	对外贸易	E1	货物出口与进口之比	2.759
		E2	机电产品进口额占进口总额比重	2.774
		E3	外贸依存度	2.785
	对外效应	E4	工业境外企业数	2.783
		E5	机电产品出口额占出口总额比重	2.776
绿色发展	能源消耗	F1	单位增加值能耗	2.785
		F2	单位增加值耗电量	2.785
	资源节约	F3	单位用地增加值	2.775
		F4	单位增加值用水量	2.784
	环境保护	F5	单位增加值废气排放量	2.788
		F6	规模以上工业单位增加值固体废弃物排放量	2.786
		F7	单位增加值废水排放量	2.783
		F8	一般工业固体废物综合利用率	2.761

假设城市 i 制造业高质量发展指数为 U_{it}，表达式为：

$$U_i = \sum_j^m w_{ij} y_{ij} \qquad (4.6)$$

按照指标所属维度分类，可依次求出经济实效水平 U_{i1}、结构优化水平 U_{i2}、创新能力水平 U_{i3}、社会价值水平 U_{i4}、国际影响水平 U_{i5} 和绿色发展水平 U_{i6}。

五　广州与中国其他城市制造业发展质量比较

（一）整体发展质量排名第八，位居大城市中等水平

根据表 4.5 得出的各维度一、二级指标的评价得分，采用综合分析方法得出 20 个主要城市在 2019 年制造业高质量发展评价综合得分。（见表 4.5）

表4.5　　　　2019 年20 个主要制造业高质量发展综合得分

排名	城市	质量水平
1	深圳	495.96
2	上海	438.80
3	北京	421.06
4	苏州	418.14
5	佛山	416.31
6	西安	411.70
7	天津	408.75
8	广州	402.88
9	东莞	383.37
10	南京	382.39
11	宁波	378.49
12	长沙	377.92
13	杭州	375.32
14	郑州	372.00
15	成都	364.99
16	无锡	363.03
17	重庆	360.58
18	青岛	357.31
19	武汉	357.20
20	合肥	354.45

　　根据上述计算结果可以看出，2019 年广州市制造业高质量发展水平综合得分402.88，在20 个主要城市中排名第八，处在中等水平。得分最高的是深圳，2019 年深圳市制造业高质量发展得分495.96，大幅度领先于第2 至第5 名的上海市（438.80）、北京市（421.06）、苏州市（418.14）、佛山市（416.31）。合肥市制造业高质量发展评价水平最低，得分354.45。为了更直观地展现2019 年国内20 个主要城市制造业高质量发展综合得分情况，根据上文计算得出的结果，笔者绘制了2019 年国内20

个主要城市制造业高质量发展评价柱状图。（见图4.3）

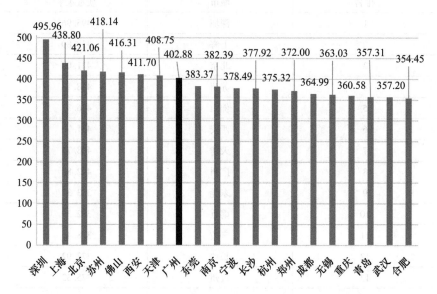

图4.3 2019年主要城市制造业高质量发展综合得分

（二）经济实效质量在全国主要城市排名居中

2019年国内20个主要城市制造业发展质量评价的经济实效维度对比中，排名前三的是西安市、上海市和天津市。（见图4.4）青岛市、合肥市和东莞市在经济实效维度得分较低。广州制造业发展的经济实效维度得分排名第八，位于中等偏上水平，仍然有较大的提升余地。

从经济实效综合得分来看，排名第一的西安市（100.91）远高于同年度国内其他主要城市，排名第二的上海市（91.09）与同年度国内其他主要城市也形成一定的差距。西安市在一级指标经济效益得分为82.99，是经济实效得分第一的主导因素，经济规模则排名末尾，而上海市在经济规模、效益方面较为均衡。西安市的规模以上工业企业成本费用利润率（20.93%）、规模以上工业企业总资产贡献率（27.91%）、规模以上工业增

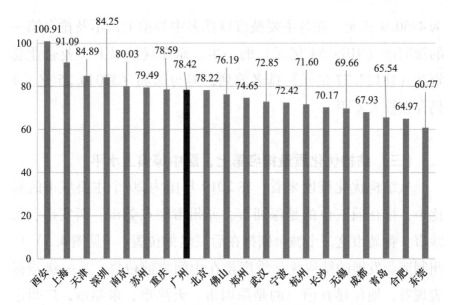

图4.4　2019年主要城市制造业发展经济实效得分

加值率（49.43%）三个基础指标以绝对优势领先其他主要城市，是一级指标经济效益高分的主要驱动因素。

广州市在经济规模、效益方面较为均衡，其中经济规模排名第五，经济效益排名第六。其中，经济效益一级指标中，广州在规模以上工业企业成本费用利润率（11.26%）、规模以上工业企业总资产贡献率（12.35%）、规模以上工业增加值率（11.41%）分别与西安市指标相差89.96%、60.65%、82.56%，结合原始数据广州、西安规模以上工业增加值分别为4451亿元、3341亿元，规模以上工业总产值分别为18235亿元、6759亿元，分析得出主要是两地制造业产业结构的差异原因，广州传统主导产业中石化、纺织工业增加值率较低。广州2019年规模以上工业企业资产利润率为7.72%，在各城市表现中等，与上海（38.39%）、北京（34.27%）差距明显，规模以上工业企业全员劳动生产率处于中等水平。

在经济规模表现看，广州2019年规模以上工业企业增加值为4450.9亿元，在各主要城市里排名中等偏上，不及排名第一的深圳市（9109.54亿元）的一半，而在规模以上工业企业总资产（18127.77亿元）排名前列，但与深圳（37040.25亿元）仍存在较大差距。

（三）结构优化质量排名第七，居中等偏上水平

从结构优化维度来看，在2019年国内20个主要城市的对比中，排在前三位的是深圳市、苏州市和东莞市。西安市、长沙市、青岛市这三个城市则排在后三名的位置。（见图4.5）广州制造业发展的结构优化维度排在中间靠前位置。从一级指标表现看，地位排在前三的是深圳市、天津市、东莞市，广州市则排名第四；高端化排在前三位的是深圳市、北京市、苏州市，广州市则排名第七；集聚水平排在前三位的是苏州市、佛山市、深圳市，广州市则排名倒数第三。广州市在制造业高质量发展过程中，要注意结构优化的合理配置，和深圳等主要城市相比，

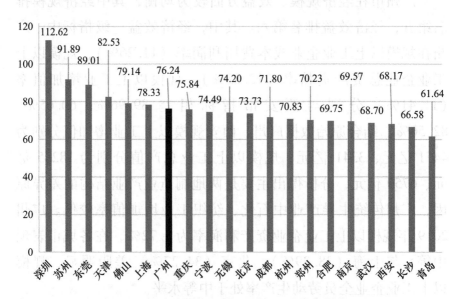

图4.5　2019年国内主要城市制造业结构优化得分

要不断提升集聚化水平，持续优化制造业产业结构，从而促进资源的合理配置。

从一级指标地位来看，广州市 2019 年规模以上工业企业增加值占 GDP 比重为 19.47%，与各主要城市相比较为靠后，与北京、武汉两市一同排名末尾，规模以上工业企业对 GDP 增长的贡献率为 59.94%，排名第二，但与深圳市（62.75%）还存在一定差距。综合来看，广州市规模以上工业企业增加值占 GDP 比重相对较低，但规模以上工业企业对 GDP 增长的贡献率排名前列，主要原因是广州市规模以上工业增加值增速始终高于 GDP 增速，正处于制造业高质量发展的上升通道中，制造业未来仍是 GDP 增长的强有力推手。

从产业高端化表现来看，广州市在国家高新技术企业数（11000 家）、高技术产业企业数量（754 家）排名中上，但与北京、上海、深圳仍存在较大差距，而高技术制造业增加值占规模以上工业增加值比重（10.86）排名较为靠后，仅为深圳的 1/4 左右。

从产业集聚化水平来看，广州市 2018 年规模以上工业产业区位熵（0.66）在各主要城市中排名倒数第一，与省内城市佛山（1.37）、深圳（0.98）、东莞（1.16）存在较大差距；规模以上工业企业全国市场占有率（1.61%）排名第十。

（四）创新发展质量表现较突出，位居各大城市第四

2019 年国内 20 个主要城市制造业发展评价的创新发展维度中，排在前三位的是深圳市（97.78）、北京市（89.18）、上海市（74.26），广州市则排名第四。其中，深圳市、北京市和上海市在融合发展指标、创新产业方面表现最为突出，排在各主要城市前三位，深圳市还在创新投入上表现亮眼，排名第一，并与其他各主要城市拉开较大的距离。（见图 4.6）

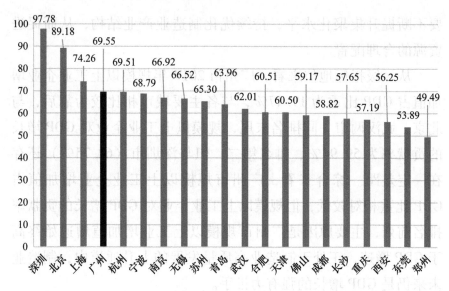

图4.6 2019年广州同国内主要城市制造业创新能力维度得分

从一级指标创新投入来看，广州市得分为33.61，排名第八，与排名第一的深圳市（54.92）存在较大差距，与长三角地区的杭州（39.73）、无锡（39.22）、宁波（37.25）、南京（36.01）、苏州（34.08）五市存在一定差距。基础指标中，广州市创新投入较排名前列的城市相对不足，主要表现为：一是规模以上工业企业 R&D 经费支出占工业增加值比重（6%）与深圳市（10.61%）、无锡市（10.28%）存在较大差距；二是广州规模以上工业企业 R&D 人员全时当量（69351人）仅为深圳市（246593人）、苏州市（116238人）的28%、60%，差距极为明显，仅高于主要城市的平均值（66722人）；三是广州规模以上工业企业 R&D 人员占规模以上工业从业人数比重（5.95%）处于中等偏上水平。

从融合发展来看，广州2019年拥有21家国家两化融合贯标企业，与第一名北京（40家）存在差距，另外，杭州、苏州、合肥等八市仅为个位数。

从创新效益来看，广州得分为 23.42，排名第四，其中有效发明专利数（264512 个）和技术市场输出技术成交额（703.69 亿元）均处于中上水平，但与北京市（569929 个、4957.82 亿元）相比，后者分别是前者的 2 倍多和 7 倍多。

综上，创新投入是拉低广州市创新发展综合得分的主要因素，因此要不断增加创新投入，并要重点关注工业两化融合发展，有效地促进创新产业发展壮大，从而促进制造业高质量发展。

（五）社会价值质量排名第六，位居大城市中等偏上水平

从 2019 年制造业高质量发展中所带来的社会价值来看，北京市处在最高水平，得分为 41.36，紧接着是上海市和佛山市。而东莞市、重庆市、合肥市、成都市则处在较低水平。（见图 4.7）从一级指标表现看，社会效益排在前三位的是佛山市、北京市、长沙市，广州市则排名第十二，其中社会效益得分较高是佛山市在社会价值得分第一的主要驱动因素；从区域贡献来看，排名前三位的是西安市、上海市、北京市，排名末尾三名的是深圳市、合肥市、东莞市。

从社会效益来看，2019 年广州市规模以上工业企业就业人数占全社会就业人数比重为 13.01%，与该项基础指标排名第一的佛山市（95.19%）存在巨大差距，主要是地区产业机构差异原因，广州市三产比例分别为 0.98∶27.27∶71.75，而佛山市则为 1.5∶56.5∶42.0。广州市的城镇非私营制造业在岗职工年平均工资（10.99 万元）则高于佛山市（8.03 万元），与北京市（14.98 万元）、上海市（14.03 万元）、深圳市（11.17 万元）、南京市（11.11 万元）、杭州市（10.38 万元）和天津市（10.07 万元）同处于第一梯队。

从区域贡献来看，广州市规模以上工业企业就业人员人均

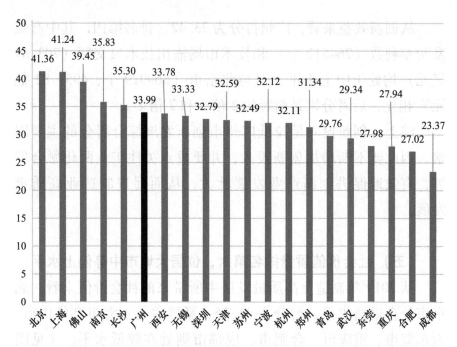

图 4.7 2019 年广州同国内主要城市制造业社会价值维度得分

利润率（12 万元/人）排名靠前，但与西安市（20.2 万元/人）存在较大差距，与前述规模以上工业企业成本费用利润率是同向变动关系。

（六）国际影响力排名较后，在对外开放中不具优势

从国际影响维度来看，东莞市处在最高水平，其次是苏州市、深圳市，排名后三位的依次是武汉市、青岛市、北京市。（见图 4.8）从一级指标来看，对外贸易排在前三位的是东莞市、佛山市、苏州市，对外效应排在前三位的是苏州市、东莞市、深圳市。可以看出，对外贸易、对外效应表现均突出是东莞市国际影响力得分第一的主要因素，广州市在以上两个一级指标表现较为均衡，排名均处于中下水平。

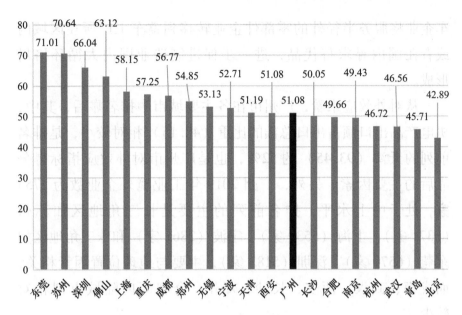

图4.8　2019年国内主要城市制造业国际影响维度得分

从对外贸易来看，广州市在各主要城市中排名靠后，具体表现为：一是货物出口与进口之比（1.33）排名靠后，与排名第一的佛山市（3.29）相差1.47倍，与杭州市（1.87）、重庆市（1.86）、宁波市（1.83）等城市存在一定差距，而上海市（0.67）、天津市（0.66）、北京市（0.22）三市则低于1，说明其货物进口额远大于出口额，主要原因是北京、上海、广州、深圳等一线城市人工成本逐渐增加，逐渐形成以研发为主，低附加值制造业外迁的模式，这种模式在北京、上海尤为明显，而广州、深圳地处珠三角沿海地区，港口贸易相对频繁，因此货物出口与进口之比相比北京、上海两地较高。二是机电产品进口额占进口总额比重（54.85%）、外贸依存度（42.90%）处于中等水平，说明广州市在机电产品上对外依存度不高。如广本、东风日产等企业因其服务半径问题，一般都将产业链相近的企业一并落地同一区域，新冠疫情的暴发则有利于加速汽车企业将服务半径外的零部件企业转移到整车工厂所在区域内或者在国内寻求替代品，进一步促进制造业国内大循环格局形成。

从对外效应来看，广州市在各主要城市中排名靠后，其中，机电产品出口额占出口总额的比重（48.15）相对较小，是排名前列的天津（93.45）的 52%，也是广州市对外效应指标得分靠后的主要因素。另外，广州 2019 年工业境外企业数为 2753 家，处于中上水平，排名前列的主要是长三角地区如苏州（8371 家）、上海（5539 家）、宁波（2861 家）和珠三角地区如东莞（6570 家）、深圳（5183 家），主要与地理位置因素相关，而成都、武汉、西安、长沙、郑州、合肥等内陆城市则相对较少。

（七）绿色发展质量排名第八，居主要城市中等偏上水平

从绿色发展维度来看，排前三位的是深圳市、西安市、佛山市，而排后三位的依次是武汉市、无锡市、重庆市。（见图4.9）从一级指标来看，深圳市在能源消耗、资源节约、环境保护三方面得分均处于前三，表现较为突出，是深圳市在绿色发展维度得分第一的主要驱动因素，而广州市仅在能源消耗、环境保护上处于中上水平，而在资源节约方面处于中下水平，是拉低广州绿色发展得分的主要原因。

从能源消耗来看，排名前三的是西安市、深圳市、长沙市，排名末尾的依次是重庆市、宁波市、无锡市。广州市在各主要城市排名中上水平，具体体现在单位增加值能耗（0.53 吨标准煤/万元）、单位增加值耗电量（850.61 千瓦·时/万元）两个指标相对较低，但与最低水平（深圳 0.16 吨标准煤/万元、西安 396.85 千瓦·时/万元）仍存在一定差距。

从资源节约来看，排名前三的是佛山市、深圳市、郑州市，

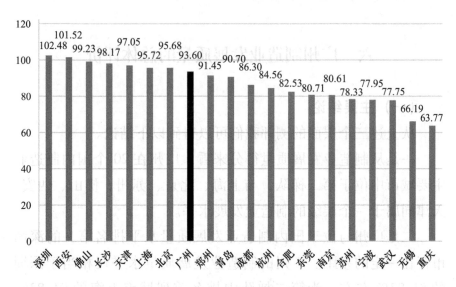

图 4.9　2019 年国内主要城市制造业绿色发展维度得分

排名末尾的依次是长沙市、合肥市、武汉市。广州市排名处于中下水平，在单位用地增加值（3.44 亿元/平方公里）、单位增加值用水量（7.82 立方米/万元）相对靠后。

从环境保护来看，排名前三的是长沙市、上海市、深圳市，排名末尾的依次是南京市、无锡市、重庆市。广州市排名处于中上水平，但仍有进步空间，具体表现为：一是单位增加值废气排放量（4.86 吨/万元）、规模以上工业单位增加值固体废弃物排放量（0.13 吨/万元）均处于中下水平，相比排名前列的相差甚远，如与深圳的单位增加值废气排放量（0.72 吨/万元）、规模以上工业单位增加值固体废弃物排放量（0.02 吨/万元）相比，还存在一定的进步空间。二是单位增加值废水排放量（3.15 吨/万元）、一般工业固体废物综合利用率（81.1%）在各主要城市中排名中等。

六　广州制造业发展质量的总体评价

（一）主要结论

从上述三个层面的测评我们可以得到以下结论。

一是从制造业发展质量得分来看，广州在 20 个国内制造业主要城市中位于第二梯队，与上海、北京、苏州、佛山、西安、天津同属于一个层级的制造业发展水平。

二是广州与位于国内制造业发展质量水平排名第一的深圳市存在一定的差距。广州的制造业发展质量水平仅相当于深圳的 81.23% 左右，为第二梯队中排名前列城市上海的 91.83% 左右。

三是通过对制造业发展质量六大构成要素的比较分析，广州在经济实效、创新能力、社会价值三大要素方面基本上处于国内制造业发展领先城市阵营，但在结构优化、国际影响、绿色发展三大要素上与选进城市的差距较大，同时这三大要素也是广州迈进国内制造业发展第一梯队的主攻方向。

四是通过基于结构优化、国际影响、绿色发展三个维度的比较分析，广州在集聚化水平、对外贸易、对外效应以及绿色发展质量方面存在一定的不足，这也是制约广州提升制造业发展质量水平的最主要短板。

（二）比较优势

综合上述评价分析结果，广州在制造业高质量发展上主要具有如下比较优势。

一是规模化效益较为突出。广州市在经济规模方面在各主要城市中具备比较优势，虽然制造业经济规模与排名前列的城市深圳存在较大差距，但在经济效益方面略胜一筹，规模以上工业企业资产利润率、规模以上工业企业全员劳动生产率、规模以上工业企业成本费用利润率、规模以上工业企业总资产贡献率均高于深圳市指标。结合广州制造业产业结构实际情况，虽然石化、纺织类等低附加值的传统产业仍占据一部分地位，但从以上四个指标来看，广州市在制造业转型升级、提质增效上仍取得了一定的成果。

二是制造业持续向中高端化发展。广州市在结构地位方面表现亮眼，制造业发展始终是 GDP 增长的强有力推手。伴随着成本优势、规模优势的减少及边际投资回报率的递减，制造业势必要从要素驱动、效率驱动过渡到创新驱动。作为新技术、新模式的重要基础，广州市国家高新技术企业数也连年高速增长，始终在国内制造业主要城市中名列前茅，并将持续推动本地制造业向中高端化发展。

三是融合发展水平有所提升，创新投入的产出与效益较为明显。广州市 2019 年创新投入略高于北京、上海，但与长三角地区的杭州、苏州、无锡、宁波等市仍有一定的差距，也与毗邻城市深圳存在较大差距。创新投入的产出与效益一方面体现在两化融合发展。2019 年，广州拥有 21 家国家两化融合贯标企业，且同年在国家工业信息安全发展研究中心开展的中国两化融合发展指数评比中，广州市两化融合水平为 65.7，位居全国第一。另一方面体现在专利授权以及成果转化上，广州市在专利授权数上多年保持持续稳定增长，相应的技术市场输出技术成交额也在各主要城市中具备比较优势。

四是制造业高质量发展社会价值凸显。作为世界最大的制造国，中国占世界制造业增加值比例从 2000 年的 3.7% 升至 2019 年的约 27%，制造业的高速发展，为中国提供了更多的就业岗位，并且提升了人均收入水平。从本书制造业高质量发展评价指标体系来看，相较于国内各主要城市而言，广州市在提供就业岗位，人均收入水平、人均创利水平方面具备一定的比较优势。

（三）主要短板

从总体上看，广州制造业发展质量水平位于国内主要城市的第二梯队，与领先城市深圳市相比存在较大差距，与第二梯队的头部城市存在一定差距。在制造业高质量发展进程中，广州面临的主要制约表现在以下方面。

一是制造业集聚化水平不高。广州市 2019 年规模以上工业产业区位熵相对较低，与北京、上海并列排名末尾，市场占有率与制造业发展领先城市上海相比仍有一定差距。造成这种局面的原因在于：一是两地产业结构不同，经济规模总量存在较大差距。广州市三产结构为 0.98∶27.27∶71.75，而上海市三产结构为 7.2∶40.7∶52.2，而两地 2019 年 GDP 分别为 2.28 万亿元、3.27 万亿元。二是工业技术改造投资规模不及上海。2018 年上海市工业企业技术改造项目超过 1800 项，技术改造投资同比增长 10%，占全市工业投资比重达到 64%，技术改造投资已经成为上海市工业投资的主导部分，而广州市工业技改投资同比增长 11.1%，占全市工业投资比重为 27.03%。

二是国际影响力相对不足。近年来，广州制造业国际影响表现趋于平稳，对制造业整体质量提升的贡献有限。作为沿海开放城市，广州市制造业得到了高速发展。2019 年广州市工业境外企业数达 2753 家，实现了制造业"引进来"，但在制造业"走出去"上表现相对不足，如机电产品出口额占出口总额比重位于国内各主要城市的中下水平，与内陆城市在同一梯队，未凸显出"一带一路"倡议与粤港澳大湾区建设带来的红利，制造业出口结构有待优化，国际影响力有待进一步提升。

三是绿色发展质量偏低。与国内领先城市相比，广州制造业绿色发展质量尚有差距，2019 年制造业绿色发展质量位居国内主要城市中等水平，在能源消耗方面不及省内城市深圳、佛山、东莞，在资源节约方面不及长三角地区宁波、上海、苏州、南京等市。

第五章　广州制造业发展政策
评估及建议

中国经济奇迹发生的一个重要原因是政府在经济发展中发挥了引领者、促进者和调节者的作用，而政府引领经济发展的主要抓手是政策，因此，分析政策对研究一个城市经济发展具有重要作用。

与全国其他城市一样，广州经济目前已经从高速增长迈向高质量发展阶段。作为广州经济重要支柱的制造业发展也已进入高质量发展新阶段。近年来，为了促进制造业高质量发展，广州出台了一系列支持政策，对这些政策进行系统分析，提出优化建议，有助于更好发挥政策对广州制造业高质量发展的引领和助推作用。

本章将对 2016 年以来广州出台的支持制造业高质量发展的政策进行梳理，形成政策分类；对广州支持制造业高质量发展的总体政策和专项政策进行分析；对政策的亮点和问题进行分析，提出进一步优化政策的建议。

一　有关政策体系的演化与结构分析

广州作为国际大都市，服务业高度发达，但制造业历来是广州重要的经济支柱产业。广州市市域面积大，除越秀、荔湾、天河、海珠四个中心城区产业结构以服务业为主外，其余各区都有不少从事制造业的企业。因此，广州市一直将发展制造业作为支撑城市发展的重要策略。

　　为推动制造业高质量发展，2016 年以来，广州新出台了一系列支持制造业高质量发展的政策文件。（见表5.1）

表5.1　　　　2016 年以来广州制造业高质量发展支持政策一览

序号	文件名称	支持对象	发布时间
	总体政策		
1	《广州制造 2025 战略规划》（穗府〔2016〕4 号）	十大重点领域	2016
2	《广州市人民政府关于加快先进制造业创新发展的实施意见》（穗府〔2016〕15 号）	先进制造业	2016
3	《广州市先进制造业发展及布局第十三个五年规划（2016—2020 年）》（穗府办〔2017〕3 号）	先进制造业	2017
4	《广州市建设"中国制造 2025"试点示范城市实施方案（修订）》（穗府〔2018〕7 号）	先进制造业	2018
5	《广州市价值创新园区建设三年行动方案（2018—2020 年）》（穗府函办〔2018〕105 号）	先进制造业	2018
6	《广州市人民政府关于加快工业和信息化产业发展的扶持意见》（穗府规字〔2018〕15 号）	先进制造业	2018
7	《2020 年广州市推动构建制造业高质量发展综合评价指标体系实施方案》（穗工信函〔2019〕9 号）	所有制造业企业	2019
8	《广州市先进制造业强市三年行动计划（2019—2021 年）》（穗工信〔2019〕8 号）	先进制造业	2019
9	《广州市推动工业投资可持续发展实施意见》（穗工信函〔2019〕1574 号）	先进制造业	2019

序号	文件名称	支持对象	发布时间
专项政策之一：数字化基础支持政策			
1	《广州市信息化发展第十三个五年规划》（穗府办〔2017〕4 号）	工业互联网	2017
2	《广州市信息基础设施建设三年行动方案（2018—2020 年）》	信息基础设施	2018
3	《广州市深化"互联网＋先进制造业"发展工业互联网行动计划》（穗府办〔2018〕29 号）	工业互联网	2018
4	《2019 年广州市 5G 网络建设工作方案》（穗工信函〔2019〕1165 号）	5G 网络	2019
5	《广州市加快 5G 发展三年行动计划（2019—2021）年》（穗工信函〔2019〕1543 号）	5G 产业	2019
6	《2020 年广州市进一步加快 5G 发展重点行动计划》（穗工信函〔2020〕54 号）	5G 发展	2020
7	《广州市加快推进数字新基建发展三年行动计划（2020—2022 年）》（穗工信函〔2020〕80 号）	数字新基建	2020
专项政策之二：科技创新发展支持政策			
1	《广州市市级工业设计中心认定管理办法》（穗工信规字〔2016〕2 号）	工业设计中心	2016
2	《广州市工业和信息化委　广州市财政局　广州市国家税务局　广州市地方税务局　广州市统计局关于组织申报 2018 年工业企业技术改造事后奖补项目的通知》（穗工信函〔2017〕2319 号）	工业企业技术改造	2017
3	《广州市高新技术企业树标提质行动方案》（穗科创规字〔2018〕1 号）	高新技术企业	2018
4	《广州市促进科技成果转移转化行动方案》（穗科创字〔2018〕4 号）	科技转化	2018

序号	文件名称	支持对象	发布时间
5	《广州市企业研发经费投入后补助实施方案》（穗科规字〔2019〕2 号）	企业研发活动	2019
6	《广州市建设科技创新强市三年行动计划（2019—2021 年）》（穗科字〔2019〕316 号）	科技创新与企业发展	2019
专项政策之三：财政专项支持政策			
1	《广州市工业转型升级发展基金管理暂行办法（修订）》（穗工信规字〔2016〕4 号）	工业企业	2016
2	《广州市促进中小微企业发展专项资金管理办法》（穗工信〔2016〕2 号）	中小微企业	2016
3	《广州市创新完善中小微企业投融资机制十条工作措施》（穗府办〔2016〕9 号）	中小微企业	2016
4	《广州市中小企业发展基金管理办法》（穗工信规字〔2016〕5 号）	中小企业	2016
5	《广州市建设"中国制造 2025"产业直接股权投资资金管理实施细则》	先进制造业	2016
6	《广州市工业和信息化发展基金管理实施细则》	工业和信息化	2016
7	《广州市人民政府关于落实广东省降低制造业企业成本若干政策措施的实施意见》（穗府〔2019〕9 号）	制造业企业	2019
8	《广州市科技成果产业化引导基金管理办法》（穗科规字〔2020〕5 号）	科技成果产业化	2020
专项政策之四：重点行业发展支持政策			
1	《广州国际汽车零部件产业基地建设实施方案》（穗府办函〔2016〕168 号）	汽车零部件产业	2016
2	《广州市关于促进大数据发展实施意见》（穗府办〔2017〕1 号）	大数据发展	2017
3	《广州市关于开展新数字家庭行动推动 4K 电视网络应用与产业发展工作方案》（穗府办〔2017〕304 号）	数字家庭与 4K 产业	2017

续表

序号	文件名称	支持对象	发布时间
4	《广州市加快 IAB 产业发展五年行动计划（2018—2022 年）》（穗府〔2018〕9 号）	IAB 战略性新兴产业	2018
5	《广州市汽车产业 2025 战略规划》（穗府办〔2018〕5 号）	汽车产业	2018
6	《广州市加快超高清视频产业发展的行动计划（2018—2020 年）》（穗府办〔2018〕13 号）	超高清视频产业	2018
7	《广州市深化"互联网＋先进制造业"发展工业互联网的行动计划》（穗府办规〔2018〕29 号）	工业互联网	2018
8	《广州市加快生物医药产业发展若干规定（修订）》（穗府规〔2020〕1 号）	生物医药产业	2020
9	《广州市关于推进新一代人工智能产业发展的行动计划（2020—2022 年）》	新一代人工智能	2020
10	《广州市推动区块链产业创新发展的实施意见（2020—2022 年）》	区块链产业	2020
11	《广州市关于加快集成电路产业的若干措施》（穗工信规字〔2020〕4 号）	集成电路产业	2020
专项政策之五：融合发展政策			
1	《广州市推动规模化个性定制产业发展"定制之都"三年行动计划（2020—2022 年）》（穗工信规字〔2020〕1 号）	规模化个性化定制产业	2020
2	《广州市加快软件和信息技术服务业发展若干措施》（穗府办规〔2020〕2 号）	两化融合	2020
3	《广州市加快打造数字经济创新引领型城市若干措施》（穗府〔2020〕4 号）	数字技术与制造业融合发展	2020

资料来源：根据广州市人民政府官网公开发布的政策整理。

2016 年以来，广州出台的支持制造业高质量发展的政策，大致可以分为两类。第一类是总体政策，该类政策规划确立了广州制造业发展的战略路径图。第二类是专项政策，分为数字化基础建设支持政策、科技创新发展支持政策、财政专项支持政策、重点行业发展支持政策、制造业与服务业融合发展政策等五个方面。

二　广州促进制造业发展的总体政策分析

一个城市制造业高质量发展的总体政策其实就是这个城市制造业高质量发展的战略，它需要回答四个核心问题：这个城市的制造业鼓励发展什么？制造业高质量发展的目标是什么？采取什么样的路径才能实现发展的目标？采取什么样的支持措施，特别是政府能够提供什么样的服务，愿意投入什么样的资源来促进这些领域的发展？

2016 年以来，在制造业高质量发展总体政策方面，广州市先后出台了《广州制造 2025 战略规划》《关于加快先进制造业创新发展的实施意见》《广州市先进制造业发展及布局第十三个五年规划（2016—2020 年）》《广州市建设"中国制造 2025"试点示范城市实施方案（修订）》《广州市价值创新园区建设三年行动方案（2018—2020 年）》《广州市人民政府关于加快工业和信息化产业发展的扶持意见》《2020 年广州市推动构建制造业高质量发展综合评价指标体系实施方案》《广州市先进制造业强市三年行动计划（2019—2021 年）》《广州市推动工业投资可持续发展实施意见》9 个政策文件。

这些总体政策绘制了广州制造业高质量发展的战略路线图，主要内容包括：广州市制造业高质量发展的战略方针、战略定位、战略目标，发展的战略领域、战略路径、战略任务和战略保障措施等。

（一）战略方针分析

《广州制造2025战略规划》提出了"创新驱动、质量为先、结构优化、融合发展、绿色低碳、开放发展"六大战略发展方针。六大战略方针体现了制造业高质量发展中对创新、协调、绿色、合作和共享五大发展理念的贯彻。

（二）战略定位分析

《广州制造2025战略规划》提出了广州制造的三个发展定位："全国重要的高端装备制造业创新基地、国家智能制造和智能服务紧密结合的示范引领区、'一带一路'倡议重要支点和开放高地。"

（三）战略目标分析

1. 制造强市建设目标

《广州制造2025战略规划》提出了三阶段性目标："到2020年，制造强市建设取得重要进展，信息技术对制造业发展的支撑能力大幅度提升。""到2025年，制造业整体素质大幅度提升、创新能力显著增强、两化融合迈上新台阶，质量效益名列全国前茅。""到2035年，制造强市更加巩固，创新能力大幅度提升，拥有一批具有世界影响力的制造业门类。"

2. 先进制造业创新发展目标

2016年8月29日印发的《广州市人民政府关于加快先进制造业创新发展的实施意见》提出："到2020年各类制造业创新型企业产值达1.8万亿元，规模以上工业企业建立研发机构比例达50%，新增创新型主体超10000家，建成3个创新型产业集聚核心区，推动1—2家国家制造业创新中心落户广州，努力将广州建设成为珠三角创新驱动发展的引擎和龙头。"

3. 先进制造业集群发展目标

2019 年 12 月 17 日，广州市工信局发布了《广州市先进制造业强市三年行动计划（2019—2021 年)》。该文件提出广州要发展"2 + 4"先进制造业产业集群。"2"是指两个世界级先进制造业产业集群，即汽车产业集群、超高清视频及新型显示产业集群。到 2021 年，两个产业集群规模分别要达到 6000 亿元和 2300 亿元。"4"是指四个国家先进制造业产业集群，即新材料、都市消费工业（智能家居、绿色食品、时尚服饰、灯光音响、化妆品）、高端装备制造（智能装备与机器人、轨道交通装备、船舶与海洋工程装备）和生物医药。

（四）战略领域分析

1. 广州制造十大领域

《广州制造 2025 战略规划》规划确定了十大重点发展领域："智能装备及机器人、新一代信息技术、节能与新能源汽车、新材料与精细化工、生物医药与健康医药、能源及环保装备、轨道交通、高端船舶与海洋工程装备、航空与卫星应用、都市消费工业。"[①] 十大领域明确了广州制造业高质量发展的重点方向，对于集中有限发展资源具有指引性。

2. 发展重点领域的试点聚焦

2018 年 4 月，广州市政府办公厅颁布了《广州市建设"中国制造 2025"试点示范城市实施方案（修订)》，试点时段确定为 2017 年 1 月至 2019 年 12 月。它在《广州制造 2025 战略规划》的十大领域和十一大工程的基础上，进一步把发展重点聚焦到八大领域和八大工程。（见表 5.2）

---

① 引自《广州制造 2025 战略规划》文本。

表 5.2　　　　　　　2025 发展战略与实施方案重点领域比较

文件 维度	《广州制造 2025 发展战略》	《广州市建设"中国制造 2025" 试点城市实施方案（修订）》
时段	2016—2035	2017—2019
重点领域	十大重点领域：智能装备及机器人、新一代信息技术、节能与新能源汽车、新材料与精细化工、生物医药与健康医疗、能源及环保装备、轨道交通、高端船舶与海洋工程装备、航空与卫星应用、都市消费工业	八大重点领域：智能装备及机器人、新一代信息技术、生物医药与健康医疗、智能与新能源汽车、新材料、新能源、都市消费工业、生产性服务业
重点工程	十一大重点工程：高端装备创新工程、制造业创新中心（先进装备、新一代信息技术）、智能制造工程、工业互联网基础设施建设工程、工业强基工程、千企升级工程、制造业质量品牌提升工程、绿色制造工程、服务型制造工程、装备"走出去"工程、打造合作载体工程	八大重点工程：开放合作工程、创新引领工程、"两高四新"培育工程、园区提质增效工程、工业互联网基础设施建设工程、大数据应用工程、质量品牌提升工程、绿色制造工程

资料来源：根据《广州制造 2025 发展战略》《广州市建设"中国制造 2025"试点示范城市实施方案（修订）》整理。

在重点发展领域方面，《广州市建设"中国制造 2025"试点示范城市实施方案（修订）》，将十一大领域精减为八大领域，聚焦 IAB（新一代信息技术、人工智能、生物医药），保留了智能装备及机器人、新一代信息技术、新能源汽车、生物医药与健康医疗、新材料、都市消费工业六个领域或环节；略掉了节能、精细化工、环保装备、轨道交通、高端船舶与海洋工程装备、航空与卫星应用六个领域或领域的部分环节；增加了生产性服务业；修订了"新能源汽车"，改为"智能与新能源汽车"；将"新能源"和"新材料"作为独立领域提出来。通过将十一大领域缩减为八大领域，更加突出了广州市的产业特点。

在重点工程中，《广州市建设"中国制造2025"试点示范城市实施方案（修订）》，把十一大重点工程压缩到八大工程，保留了三个工程：工业互联网基础设施建设工程、质量品牌提升工程和绿色制造工程。删减了七个工程：高端装备创新工程，制造业创新中心（先进装备、新一代信息技术），智能制造工程，工业强基工程，千企升级工程，服务型制造工程，装备走出去工程。新增三个工程：创新引领工程，"两高四新"培育工程，园区提质增效工程。升级了两个工程：将"打造合作载体"升级为"开放合作工程"，将"千企升级工程"升级为"创新引领工程"。与十一大工程相比，八大工程具有更强的可操作性。

（五）战略任务分析

1. 八大战略任务和十一项重点工程

《广州制造2025战略规划》八大战略任务：提升制造业创新能力、推进两化深度融合、夯实工业发展基础、优化调整产业结构、提升品质质量、推动绿色制造、加快发展服务型制造及生产性服务业、提高制造业国际化水平。

《广州制造2025战略规划》十一项重点工程：高端装备创新工程、制造业创新中心（先进装备、新一代信息技术）、智能制造工程、工业互联网基础设施建设工程、工业强基工程、千企升级工程、制造业质量品牌提升工程、绿色制造工程、服务型制造工程、装备"走出去"工程、打造合作载体工程。

2. 四大行动计划

2016 年 8 月，广州市政府出台了《加快先进制造业创新发展的实施意见》，提出制造业创新发展的四大行动计划：发展创新型企业行动、建设创新型产业技术研发机构行动、支持创新团队行动、打造先进制造业创新载体行动。

3. 通过投资推动制造业高质量发展

2019 年 12 月，广州市工信局、发改委和统计局联合出台了《广州市推动工业投资可持续发展实施意见》（穗工信函〔2019〕1574 号）。该政策是通过优化工业投资结构，不断提升先进制造业和高技术产业投资占比，从而推动制造业高质量发展政策措施。

4. 先进制造业强市六大行动

从 2016 年出台《广州制造 2025 发展战略》，到 2017 年出台《广州市建设"中国制造 2025"试点示范城市实施方案（修订）》，到 2019 年出台《广州市先进制造业强市三年行动计划（2019—2021 年）》，广州在制造业强市目标实现的战略路径上不断探索。

与 2016 年发布的《广州制造 2025 战略规划》提到 2035 具有一批世界影响力的制造业门类的目标相比，《广州市先进制造业强市三年行动计划（2019—2021 年）》将这一目标明确为汽车与"超高清视频和新型显示"两个产业集群，可以说是对战略目标的细化。在这一行动计划中，提出了实施集群强链行动、创新引领行动、智能制造全覆盖行动、融合赋能行动、体系优化行动和开放合作行动。（见表 5.3）

表 5.3　　　十一大重点工程、八大重点工程与六大行动比较

《广州制造 2025 战略规划》	《广州市建设"中国制造 2025"试点示范城市实施方案（修订）》	《广州市先进制造业强市三年行动计划（2019—2021 年)》
2016—2035 年	2017—2019 年	2019—2021 年
十一大重点工程： 1. 高端装备创新工程 2. 制造业创新中心（先进装备、新一代信息技术） 3. 智能制造工程 4. 工业互联网基础设施建设工程 5. 工业强基工程 6. 千企升级工程 7. 制造业质量品牌提升工程 8. 绿色制造工程 9. 服务型制造工程 10. 装备"走出去"工程 11. 打造合作载体工程	八大重点工程： 1. 开放合作工程 2. 创新引领工程 3. "两高四新"培育工程 4. 园区提质增效工程 5. 工业互联网基础设施建设工程 6. 大数据应用工程 7. 质量品牌提升工程 8. 绿色制造工程	六大行动： 1. 实施集群强链行动（着力打造骨干企业产业链＋着力发展"专精特新"行业领先企业＋着力培养未来产业市场主体） 2. 实施创新引领行动（建设行业制造业创新中心＋补强核心技术＋促进创新成果产业化） 3. 实施智能制造全覆盖行动（推动集群智能化＋推动产业数字化转型＋促进产业协同） 4. 实施融合赋能行动（推动"制造＋5G"＋推动"制造＋服务"＋提升"制造＋绿色"） 5. 实施体系优化行动行动（建设行业服务组织＋推动村级工业园整治提升＋建设价值创新园区） 6. 实施合作开发行动（推动粤港澳大湾区先进制造业协同发展＋提高国际化合作水平＋促进产业大招商和出口）

资料来源：根据《广州制造 2025 战略规划》《广州市建设"中国制造 2025"试点示范城市实施方案（修订）》《广州市先进制造业强市三年行动计划（2019—2021 年)》整理。

5. 制造业八大提质工程

在 2019 年 12 月举行的广州市先进制造业推进大会上，广州市在广东省推动制造业高质量发展"六大提质工程"基础上推出了"八大提质工程"。（见表 5.4）

表5.4　　　　　　　　　广州制造业八大提质工程

提质工程名称	提质工程要点
结构优化提质工程	通过发展战略性新兴产业和先导产业来优化产业机构：整体推进新一代信息技术、人工智能、生物医药、新能源、新材料、数字经济、海洋经济等战略性新兴产业发展。着力发展汽车与汽车电子、集成电路、超高清视频、软件和信息技术创新应用、高端装备制造、现代都市消费工业、生产性服务业七个先导产业
技术创新提质工程	通过强化创新来增强核心竞争力：在自主创新上下功夫，着力补强核心技术，建设强大的制造业创新体系，打造全球制造业高端创新资源集聚地
主体壮大提质工程	以企业主体发展为基本依托：从存量和增量两端发力，培育骨干企业、推动中小企业"专精特新"发展，支持民营企业做大做强，构建"百千万"梯次发展的世界级企业集群
基础升级提质工程	夯实制造业发展的基础：提升产业基础能力，补齐产业基础短板，加大引资引技引智力度，全力做好建链稳链强链补链延链工作
布局优化提质工程	优化制造业发展的载体空间：推进产业园区化、产业集群化，提升产业载体质量、构建更多集聚集群集约发展的先进制造业集聚区
融合深化提质工程	鼓励四新制造业的发展：探索新业态、新技术、新模式、新路径，发展智能制造、数字经济、服务型制造、绿色制造、加快军民融合发展，加快一、二、三产业融合发展
品质品牌提升工程	推动制造业品牌化：开展"增品种、提品质、创品牌"活动，提升质量管理水平。升级广州制造标准体系，提升广州制造美誉度
发展环境提质工程	营造制造业发展优良环境：推动营商环境3.0改革，提升服务企业水平，打造产业人才高地、提升金融服务实体经济水平

资料来源：根据2019年12月举行的广州市先进制造业推进大会文件内容进行整理。

　　八大工程，实际上提出了广州制造业高质量发展的八条路径：结构优化、技术创新、主体壮大、基础升级、布局优化、融合深化、品质品牌提升和发展环境提升。

（六）战略措施分析

《广州制造 2025 战略规划》提出了五个保障措施：健全组织实施机制、深化体制机制改革、完善人才支撑体系、强化政策支撑力度、营造良好发展环境。

2016 年 8 月出台的《加快先进制造业创新发展的实施意见》，提出了完善工作机制、加强政策支持和营造良好的创新环境等保障措施。

三　广州促进制造业发展的专项政策分析

2016 年以来，广州出台的支持制造业高质量发展的专项政策大致可以划分为数字化发展支持政策、科技创新发展支持政策、财政支持政策、重点行业发展支持政策、制造业与服务业融合发展支持政策等五个方面。

（一）数字化发展支持政策分析

2016 年以来，广州市先后出台了《广州市信息化发展第十三个五年规划》《广州市信息基础设施建设三年行动方案（2018—2020 年）》《广州市深化"互联网＋先进制造业"发展工业互联网行动计划》《广州市加快发展 5G 发展三年行动计划（2019—2021）》《2019 年广州市 5G 网络建设工作方案》《2020 年广州市进一步加快 5G 发展重点行动计划》《广州市加快推进数字新基建发展三年行动计划（2020—2022 年）》等政策文件，为制造业高质量发展提供了数字化赋能的基础。

1. 《广州市信息基础设施建设三年行动计划（2018—2020 年)》

《广州市信息基础设施建设三年行动计划（2018—2020

年)》主要集中在光纤网络建设、移动通信和无线网络建设方面。光纤网络建设方面设置了四个指标：新增光纤宽带接入用户数（万户）、新增100M以上光纤宽带接入用户数（万户）、光纤宽带接入用户占比、100M以上光纤宽带接入占比。该计划设置了2020年光纤宽带接入达到100%，其中100M以上光纤宽带接入占比90%。移动通信和无线网络建设方面设置了四个指标：建设4G基站（座）、建设5G基站（座）、建设物联网NB—IOT基站（座）、新增铁塔站址（座）。该计划还设置了新增4G基站建设目标，2018年、2019年、2020年分别设置5258座、3129座、2288座；在5G基站建设方面2018年、2019年、2020年分别设置20座、100座、1836座的建设目标。从目标设置上看，新增4G基站呈下降趋势，新增5G基站呈上升态势。

从图5.1可以看出，2018年《广州市信息基础设施三年行

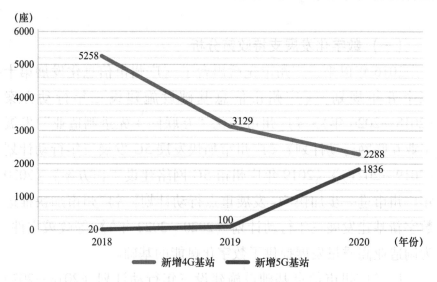

图5.1　2018—2020年每年新增的4G和5G基站数量目标

资料来源：根据《广州市信息基础设施建设三年行动计划（2018—2020年）》绘制。

动计划（2018—2020）》出台时，5G尚处于起步阶段。2018年和2019年设置新增5G基站建设目标分别只有20座和100座。很显然，数量如此少的5G基站只能是试验性网络，与商用网络还有非常大的差距。

2.《广州市加快5G发展三年行动计划（2019—2021年）》

在该行动计划中，广州按照"需求导向、网络支持""示范带动、应用引领""产业融合、聚集发展"的发展原则来推动5G发展。三年行动计划提出了5G＋智慧交通应用、5G＋4K/8K应用、5G＋智慧政务应用、5G＋智慧医疗应用、5G＋工业互联网（智能制造）应用、5G＋智慧城市、5G＋智慧农业等七大重点典型应用场景。

在行动计划中提出了三大任务，一是加速网络部署，推进规模组网建设。强化政府在站址规划、共建共享、公共资源开放等方面的引导作用，全面布局5G网络建设。二是开展示范应用，促进行业融合。重点推进5G在4K高清视频、远程医疗、车联网、智慧城市、工业互联网等方面的典型应用，形成重点突破、梯次持续的5G应用示范格局。三是抓好企业主体，促进产业集聚。通过引进5G龙头企业，培育本土传统优势企业，打造5G产业集聚区，开展通信企业强链补链，推动5G产业集聚发展。

3.《广州市加快推进数字新基建发展三年行动计划（2020—2022年）

2020年7月20日，广州市工信局与市发改委联合印发了《广州市加快推进数字新基建发展三年行动计划（2020—2022年）》，确定了以"5G、人工智能、工业互联网和智慧充电设施为数字新基建"四大重点领域，提出"到2022年，全市建成泛在、高性能、精益服务、低使用成本的数字新基建，渗透于生产、生活、科技、智慧城市各个领域"的目标。（见表5.5）

表 5.5   数字新基建三年行动计划要点

行动名称	具体行动要点
5G"头雁"行动	1. 加大网络建设投入力度 2. 优化网络建设和运营环境 3. 提速建设"智杆" 4. 推动产业链发展 5. 建设大数据中心
人工智能跨界融合行动	1. 深化新型智慧城市建设 2. 打造一批"智区" 3. 推动建设"智路" 4. 大力发展"智车" 5. 建设区域"智轨" 6. 培育终端"智品" 7. 建设一批"智园" 8. 优化构建"智链"
工业互联网赋能创新行动	1. 加快企业内外网改造 2. 构建标识解析系统 3. 加速引导企业"上云上平台" 4. 大力推广工业软件 5. 打造"定制之都" 6. 加快特色产业集群数字化改造
智慧充电设施提升行动	1. 加快"智桩"建设 2. 规范新建住宅小区充电桩建设 3. 加大重点区域充电设施建设力度 4. 加大换电设施建设力度 5. 构建数据化充电后服务市场

资料来源：广州市工业和信息化局网站。

4.《2020 年广州市进一步加快 5G 发展重点行动计划》

2020 年 6 月 12 日，广州市工信局发布了《2020 年广州市进一步加快 5G 发展重点行动计划》。（见表 5.6）该计划集中在"加强 5G 网络建设""加强 5G 应用培育"和"推动 5G 产业集聚"三大方面，共 15 个具体行动领域。

表 5.6　　　　　　　2020 年 5G 发展重点行动计划要点

行动名称	具体行动要点
加强 5G 网络建设	1. 加大网络建设投入力度，到 2020 年底新建 1.27 万个 5G 基站，实现全市行政区域 5G 信号全覆盖 2. 加快数据中心建设，推动粤港澳大湾区 5G 云计算中心等建设 3. 加强站址储备，全年新增站址 2000 个 4. 降低基站用电成本，全年完成不少于 1100 个直供电改造 5. 提速智慧灯杆建设，组建智慧路灯投资建设运维主体 6. 优化网络建设环境，精减 5G 基站审批流程，压缩审批时间
加强 5G 应用培育	1. 强化核心共性基础研发，加强 5G 新型宽带、射频芯片、"5G+4K+AI"等应用技术研究 2. 推动垂直行业应用，加快 5G 在电子政务、智能制造、智慧医疗、智慧教育、智慧交通等领域的应用 3. 建设典型示范应用，打造天河中央商务区、广州石化智慧工厂、黄埔智慧公交产业园等 5G 典型示范应用 4. 促进信息消费，基于 5G 网络发展网络音乐、短视频、社交、文学、影视、动漫、电竞等网络数字产品消费 5. 开展行业交流，收集智慧交通、智慧医疗、智慧教育等领域的 5G 典型应用，推动普及应用
推动 5G 产业集聚	1. 推动招大引强，推动华为、中兴等在广州设立 5G 相关机构 2. 培育本土企业，推动广州天线生产、小基站制造等领域的龙头企业做大做强 3. 建设广州 5G 产业园，打造"3+2+6"5G 产业园建设格局，推动 5G 产业聚集发展 4. 扩大 5G 影响力，举办具有全国和全球影响力的 5G 大赛等活动

资料来源：广州市工业和信息化局网站。

2020 年 5G 发展行动计划为广州制造业高质量发展所需 5G
环境绘制了详细的路线图，明确了具体的工作任务，回答了 5G
建设做什么的问题。

仅就 5G 基站而言，广州市设置了加速的目标，从 2020
年的新建 1.27 万座,[①] 到 2021 年的 6.5 万座,[②] 到 2022 年
的 8 万座,[③] 实现城区 5G 网络连续覆盖，5G 场景应用生态圈
基本形成。对比 2018 年出台的《广州市信息基础设施三年行动
计划（2018—2020 年)》仅为 2020 年设置了 1836 座新建 5G 基
站的建设目标，2020 年 6 月出台的《2020 年广州市进一步加快
5G 发展重点行动计划》将新建 5G 基站目标调整为 1.27 万座，
目标提高了近 7 倍。这说明，广州市已经在积极迎接 5G 时代的
到来。

在 5G 应用场景方面，与《广州市加快 5G 发展三年行动计
划（2019—2021 年)》相比，增加了信息消费应用的内容，特
别是强调要发挥广州在游戏、超高清视频领域的优势，基于 5G
发展网络音乐、短视频、影视、动漫等数字网络消费。

5.《广州市进一步加快 5G 产业发展若干措施》

2020 年 6 月广州市工信局出台了《2020 年广州市进一步加
快 5G 发展重点行动计划》后，紧接着在 7 月又出台了《广州市
进一步加快 5G 产业发展若干措施》。这一政策文件提出了九项
具体的落实 2020 年重点行动计划的政策措施，这一有效期两年
的政策，拿出了真金白银来支持 5G 产业的发展。（见表 5.7）

---

① 《2020 年广州市进一步加快 5G 发展重点行动计划》提出，到 2020 年底，新建 5G 基站
1.27 万座。

② 《广州市加快 5G 发展三年行动计划（2019—2021 年)》提出，到 2021 年，全市建成 5G
基站 6.5 万座。

③ 《广州市加快推进数字新基建发展三年行动计划（2020—2022 年)》提出，到 2022 年，
累计建成 5G 基站 8 万座。

表 5.7　　　　　　　　　**5G 产业发展具体支持政策一览**

措施名称	具体支持政策
支持加快 5G 基站建设	对建设 5G 基站，按不高于总投资额的 30% 奖励，最高不超过 0.3 万元/座；对基站直供电改造企业按不高于总投资额的 30% 奖励，最高不超过 2 万元/座
支持制造业 5G 技术改造	对制造业进行 5G 改造，形成 3 个以上 5G 应用场景，按不高于固定资产投资额的 30% 奖励，最高不超过 500 万元
支持 5G 垂直行业应用示范	鼓励企业围绕智能制造、智慧城市、智慧商圈等领域开展示范应用项目，按不高于项目总投资额的 30% 奖励，最高不超过 1000 万元
支持引进 5G 龙头企业	对引进 5G 企业按实缴资本的 5% 给予一次性奖励，最高不超过 1000 万元；新引进的 5G 相关总部企业连续三年每年给予 500 万元、1000 万元、2000 万元、5000 万元不同等级奖励；给予新引进和存量 5G 相关总部企业连续三年，按每年 500 元平方米，每年不超过 200 万元的办公用房补贴
支持 5G 产业园区示范	对市级 5G 产业园，按园区建设总投资的 20% 给予补助，单个园区补助总计不超过 1000 万元
支持 5G 关键技术攻关	对 5G 无线技术、5G 网络与业务、5G 测试与仪器仪表领域的关键技术攻关给予经费支持
支持 5G 人才队伍壮大发展	对 5G 产业领军人才，分别给予 500 万元、100 万元、50 万元三个档次的一次性薪酬补贴。对企业中担任高级职务的产业人才按上一年度对市贡献给予一定的薪酬补贴，最高每人 150 万元
支持 5G 公共服务和创新平台建设	对主导国际标准制修订、国家标准（产品类）制修订、国家标准（非产品类）制修订、行业和地方标准制修订，每项分别资助 50 万元、25 万元、15 万元和 10 万元；对 5G 创新中心或服务机构分别给予一次性补助，最高不超过 500 万元；对认定国家级和省级 5G 创新中心或公共服务机构再给予 3000 万元和 1000 万元的一次性补助
支持 5G 大型活动	对在广州举办的国际性和全国性大赛、会议、论坛、展览等，择优按活动举办费用的 30% 给予补助，最高不超过 300 万元

资料来源：广州市工业和信息化局网站。

这一政策从政策财政的角度出台了具体的资金支持政策。

这些支持对于 5G 产业发展都有具体的资金支持政策。这个政策文件还有一个亮点就是对 5G 产业发展的领军人才和高层次人才给予力度很大的奖励。除了优化 5G 等基础设施环境外，广州市还比较重视制造业发展的融资环境。

（二）科技创新发展支持政策分析

2016 年以来，广州市出台了《广州市市级工业设计中心认定管理办法》《关于组织申报 2018 年工业企业技术改造事后奖补项目的通知》《广州市高新技术企业树标提质行动方案》《广州市促进科技成果转移转化行动方案》《广州市企业研发经费投入后补助实施方案》《广州市建设科技创新强市三年行动计划（2019—2021 年）》等政策性文件。

1.《广州市建设科技创新强市三年行动计划（2019—2021 年)》

2019 年发布的这一行动计划，特别提到要围绕"新一代信息技术、人工智能、生物医药与健康、新材料、新能源和海洋经济"等重点产业领域组织实施重大科技专项，力争突破一批"卡脖子"和"技术断供"技术难题。提出 2019 年创建国家级企业技术中心 25 家，2020 年 30 家、2021 年 35 家。创建国家级技术创新中心 1 家、国家级产业创新中心 1 家、国家级制造业创新中心 1—2 家。

2.《广州市市级工业设计中心认定管理办法》

为加强和规范市级工业设计中心认定工作，市工信委于 2016 年 9 月 22 日印发了该办法。该办法提出：对具有较强的工业设计创新能力和鲜明的发展特色，水平领先、规模较大、管理规范、业绩显著的企业工业设计中心或工业设计企业，在市工业转型升级生产服务业专项资金中安排工业设计专项经费支持。

（三）财政专项支持政策分析

2016 年以来，广州市先后出台了《广州市工业转型升级发展基金管理暂行办法（修订）》《广州市促进中小微企业发展专项资金管理办法》《广州市创新完善中小微企业投融资机制十条工作措施》《广州市中小企业发展基金管理办法》《广州市建设"中国制造 2025"产业直接股权投资资金管理实施细则》《广州市工业和信息化发展基金管理实施细则》《广州市人民政府关于落实广东省降低制造业企业成本若干政策措施的实施意见》《广州市科技成果产业化引导基金管理办法》等八份支持制造业高质量发展的政策文件，对制造业高质量进行支撑。

1. 《广州市工业转型升级发展基金管理暂行办法（修订）》

该办法由市工信委和广州市财政局于 2017 年 1 月 16 日印发，其中提出："向广州基金增资 15 亿元，设立一家全资广州市工业转型升级发展基金公司（母基金公司）；母基金公司按照市场化方式运作，全部资金用于设立工业转型升级发展子基金；子基金全部投资于制造业、信息产业、生产性服务业转型升级领域，重点投资于新一代信息技术产业、高档数控机床和机器人、海洋工程装备及高技术船舶、先进轨道交通装备、节能与新能源汽车、电力装备、生物医药及高性能医疗器械等领域。"

2. 《广州市创新完善中小微企业投融资机制十条工作措施》

为贯彻落实国务院关于扶持中小企业特别是小型微型企业发展的部署及《广东省人民政府关于创新完善中小微企业投融资机制的若干意见》（粤府〔2015〕66 号）精神，切实改善中小微企业投融资生态环境，不断拓宽中小微企业融资渠道，有效缓解中小微企业"融资难""融资贵"问题，广州市政府于2016 年 6 月印发了《广州市创新完善中小微企业投融资机制十条工作措施》（简称《工作措施》），提出市财政"出资设立 5

亿元市中小企业发展基金，在构建符合广州中小微企业特点的信用评级体系之余，建立中小微企业融资风险补偿机制"；"设立一个基金，即设立中小企业发展基金；建立完善两个机制，一为建立中小微企业融资风险补偿机制，二为'完善中小微企业融资再担保机制'"；创新中小微企业小额票据贴现业务，优秀中小微企业信用贷款试点业务，支持中小微企业开展设备更新融资租赁业务。

（四）重点行业发展支持政策分析

2016 年以来，广州市先后出台了《广州国际汽车零部件产业基地建设实施方案》《广州市关于促进大数据发展实施意见》《广州市关于开展新数字家庭行动推动 4K 电视网络应用与产业发展工作方案》《广州市加快 IAB 产业发展五年行动计划（2018—2022 年）》《广州市汽车产业 2025 战略规划》《广州市加快超高清视频产业发展的行动计划（2018—2020 年）》《广州市深化"互联网 + 先进制造业"发展工业互联网的行动计划》《广州市加快生物医药产业发展若干规定（修订）》《广州市关于推进新一代人工智能产业发展的行动计划（2020—2022 年）》《广州市推动区块链产业创新发展的实施意见（2020—2022 年）》《广州市关于加快集成电路产业的若干措施》等政策文件。这些政策在不同方面支持制造业的重点领域和制造业高质量发展的重点相关领域的发展。

1. 支持汽车产业等支柱产业发展

汽车产业是广州市三大支柱产业之一，更是广州制造业高质量发展的重要依托。2016 年 11 月 3 日，广州市政府办公厅印发了《广州国际汽车零部件基地建设实施方案》，提出了"153"战略（一个基地 + 五个园区 + 三个重点）构建广州国际汽车零部件产业基地的发展战略。2018 年 3 月 29 日，广州市政府办公厅又出台了《广州市汽车产业 2025 战略规划》，提出了广州"打造中国品牌汽车标杆引领区""打造国家智能网联新能源汽车产业化示范区""打造汽车产业创新开放共享高地"的"二区一高地"战略定位，促进新一代信息技术、新能源、新材料等技术汽车产业相互融合发展，加快汽车产品向低碳、电动和智慧化发展。《广州市汽车产业 2025 战略规划》的出台，为广州汽车产业高质量发展绘制了蓝图。

2. 重点支持战略性新兴产业中的 IAB 产业发展

广州市原有的战略性新兴产业"十三五"发展规划，体系庞大，面面俱到。为了实现重点突破，2018 年 3 月 30 日，广州市政府印发了《广州市加快 IAB 产业发展五年行动计划（2018—2022 年）》，确定了"到 2022 年，成为影响全球、引领全国的 IAB 产业集聚区，建设'世界显示之都''国际软件名城'、国际一流的人工智能应用示范区和具有全球影响力的生物医药健康产业重镇"的战略目标。行动计划也确定了新一代信息技术、人工智能和生物医药三大产业的重点领域和细分的重点发展方向。

3. 重点支持具有顶级影响力的产业发展

区块链、集成电路等属于具有顶级影响力的新兴产业，为支持这些产业发展，广州先后出台了《广州市推动区块链产业创新发展的实施意见（2020—2022 年）》《广州市关于加快集成电路产业的若干措施》等政策文件，使广州致力于区块链技术和产业方面的创新，在区块链和社会经济融合发展方面走在全国前列。集成电路是中美贸易战爆发以来的"卡脖子"领域，广州出台加快集成电路发展文件支持在这一领域实现突破。

（五）制造业与服务业融合发展支持政策分析

2016 年以来，广州市出台了《广州市推动规模化个性定制产业发展建设"定制之都"三年行动计划（2020—2022 年)》《广州市加快软件和信息技术服务业发展若干措施》《广州市加快打造数字经济创新引领型城市若干措施》等文件，为促进制造业与服务业融合发展提供了政策支撑。

1.《广州市推动规模化个性定制产业发展建设"定制之都"三年行动计划（2020—2022 年)》

2020 年 1 月 16 日，广州市工信局和商务局联合印发了《广州市推动规模化个性定制产业发展建设"定制之都"三年行动计划（2020—2022 年)》（穗工信规字〔2020〕1 号）。三年行动计划设定的发展目标为："用三年时间，培育引进一批具有国际竞争力的规模化个性定制龙头骨干企业，建设一批支撑个性定制发展的行业级工业互联网平台，打造一批集总部经济、展示体验为一体的产业集聚园区，塑造一批消费者满意的定制产品与服务品牌，建成较为完整的规模化个性定制产业体系和发展生态。"三年行动计划确定了"定制家居""汽车""时尚服饰""智能终端""专业服务"五个发展重点。（见表 5.8）

表 5.8　　　　　　　　对个性定制企业发展支持要点

措施名称	具体支持政策
引进龙头企业	对引进的规模化个性定制企业达到总部企业标准的，根据总部企业引进标准进行奖励
培养本土企业	对制造业进行 5G 改造，形成 3 个以上 5G 应用场景，按不高于固定资产投资额的 30% 奖励，最高不超过 500 万元
构建"广州定制"标准体系	对主导国际标准、国家标准、地方（行业）标准制定修订的企业，每项给予一次性不超过 50 万元、25 万元和 10 万元的奖励
提升设计研发能力	对被认定为国家级、省级、市级工业设计中心或研究院的企业符合条件的项目，按不超过项目总投资的 30% 给予补助，单个项目最高不超过 200 万元

措施名称	具体支持政策
强化知识产权保护和支持	对获得相关规模化定制国内外发展专利权和 PCT 专利申请的，按照《广州市专利工作专项资金管理办法》给予奖励
促进高端工业软件和工业互联网平台发展	择优支持一批高端工业软件和平台类项目，按照不超过项目总投资的 30% 给予补助，最高不超过 500 万元
推进行业标识结项节点建设	对取得良好应用效果和显著社会经济效益的节点建设项目，按不超过项目总投资的 30% 给予补助，最高不超过 500 万元
建设线上产业集群	对应用效果显著的产业集群项目，按不超过项目总投资的 30% 给予补助，最高不超过 2000 万元
推进一批总部与体验中心建设	在越秀、海珠等中心城区打造集研发设计、展示体验、文化艺术、销售管理于一体的规模化个性定制企业总部经济产业园区和体验中心
打造一批规模化个性定制生产基地	在白云、花都等周边城区建设"产、学、研、销"一体的规模化个性定制生产基地

资料来源：根据《广州市推动规模化个性定制产业发展建设"定制之都"三年行动计划（2020—2022 年）》整理编制。

规模化个性定制是利用工业互联网、云计算、大数据、人工智能等新一代信息技术，通过个性化设计和柔性制造满足用户需求的主要发展趋势。规模化个性定制不仅可以降低企业成本，提高市场销量，更重要的是，规模化个性定制可以满足用户的个性化需求，是制造业服务化的重要特征。

2. 《广州市加快软件和信息技术服务业发展若干措施》

2020 年 3 月，广州市政府出台了《广州市加快软件和信息服务业发展若干措施》（穗府办规〔2020〕2 号），支持有条件的企业围绕操作系统、数据库、中间件、工业软件、人工智能、虚拟现实、区块链、云计算和大数据等关键领域开展技术攻关，培育建设各级各类重点实验室、产业创新平台等，构建核心软

件产业技术体系。（见图5.2）

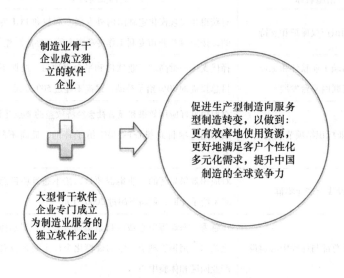

制造业骨干企业成立独立的软件企业

大型骨干软件企业专门成立为制造业服务的独立软件企业

促进生产型制造向服务型制造转变，以做到：更有效率地使用资源，更好地满足客户个性化多元化需求，提升中国制造的全球竞争力

图5.2　生产型制造业转变为服务型制作路线

资料来源：根据《广州市加快软件和信息技术服务业发展若干措施》绘制。

核心软件对外依赖性强让中国企业在中美贸易战中吃尽了苦头。由于中国制造业中缺少拥有自主知识产权的工业软件，时刻受到外方的遏制和威胁。为此，这份软件支持文件提出："支持汽车、医药、家居、能源、通信等制造领域的骨干企业成立独立法人企业，或者大型软件企业、骨干企业，专门为制造服务成立独立法人的软件企业，激发工业研发设计、仿真验证、生产制造、经营管理、营运维护等环节的创新活力，推动生产型制造向服务型制造转变；对上一年度成立的软件企业，择优按不高于该企业累计年营收（不少于1亿元）的3%给予一次性奖励，最高不超过1000万元，鼓励落户区给予配套支持。"从这份政策中可以非常明显地看出，政府鼓励"制造业企业进军工业软件行业"和"软件企业深入制造领域"两条路径。

3. 《广州市加快打造数字经济创新引领型城市若干措施》

2020 年 4 月，广州市人民政府出台了《广州市加快打造数字经济创新引领型城市若干措施》（穗府〔2020〕4 号）。这份文件将广州市定位为数字经济创新引领型城市，在第十三条提出优化工业互联网发展环境，"加快工业互联网标识解析国家顶级（广州）节点和面向船舶、高端装备、新一代信息技术、生物医药、家居等行业的二级节点建设，构建高效稳定的标识注册和解析服务能力。对国家级、省级工业互联网产业示范基地，按照与国家、省资助额最高 1∶1 比例给予资金配套"。

第十四条提出加速数字技术与制造业融合发展，"以汽车制造、高度装备、家居、生物医药等行业为重点，大力发展芯片设计、封装、制造和高端工业软件，推进智能制造升级，重点支持智能汽车整车、核心关键零部件研究创新及产业化。培育推广个性化定制、网络协调制造、远程运维服务、众创众包等智能制造新模式"。文件提到开展工业互联网应用示范，对于工业互联网应用示范工程，给予最高 500 万元的奖励。

数字技术与制造业的融合发展是高质量发展的主导方向之一，其中一个基础是工业互联网的发展和应用。这份政策一方面鼓励支持工业互联网产业基地建设，另一方面重视工业互联网应用示范，特别提到在工业互联网、在汽车制造和家居等优势领域的应用。

四　广州制造业政策体系亮点分析

（一）政策体系庞大，覆盖面广

广州制造业高质量发展政策体系由总体政策和专项政策构成比较完备的政策体系。总体政策有广州制造 2025、广州先进制造业发展三年计划等。同时，广州市出台了一系列专项政策，包括制造业转型升级的各项支持政策。参与政策部门众多，几乎涉及广州市政府的各个部门。

（二）政策迭代速度快，反应及时

广州支持制造业高质量发展的政策的一个显著特点是迭代速度很快。由于政策具有临时安排的特点，可以适应不断变化的发展形势。广州市在出台支持制造业高质量发展政策时，非常注重政策更新速度。例如，2018 年出台的政策，提出 2020 年新增 1836 座 5G 基站，2020 年出台的政策，因应 5G 时代到来的新形势，将 2020 年的发展目标更新为 1.27 万座。

（三）省、市、区政策衔接紧密，政策协同性好

制造业在空间上落位于各个区，因此，除了广州市级的政策外，各个区根据自己的制造业的实际需要出台了一系列政策。对于制造业企业而言，既可以享受市级政策，又可以享受区级政策，企业可以得到双重的政策利好。

（四）抓住人才资源因素，为高质量发展注入人才动力

高质量发展的一个关键因素是使用数字化技术改造原有产业，为此，广州市特别重视数字经济发展，尤其是重视数字新基建建设，对 5G 网络、人工智能、行业互联网、智能充换电设置建设规划了明确的发展蓝图。

广州支持制造业高质量发展的政策还有一个特点，就是重视人才政策。因为人才是第一资源，制造业高质量发展的第一资源也是人才，只有重视人才，才能够保证目标的实现。

产业政策与人才政策相互融合，这是广州制造业高质量发展政策的一个优点。（见表 5.9）

表5.9　　　　　　　　广州市制造业发展人才支持政策

政策条款名称	具体政策内容	文件名称	发文部门与文号	发布时间
加大产业人才招引力度	对重点产业领域开创战略产业项目、延伸产业链、掌握核心技术的人才团队重点支持，对海外产业人才团队优先支持；对产业领域人才进行薪酬补贴；对境外高端人才和紧缺人才，其在广州市缴纳的个人所得税已交税额超过其按15%计算的税额部分，给予财政补贴，该补贴免征个人所得税。	《广州市推动工业投资可持续发展实施意见》	广州市工信局、发改委、统计局 穗工信函〔2019〕1574号	2019年12月30日
支持5G人才队伍壮大发展	对5G产业领军人才，分别给予500万元、100万元、50万元三个档次一次性薪酬补贴；对从事核心业务的5G产业急需人才，按其上一年度对广州市做出的贡献给予一定额度薪酬补贴，最高每人150万元	《广州市进一步加快5G产业发展若干措施》	广州市工信局 穗工信函〔2020〕74号	2020年7月13日
加大人才支持力度	每年资助一批符合条件的数字新基建领域内的创新领军人才及团队、产业高端人才、急需紧缺人才；对国内外顶尖人才（团队）来广州创新创业，按一事一议给予综合资助	《广州市加快推进数字新基建发展三年行动计划（2020—2022年）》	广州市工信局、发改委 穗工信函〔2020〕80号	2020年7月20日

资料来源：广州市工业和信息化局网站。

（五）突出广州特点，发挥广州优势

广州支持制造业高质量发展的政策重视结合广州的特点，首先是明确广州市制造业的优势领域，确定了广州市制造业高质量发展的重点领域，如汽车制造业、电子显示领域等。

（六）各区纷纷出台区级政策，充分发挥各区资源与产业优势

由于制造业企业分布各个行政区。在广州市，制造业集中在黄埔区、南沙区、花都区和增城区等区。这几个区为了促进制造业高质量发展在落实广州市政策的同时，根据自己辖区制造业实际，制定出台了区级政策，有力地支持了区内制造业高质量发展。

1. 黄埔区政策亮点分析

黄埔区支持制造业高质量发展政策方面有五个突出亮点。

一是金镶玉系列政策品牌影响力大。2020 年，在以往金镶玉政策的基础上，黄埔区推出了新的金镶玉系列政策，即《广州市黄埔区　广州开发区　广州高新区进一步促进先进制造业发展办法》《广州市黄埔区　广州开发区　广州高新区进一步促进现代服务业发展办法》《广州市黄埔区　广州开发区　广州高新区进一步促进总部经济发展办法》《广州市黄埔区　广州开发区　广州高新区进一步促进高新技术产业发展办法》《广州市黄埔区　广州开发区　广州高新区聚集"黄埔人才"实施办法》《广州市黄埔区　广州开发区　广州高新区进一步加强知识产权运用和保护促进办法》。这六份政策作为新一版金镶玉政策，延续了黄埔区政策的品牌影响力。

二是新兴领域政策出台及时。黄埔区非常重视区块链、5G、工业互联网、数字新基建等新领域发展，及时出台相应的政策支持这些领域的发展。例如，2017 年 3 月 12 日，黄埔区就出台了《广州市黄埔区、广州开发区促进区块链产业发展办法》（穗开管办〔2017〕68 号）。这是中国第一份支持区块链发展的地方产业政策，早于 2019 年 10 月 24 日中央政治局第十八次集体

学习区块链知识两年半。政策创新的领先使黄埔区在区块链发展方面占有了先机。2019 年，黄埔区又先后出台了"加速区块链产业引领变革""促进 5G 产业化""促进工业互联网产业发展""加快新基建助力数字经济发展"等政策。这些新领域政策的出台，使这些领域的产业得到了政策的有力支持。

三是行业支持政策发力精准。为了更进一步突出产业发展，黄埔区出台了分行业的支持政策。例如，2017 年出台了《广州市黄埔区　广州开发区加快 IAB 产业发展的实施意见》《广州市黄埔区　广州开发区跨境电子商务产业发展的实施意见》《广州市黄埔区　广州开发区促进氢能产业发展办法》《广州市黄埔区　广州开发区促进纳米产业发展办法》《广州市黄埔区　广州开发区促进消费品工业发展八条》等促进制造业高质量发展政策。

四是政策简洁明了、干货多。黄埔区六份金镶玉政策在文本模式上采取"十条"体例，每份政策只有十个条款，第一条讲政策目的，第二条讲政策适用对象，第三条到第九条都是一些支持企业的干货，第十条讲特别事项。例如，《广州市黄埔区　广州开发区　广州高新区进一步促进先进制造业发展办法》的第三条到第九条分别是：项目落户奖、经营贡献奖、成长壮大奖、企业人才奖、转型升级奖、产业联动奖、奖金配套。这些实体性政策条款，每条直接列明什么情况给予什么金额的奖励。

五是建立了政策兑现机制。黄埔区在提升政策效果方面的一个重要做法是建立了统一的政策兑现局，这种情况下，企业只需要通过一个窗口就可以申请政府各类政策的兑现。一个窗口对外，可以让企业减少跑腿次数，政府内部的流转由政府内部解决。

2. 南沙政策亮点分析

南沙区支持制造业高质量发展政策方面有三个突出亮点。

一是给制造业高质量发展提供科技创新的动力。南沙区重点打造未来科学城，将中科院系统在广州分散的机构聚集到南沙，引进各类科研机构，包括香港科技大学（广州校区），这样会聚集非常强大的科技力量和人才实力，为南沙区制造业，也为广州市制造业高质量发展装上科技创新的"发动机"。

二是在产业上做强做精。制造业高质量发展必须有强大的行业做支撑。南沙区由于属于后开发的地区，原有产业基础薄弱。南沙区引进了汽车产业，形成了千亿级汽车产业集群。在汽车产业集群中，南沙重视发展具有未来发展前景的智能网联新能源汽车的发展方向。

三是人才政策为高质量发展充实第一资源。高质量发展必须创新驱动，而创新必须依靠人才。为此，南沙区在广州市人才政策的基础上，出台了区级特殊人才政策，比如人才落户奖励，对学士、硕士和博士，分别给予2万元、4万元和6万元的落户奖励。另外，南沙区还有人才个税特殊政策，对企业高管薪酬达到一定数额的，对科研人员薪酬达到一定数额的，给予一定比例的个税返回奖励。这些政策有助于南沙区吸引人才。

3. 花都区政策亮点分析

花都区支持制造业高质量发展政策方面有三个突出亮点。

一是从一业独大向产业协调发展。汽车产业一业独大是花都区制造业的最明显特点，也是存在的最大问题。一业独大存在非常大的风险，为了保证花都经济可持续发展，花都区致力于改变一业独大的产业结构，将区内产业划分为战略性支柱产业集群和战略性新兴产业集群两大类，确定了"6+11"现代产业体系。六大战略性支柱产业集群为汽车制造业、航空制造业、视听设备业、轨道交通产业、时尚产业和都市农业；十一大战略性新兴产业集群包括新一代信息技术、新能源汽车产业、新材料产业、智能装备和机器人产业、生物医药产业、光电子产业、金融业、文化创意产业、电子商务、总部经济和文化旅游产业。

从花都区"6+11"现代产业体系的构成看，制造业是花都区产业的主导方向。六大战略性支柱产业中除了都市农业外，五个都是制造业。十一个战略性新兴产业中的新能源汽车产业、新材料产业、智能装备和机器人产业、生物医药产业、光电子产业都属于制造业。花都区明确了自身的产业发展方向，以制造业为主体，实体经济立区。

二是绿色金融助力制造业绿色发展。花都区建立了中国第一个绿色金融创新改革试验区，出台了绿色金融"1+4"政策文件。通过绿色金融来支持绿色产业的发展。虽然在什么产业属于绿色产业、什么企业和什么业态属于绿色发展的范畴还处在初步探索过程中，但花都区仍出台了一系列绿色发展的支持政策，对制造业绿色发展进行相关支持。

三是建立考评和奖惩机制将政策任务落到实处。花都区完善了考评机制，将战略性支柱产业和战略性新兴产业项目实施情况纳入各级各有关单位的评价评估。在考评的基础上建立奖惩机制，强化项目实施考评结果的运用，将战略性支柱产业和战略性新兴产业项目实施情况纳入各级领导干部考核评价体系，将评价结果作为干部奖惩的重要依据。

4. 增城区政策亮点分析

增城区支持制造业高质量发展政策方面有三个突出亮点。

一是瞄准世界科技前沿实现创新发展。增城区在新兴制造业方面瞄准细分领域的世界最先进水平，依靠科技创新实现制造业高质量发展。例如，增城区引进的超视界，这是显示领域的头部企业，生产4K和8K显示屏。增城区不断完善显示产业链，致力于打造千亿级新一代显示技术产业集群。

二是主动淘汰落后产业实现绿色结构。增城区的新兴制造业在全部工业中占有的比例越来越高，而传统的高污染产业比例大幅度降低。例如，牛仔服装行业曾经有 400 亿元的产值，占增城工业总产值的 40%。由于牛仔服装生产过程中产生了严重的环境污染，2017—2018 年，增城区果断开展了污染整治，主动淘汰高污染的生产企业和生产环节。2019 年，牛仔服装产值占增城工业产值的份额降到 10%，仅有大约 100 亿元的产值。主动淘汰污染的行业和产能，体现了绿色发展的理念。

三是扶持有发展力的企业提升企业发展质量。高质量发展的企业是具有自我发展能力的企业。增城区在高质量发展政策时，注重企业的增加值率。增城区认为，增加值率高是高质量发展的一个重要指标，在政府政策设计时会向增加值率高的企业倾斜。增加值率越高，获得的奖励越高，增加值率越低，获得的奖励越低。

五　广州制造业政策体系存在的改进空间

（一）政策庞杂增加企业政策搜寻成本

广州市支持制造业高质量发展的多数政策文件由市工信、发改和科技等部门分别出台。政策文件在各个部门的官方网站分别公开。如果某个企业想寻找某一方面的政策文件，必须到政府各个部门网站去寻找。这是各个部门从自身工作分工的角度进行的安排。

（二）政策相互重叠导致使用者困惑

由于各个部门在出台政策的过程中，没有统筹过程，导致许多政策相互重叠。特别是热点政策，不同部门争先恐后出台相关政策文件。例如，有关总体政策的文件中，2016 年出台的《广州制造 2025 战略规划》与 2017 年出台的《广州市先进制造业发展及布局第十三个五年规划（2016—2020 年）》都提到了

"智能装备及机器人""新一代信息技术""节能与新能源汽车"
"新材料与精细化工""生物医药与健康医疗""能源及环保装
备""轨道交通""高端船舶与海洋工程装备""航空与卫星应
用""都市工业"。两者除了次序有所不同之外，支持的领域相
同。又如，《广州市价值创新园区建设三年行动计划（2018—
2020年）》与《广州市人民政府关于加快工业和信息化产业发
展的扶持意见》在许多内容上都有重合的地方。由于许多政策
存在重叠问题，对于政策使用者而言，就会出现一定的困惑。

（三）政策衔接脱节导致政策兑现落地难

一是不同政策之间的衔接存在问题。广州制造业高质量发
展涉及到具体的人才政策，但有的人才政策要点没有实施细则，
就出现了无法兑现的问题。例如，在《广州市推动工业投资可
持续发展实施意见》中，关于"加大产业人才招引力度"的条
款中提到对产业领域人才进行薪酬补贴，但没有说明依据什么
标准对人才进行界定，包括按照什么样的标准进行薪酬补贴。
在这种情况下，这些政策就存在兑现的困难。又如，在《广州
市加快打造数字经济创新引领型城市若干措施》（穗府〔2020〕
4号）第十九条"引导数字经济企业和人才分类集聚发展"中
提到："对于新引进的数学模型、计算机科学等基础理论研究人
才和5G应用、区块链、芯片、网络安全、金融科技等复合型技
术人才，符合条件的，按广州市人才政策给予奖励。"虽然提到
了这些数字经济人才的几个类别，"符合条件"的条件是什么，
按照广州市人才政策中的什么政策进行奖励，都没有说明。在
这种情况下，这些政策是很难兑现落地的。

二是新旧政策的有效期衔接存在问题。由于政策是一种具
有时效性的安排，具有有效期。在一些政策有效期即将到期时，
如果不能很好地衔接，就会出现企业无所适从的情况。例如，

2015 年 3 月 13 日出台了《广州市市级企业技术中心管理办法》（穗工信〔2015〕1 号），有效期五年，到 2020 年 3 月失效。自 2019 年 4 月 24 日有关部门开始征求修订意见，12 月就征求意见进行了简短公告，改变了"先市后省"的规定，企业可以直接申报省级企业技术中心。公告提到原管理办法 2020 年 3 月后自动失效，但没有提及是否有新修订版本出台。这让一些有意申请市级企业技术中心的企业感到困惑。

（四） 难点问题政策突破少

制造业发展中存在"融资难"和"融资贵"等老大难问题，在近几年出台的政策体系中没有实质性的突破。还有制造业中高端人才获取难的问题，在已经出台的政策中都没有突破性的举措。

（五） 没有形成有效的政策闭环管理系统

广州市不断出台制造业高质量发展的相关政策，但已经出台政策的效果如何，没有明确结论。一些政策在有效期结束前，政府有关部门在网上征求对政策的修订意见，但没有对照政策设定的目标对实施效果进行系统评估，也没有系统征求政策支持对象——企业意见。由于没有形成"政策出台前有调研—政策出台时有论证—政策执行中有反馈—政策到期后有评估"的政策管理闭环系统，每份政策实施效果如何，无法确切地得知，这样也影响了后续政策优化行为。

六 广州优化制造业政策体系的建议

（一） 建设统一的智能化的政策匹配系统

鉴于支持制造业高质量发展的政策由政府各个部门推出，

并在其官方网站发布，这是一种以政府为中心而不是以企业为中心的政策信息系统设计。这种设计方便政府各个部门发布和维护，但不利于企业利用。为方便企业充分使用政策，建议广州市建立统一的政策发布和兑现信息平台，将政府所有面向企业的政策在一个统一的平台进行发布。

进一步来讲，可以建立企业"政策匹配系统"，借鉴百度搜索的模式，只要输入企业的基本信息，与该企业相关的政策信息都可以自动被筛选出来，企业可以根据需求申报相应的政策。一旦某一企业符合某政策支持条件，就可以自动跳转到网上申报页面，这样就可以最大限度地扩大政策覆盖面，充分发挥政策影响力。

（二）建立政策制定过程的删繁就简程序

针对不同部门出台政策的重复问题，建议建立政策制定过程的删繁就简程序。对于已出台政策中已有的内容，新政策不用再重复，而是直接表明某某政策的某某条款。要分析不同政策的作用，同一内容政策不在多个文件中重复。这一方面可以提高政策制定的效率，另一方面也方便政策使用者使用。

（三）加强各种政策的衔接管理

对新旧政策衔接存在的问题，建议建立政策有效期管理信息系统，将政策的生效期和失效期纳入系统，对有效期不满一年的政策提前提示，对有效期不足半年的政策进行预警，提醒政策主管部门做好政策修订或者政策失效管理。

针对不同政策关联中存在的脱节问题，建议出台政策实施细则，说明如何兑现一份政策中关联的另一份政策条款。例如，多份制造业支持政策中都提到人才问题，提到按某某人才政策执行，在实施细则中应具体列明这些政策条款。

（四）力争在难点政策上有突破

对广州制造业发展面临的中小企业"融资难""融资贵"问题，企业化发展空间有限问题，制造业人才吸引和留住困难等问题，要有针对性地出台相应的政策。对于空间不足问题，要出台加快"城中村"改造、村级工业园改造、旧园区改造和工厂上楼等政策加以解决。对于人才引入难的问题，可以通过对制造业人才在住房等待遇上的倾斜等途径来实现。

（五）加强政策的闭环管理

建议各政策主管部门普遍推广政策闭环管理。按照"政策出台前有调研—政策出台时有论证—政策执行中有反馈—政策到期后有评估"的政策管理闭环系统，首先在政策出台前进行广泛调研，在政策出台时进行充分论证，在政策执行过程中要收集各方面的反馈意见，对政策实施效果进行评估，在政策有效期结束时，对政策进行系统评估。

第六章 广州制造业结构调整评估及建议

　　全球正在经历新一轮科技革命和产业变革的浪潮，制造业的发展面临着前所未有的机遇与挑战。美国、德国、日本等工业发达国家为赢得未来的主动权，占领制高点，纷纷制定制造业国家战略。中国制造业虽然规模和总量在世界名列首位，但从发展阶段来看仍处于工业化中后期，与工业发达国家相比差距较大。要在新一轮科技革命和产业变革中形成具有竞争优势的可持续发展能力，中国制造业必须从追求规模和速度转向追求质量、效益，从高速度发展转向高质量发展。2015年出台的《中国制造2025》，作为工业发展的国家战略，明确提出要建设制造业强国，从制造业大国向制造业强国转变。

　　改革开放40多年来，广州制造业产业结构发生了显著变化，从以轻工业为主发展到先进制造业成为经济发展的重要驱动因素，促使广州在中国成为有较强影响力的制造业先进城市。但是，与国内其他主要城市比较，广州制造业综合实力排名并不靠前，结构上缺乏优势；在传统产业升级、先进制造业做强做大、战略性新兴产业加快成长等方面发展相对不足。在中国经济已由高速增长阶段转向高质量发展阶段的背景下，广州制造业需要不断进行体制、机制和实践创新，推进广州制造业结构升级和高质量发展，实现广州制造业立市、制造强市的建设目标。

一　有关理论问题

制造业结构，是产业结构的一种，具体是指制造业的行业结构，属于经济结构的范畴。经济结构一般被定义为国民经济构成要素与构成方式，也是国民经济各要素在特定的比例关系下所构成的有机统一体。① 研究经济结构重要的是要研究经济结构中的比例关系，比例关系是否合理决定着经济发展健康程度，而比例关系是动态的，许多因素可以直接影响到比例关系的变化。研究掌握产业结构的比例关系及其原因，有助于夯实促进产业结构调整、优化政策制定的决策依据。

（一）关于产业结构的理论研究

产业结构是指经济体系中各产业之间的构成及其比例关系，最经常的表述一般是指第一产业、第二产业和第三产业及其之间的比例及关系。一个产业，比如第二产业内部的不同行业构成的比例关系是更为具体的产业结构，也称为行业结构。产业发展理论是指研究产业的诞生、成长、扩张和衰退等阶段的理论。在西方经济学界，有几个代表性的产业结构理论。产业结构理论一般认为最早开始于配第关于产业结构问题的研究，配第的研究为产业结构理论的形成奠定了基础。20 世纪五六十年代，产业结构理论有了进一步的发展，一系列经典的产业结构理论相继出现。

1. 配第—克拉克定理

配第—克拉克定理是由英国古典经济学家威廉·配第（1623—1687 年）提出，科林·克拉克（1905—1989 年）对其归

---

① 郭庆然：《中国制造业结构变动研究（1953—2011）》，人民出版社 2014 年版。

纳并加以验证的关于经济发展中产业结构演变规律的一种学说。配第认为，从收入的角度看，农业小于制造业、制造业小于商业，这就涉及产业不同组成部分之间的效益问题，即产业结构不同组成部分的效益是不同的。英国经济学家科林·克拉克发展了配第的思想，通过分析三次产业中的就业人口变动趋势，克拉克印证了配第的观点，由此，配第和克拉克的研究成果被称为配第—克拉克定理。配第—克拉克定理的基本内容是经济结构分为第一产业、第二产业和第三产业，随着经济发展水平的提升，劳动力为了追求更高的收入，从第一产业向第二产业然后向第三产业转移，也就是从相对较低收入的产业向较高收入的产业转移，从三次产业从业人员的比重可以判断出经济发展水平。美国经济学家库兹涅茨（1901—1985 年）继承和发扬了配第、克拉克等人的研究成果，认为产业结构的变动受人均国民收入变动的影响。他通过对总产值变动和就业人口的分布变动情况的考察，认为经济总量的增长带来产业结构的变化，经济总量的增长是结构变动的原因。库兹涅茨的理论印证了配第—克拉克定理。

2. 钱纳里工业化阶段理论

钱纳里（1918—1994 年）是美国经济学家，他在工业化阶段理论方面做了开创性研究。钱纳里工业化阶段理论揭示了制造业内部各产业部门的地位和作用会发生变动，促使结构转换的一般规律。钱纳里以人均国内生产总值为依据，考虑产业结构的变化，认为工业化发展的整个周期可以划分为五个阶段。一是前工业化阶段：产业结构以农业为主，第二产业是传统工业，有一定规模，第三产业基本没有或极少出现，生产力水平低。二是工业化初期阶段：第一产业地位逐步下降，第二产业主导位置显现，工业以初级产品生产为主，属于劳动密集型，第三产业有所发展，但所占的比重仍然比较小。三是工业化中期阶段：制造业内部由轻型工业的迅速增长转向重型工业的迅速增长，第三产业开始迅速发展，也就是所谓的重化工业阶段，大部分属于资本密集型产业。四是工业化后期阶段：第三产业由平稳增长转入持续高速增长，所占比重越来越大，逐步发展成主导产业，第二产业发展态势下滑，所占比重降低。五是后工业化阶段：制造业由以资本密集型为主导向以技术密集型为主导转换，技术密集型产业的迅速发展是这一时期的主要特征。第三产业开始分化，知识密集型产业占主导地位。上述五个阶段特征显示了产业结构变化是一个从低端走向高度现代化的动态过程。

3. 霍夫曼工业化经验法则

德国经济学家霍夫曼在 1931 年出版的《工业化阶段和类型》一书，对一个国家或区域的工业化进程中的工业结构变化规律进行了研究，得出了资本资料工业在制造业中所占比重不断上升并超过消费资料工业所占比重的结论。他通过分析制造业中消费资料工业生产与资本资料工业生产的比例关系，即霍夫曼系数，把工业化进程分为霍夫曼系数分别为 5（±1）、2.5（±1）、1（±0.5）、1 以下的四个阶段。这表示霍夫曼系数是随着工业化进程的推进而不断下降的，揭示了工业化过程中重化工业的演变趋势。

（二）关于制造业结构的理论认识

制造业是指利用生产设备，按照市场需求，通过制造过程，把资源（物料、能源、资金、技术等）转化为可供人们使用和利用的大型工具、工业品与生活消费产品的行业。制造业直接体现了一个国家的生产力水平，是区别一个国家或地区发达程度的重要因素，制造业在世界发达国家的国民经济中占有重要份额。

1. 制造业的行业分类

制造业结构理论主要是从产业结构引申而来的理论。产业结构是指各产业之间的比例关系，把对产业之间关系的理解引入制造业各行业，就是制造业结构关系。郭庆然从制造业各行业之间的比例关系来定义制造业结构，认为制造业结构是指制造业行业之间的比例关系，或者说制造业结构是制造业发展过程中所产生的不同行业之间地位的改变状态。[①] 王霄琼更直接指出制造业结构就是其内部30个两位数行业所占的比重及相互之间的关系。[②]

产业结构中第二产业为工业，工业中的主体是制造业，制造业中行业繁多，结构划分非常复杂。为了便于统计和数据收集，改革开放后，国家统计局对制造业行业进行过多次划分和修订，1984年出台《国民经济行业分类标准》（GB/T4754），1994年、2002年和2011年分别进行了修订工作。2011年的《国民经济行业分类标准》（GB/T4754）中，制造业由31个大类组成，这种分类一直沿用至今。（见表6.1）

表6.1　　　　　　　　2011年《国民经济行业分类标准》

序号	制造业行业	序号	制造业行业	序号	制造业行业
1	农副食品加工业	6	纺织服装、服饰业	11	印刷和记录媒介复制业
2	食品制造业	7	皮革、毛皮、羽毛及其制品和制鞋业	12	文教、工美、体育和娱乐用品制造业
3	酒、饮料和精制茶制造业	8	木材加工及木、竹、藤、棕、草制品业	13	石油加工、炼焦和核燃料加工业
4	烟草制品业	9	家具制造业	14	化学原料及化学制品制造业
5	纺织业	10	造纸和纸制品业	15	医药制造业

---

① 郭庆然：《中国制造业结构变动研究（1953—2011）》，人民出版社2014年版，第9—10页。

② 王霄琼：《中国制造业结构变动与生产率增长》，社会科学文献出版社2017年版。

序号	制造业行业	序号	制造业行业	序号	制造业行业
16	化学纤维制造业	22	通用设备制造业	28	仪器仪表制造业
17	橡胶和塑料制品业	23	专用设备制造业	29	其他制造业
18	非金属矿物制品业	24	汽车制造业	30	废弃资源综合利用业
19	黑色金属冶炼和压延加工业	25	铁路、船舶、航空航天和其他运输设备制造业	31	金属制品、机械和设备修理业
20	有色金属冶炼和压延加工业	26	电气机械及器材制造业		
21	金属制品业	27	计算机、通信和其他电子设备制造业		

2. 支柱产业

支柱产业是指在国民经济体系中占有重要的战略地位、产业规模在国民经济中占有较大份额并起着支撑作用的产业或产业群。这类产业往往在国民经济中起支撑作用，但不一定能起到引导作用；同时，这类产业往往由先导产业发展壮大，达到较大产业规模以后就成为支柱产业或先成为对其他产业的发展既起引导作用又对国民经济起支撑作用的产业。①

支柱产业具有重要作用。许多大国崛起都是基于支柱产业的发展，苏联和日本能实现国家工业现代化，并跻身世界工业强国之列，究其原因，就是它们都实施了支柱产业振兴工程或振兴计划。苏联仅第一、第二两个五年计划，就实施了 6000 多项国家重大工业建设工程（主要是支柱产业的建设），并在 13 年时间内（1928—1941 年）初步建成了独立完整的现代化工业

---

① 百度百科：支柱产业（https：//baike.baidu.com/item/支柱产业）。

体系，成为世界第二大工业强国。二战后，日本为了迅速实现经济振兴，不仅先后实施了一系列支柱产业振兴计划，而且先后制定了一系列支柱产业振兴法律，并在13年时间内（1955—1968年）初步实现了国家工业现代化，成为世界第三大工业强国。

一个地区或者国家的支柱产业不是一成不变的，随着地区或者国家的产业变动，现在的支柱产业可能在未来就不是支柱产业，为新的产业所代替。支柱产业也不完全就是制造业，不同国家或地区因资源禀赋、产业基础不同，支柱产业可以是不同的产业，可以是服务业，甚至可以是农业。广州市制造业门类齐全，发展基础好，以电子产品制造、石化制造等为代表的制造行业的支柱产业是整个产业结构体系的重要组成部分。

3. 高新技术产业、先进制造业和战略性新兴产业

随着科学技术快速发展并不断产业化，在产业特别是制造业结构内出现了高新技术产业、先进制造业和战略性新兴产业等的分类法。

高新技术产业是以高新技术为基础，从事一种或多种高新技术及其产品的研究、开发、生产和技术服务的企业集合。这种产业所拥有的关键技术往往开发难度很大，但一旦开发成功，就有很高的经济效益和社会效益。高新技术产业是知识密集、技术密集的产业类型。产品的主导技术必须属于已确定的高新技术领域，而且必须包括高新技术领域中处于技术前沿的工艺或技术突破。根据这一标准，高新技术产业目前主要包括新一代电子信息技术、生物技术、新材料技术、新能源技术等领域。

先进制造业是指能够不断吸收国内外高新技术成果，并将先进制造技术、制造模式及管理方式综合运用于研发、设计、

制造、检测和服务等全过程的制造业。先进制造业中的"先进"体现在产业的先进性、技术的先进性以及管理的先进性。

战略性新兴产业是指以重大技术突破和重大发展需求为基础，对经济社会全局和长远发展具有重大引领带动作用，成长潜力巨大的产业，是新兴科技和新兴产业的深度融合，既代表着科技创新的方向，也代表着产业发展的方向，具有科技含量高、市场潜力大、带动能力强、综合效益好等特征。

4. 制造业结构变化的影响因素

制造业结构的变动既受到经济规律的制约，也受到较多内部和外部因素的影响。对于制造业结构变动的影响因素，许多学者进行了研究，郭庆然认为劳动力、资本和技术是制造业结构变动的主要因素，这三个因素在制造业结构变动历史进程中起了重要的驱动作用。[①] 王霄琼分析了消费需求、技术进步、要素禀赋、制度供给对制造业产业结构的影响。[②]

制造业结构变化调整中的产业转型升级受到更多学者的关注。在劳动力对制造业结构升级关系研究上，江鹃等对劳动力结构变化影响制造业结构升级进行了实证研究。[③] 阳立高和李永奇对人力资本积累影响制造业升级进行了实证研究。[④] 傅元海等研究了技术进步与制造业结构升级的影响，分析提出了制造业结构优化的技术进步路径。[⑤] 叶琪关注了中国技术创新对制造业

---

① 郭庆然：《中国制造业结构变动研究（1953—2011）》，人民出版社 2014 年版，第 1 页。

② 王霄琼：《中国制造业结构变动与生产率增长》，社会科学文献出版社 2017 年版，第 36—50 页。

③ 江鹃、杨华峰等：《劳动力结构变化影响制造业结构升级的实证研究》，《科学决策》 2018 年第 8 期。

④ 阳立高、李永奇等：《人力资本积累影响制造业结构升级的实证研究》，《科学决策》 2018 年第 3 期。

⑤ 傅元海、叶祥松、王展祥：《制造业结构优化的技术进步路径选择》，《中国工业经济》 2014 年第 9 期。

结构调整互动的机理与实证。[①] 张鹏等研究了科技创新对制造业结构高级化的影响。[②] 沈运红和黄桁（2020）研究了数字经济对制造业结构升级的影响。[③] 杨兵等对技术创新与中国高端制造业结构优化升级的动态关系进行了研究。[④] 这些研究显示，在影响制造业结构变化的因素中，技术进步是最受学者关注的因素，应该是推动制造业结构变化和转型升级最主要的因素。

二　广州制造业结构演变历程及现状特点

（一）改革开放以来广州制造业结构的演进

改革开放 40 多年来，广州产业结构发生了显著的变化，三次产业结构从 1978 年的 11.67 : 58.59 : 29.74 调整为 2021 年的 1.09 : 27.35 : 71.56，每一阶段在产业结构、产业速度、重点产业等方面都有自身特点。从制造业来看，广州在改革开放后进入工业化加快发展时期。得益于优惠政策和区位优势，广州在原有的产业基础上，不断吸收以香港制造业转移为主的境外资本的进入，推动制造业行业体系不断完善，产业结构不断调整优化，现代化水平不断提高。

1. 广州制造业发展的五个阶段

综合考虑城市产业经济特点、城市发展定位、产业政策等因素，改革开放以来广州的制造业结构变化大致可以分为五个

---

① 叶琪：《我国技术创新与制造业结构调整互动的机理与实证》，《技术经济与管理研究》2017 年第 8 期。

② 张鹏、袁丰、吴加伟：《科技创新对制造业结构高级化的影响研究》，《地域研究与开发》2020 年第 3 期。

③ 沈运红、黄桁：《数字经济水平对制造业产业结构优化升级的影响研究》，《科技管理研究》2020 年第 3 期。

④ 杨兵、戴淑芬、葛泽慧：《技术创新与我国高端制造业结构优化升级的动态关系研究》，《中国管理信息化》2019 年第 17 期。

阶段。

第一阶段：轻纺工业为主导（1978—1988 年）。改革开放的第一个十年，广州大力引进和发展劳动密集型轻纺工业，轻工业在"六五"和"七五"时期迅速增长，年均增速分别为13.1%和14.5%，占工业总产值比重达到65.3%和64.2%。广州轻工业的更快发展使得20世纪80年代中后期轻、重工业产值差距越来越大，1988年广州轻工业产值接近重工业产值的2倍。广州作为全国四大针织产区以及传统轻纺重要基地之一，纺织、服装是在全市的轻工业比重中占有绝对优势的支柱地位。

第二阶段：重工业起步发展，增长速度快于轻工业（1989—1997 年）。"八五"时期广州重工业比重由33.67%上升至37.28%，第二、三产业同步发展是该阶段的重要特征。第二产业内部结构也在发展变化，重工业增长明显快于轻工业，重工业比重由1990年的33.67%上升至1995年的37.28%。

第三阶段：制造业向重型化调整，轻工业在制造业中仍占主要地位（1998—2003 年）。在工业内部结构中，广州制造业重型化步伐加快，2003年全市重工业产值比1997年增长149.0%，年均增速达到23.4%，远超轻工业年均12.0%的增速。在这一阶段，汽车、船舶、钢铁等产业快速发展，成为制造业发展的主要推动力，广州进入以重化工业为主导的工业化阶段。

第四阶段：制造业中重化工业为主导（2004—2012 年）。这一阶段，在汽车、石化等行业的带动下，重化工业快速发展，广州市重工业产值在2004年首超轻工业，轻重工业产值比重由2003年的50.47∶49.53转变为2004年的44.05∶54.95，工业化进程步入重化工业阶段，并持续保持快速增长的态势。到2012年，重工业占全市工业总产值已超70%，重化工业主导地位愈益明显。

第五阶段：先进制造业与现代服务业双轮驱动阶段（2013年至今）。"十二五"时期，广州先进制造业增加值年均增速为10.1%，到2016年占全市规模以上工业总产值比重为54.6%。至此，先进制造业和现代服务业双轮驱动的态势基本形成。

2. 支柱产业的发展

支柱产业是一个城市经济实力和竞争力的基础。改革开放以来的不同时期，广州根据当时的经济社会环境和自身的经济发展阶段，制定了一系列选择和扶持支柱产业发展的政策措施，推动培育和发展支柱产业，推动产业规模持续扩张，产业门类有序更迭，带动了全市经济快速增长，城市竞争力不断增强。

1978年改革开放到1990年，是广州的一个以轻纺工业为主导快速发展的时期，从1990年第一次提出"支柱产业"概念以来，广州支柱产业经历了多次调整变迁。1990年广州市提出发展和形成广州标致轻型汽车、五羊摩托车、万宝家用电器系列产业、电子、纺织、服装、食品和医药等八个支柱产业。在"十五"计划中，广州明确提出培育壮大电子信息、汽车、石油化工三大支柱产业，大力推动工业重型化转型，资金和技术密集型的重化工业加快发展。经过"十一五""十二五"两个五年规划发展期的快速发展，广州三大支柱产业的地位更加巩固，引擎作用更加凸显。《广州市先进制造业发展及布局第十三个五年规划（2016—2020）》将"巩固和厚植三大支柱产业"作为构建先进制造业新体系的重要工作。因此，在"十三五"时期，在培育新产业的同时，汽车制造、电子产品制造和石油化工制造作为引领广州经济"三驾马车"的传统支柱产业地位依然牢固。而且，在新技术的渗透和应用中，这三大传统制造业在创造新业态、新模式以及与服务业融合发展的过程中，正在焕发出新的活力。

从培养和发展新支柱产业来看，也许会有新的变化。2016

年，广州市发布了《广州制造 2025 战略规划》，提出未来十年广州将重点发展智能装备及机器人、新一代信息技术、节能与新能源汽车等十大重点领域。2017 年，广州市委确立 IAB 计划，聚焦发展新一代信息技术、人工智能、生物制药，着力做大，抢占新机。2017 年下半年，广州又提出"NEM"产业概念，即新能源和新材料产业。在中国经济进入新常态、广州经济进入新旧动能转换的发展阶段，广州需要寻求新的技术突破来形成新的支柱产业，这决定了广州未来的支柱产业将在前沿性、基础性两个维度范围产生，加上原有的产业基础、新技术对传统产业的赋能和融合发展，未来十年，广州极可能在新能源、智能互联汽车、IAB（新一代信息技术、人工智能、生物医药）、NEM（新能源、新材料）、高端装备制造等领域形成新一代的支柱产业组合，为广州经济架起新的四梁八柱。

（二）广州制造业发展现状

1. 规模以上企业产值规模

制造业规模以上工业总产值变化幅度不大。按照 2011 年的《国民经济行业分类标准》（GB/T4754）进行统计，2016—2021 年广州市规模以上企业制造业总产值分别为 16476.71 亿元、15484.96 亿元、15845.36 亿元、16722.69 亿元、17553.62 亿元和 19785.37 亿元，2017 年和 2018 年比 2016 年和 2019 年的总产值稍低，但是这六年制造业总产值变化幅度不大。

汽车，计算机、通信和其他电子设备，化学原料和化学制品三个行业规模以上工业总产值超过千亿元。三个行业 2021 年规模以上工业总产值分别为 6121.74 亿元、2607.97 亿元和 1320.85 亿元，分别占制造业规模以上工业总产值的 30.94%、13.18% 和 6.68%。（见表 6.2、图 6.1、图 6.2）

表6.2 　　　　　2016—2021 年广州市制造业规模以上企业
工业总产值前十位情况　　　　（单位：亿元）

项目	2016 年	2017 年	2018 年	2019 年	2020 年	2021 年
总计	16476.71	15484.96	15845.36	16722.69	17553.62	19785.37
汽车制造业	4433.72	5117.04	5497.64	5412.27	5848.70	6121.74
计算机、通信和其他电子设备制造业	2291.13	2166.93	2131.57	2091.65	2122.92	2607.97
化学原料和化学制品制造业	1934.98	1433.00	1312.36	1168.34	1214.43	1320.85
电气机械和器材制造业	1147.13	835.42	863.90	943.03	997.33	1216.42
石油加工、炼焦和核燃料加工业	455.79	510.01	665.68	646.40	515.18	610.98
通用设备制造业	622.52	612.03	645.84	767.70	754.24	890.84
食品制造业	474.83	458.76	483.01	608.31	589.19	568.13
橡胶和塑料制品业	403.96	422.50	392.18	508.90	513.50	603.06
有色金属冶炼和压延加工业	424.98	291.49	368.42	383.42	491.33	636.15
黑色金属冶炼和压延加工业	406.24	389.95	336.32	333.57	308.07	201.87

资料来源：根据历年《广州统计年鉴》整理。

2016—2021 年三个千亿元级的产业，只有汽车制造业呈现增长态势，计算机、通信和其他电子设备制造业产值规模没有明显提升，化学原料和化学制品制造业产值规模则呈不断下滑趋势。（见图6.1）

2016—2021 年，三个规模以上上千亿元制造业中，汽车制造业在制造业规模以上工业总产值中所占比重逐年上升，并且

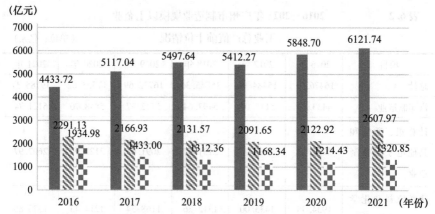

**图6.1　2016—2021年广州市制造业规模以上企业工业
总产值前三位情况**

资料来源：根据历年《广州统计年鉴》整理。

上升幅度比较大，计算机、通信和其他电子设备制造业、化学
原料和化学制品制造业所占比重呈下降趋势。（见图6.2）

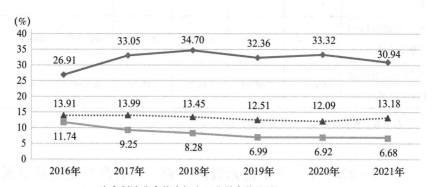

**图6.2　2016—2021年广州市制造业规模以上行业前三占规模
以上制造业总产值比重**

资料来源：根据历年《广州统计年鉴》整理。

2. 三大支柱产业构成制造业主体

2021 年，广州三大支柱产业汽车制造业、电子产品制造业和石油化工制造业工业总产值分别为 6117.99 亿元、3307.15 亿元和 1919.7 亿元，合计 11344.84 亿元，占工业总产值的 46.03%，三大支柱产业占据广州整体工业的半壁江山。其中，汽车制造业占工业总产值的比重为 24.83%，约为全市工业总产值的四分之一。（见表 6.3）

表6.3　　　　广州市三大支柱产业产值情况　　　　（单位：亿元、%）

年份	工业总产值	三大支柱产业总产值	汽车制造业	电子产品制造业	石油化工制造业	三大支柱产业占工业总产值的比重
2005 年	6767.96	2594.33	859.42	768.81	966.1	38.33
2006 年	8112.40	3060.7	1168.2	812.45	1080.05	37.73
2007 年	9875.79	3872.96	1644.48	838.25	1390.23	39.22
2008 年	11468.40	4565.79	1840.66	1031.08	1694.05	39.81
2009 年	12355.46	5290.34	2317.57	1359.85	1612.92	42.82
2010 年	14438.99	6640.67	2898.52	1763.25	1978.9	45.99
2011 年	15081.73	7575.11	3037.09	2045.22	2492.8	50.23
2012 年	15881.45	6952.2	2721.29	1886.71	2344.2	43.78
2013 年	16557.86	7964.21	3318.28	2102.79	2543.14	48.10
2014 年	17479.30	8673.89	3764.21	2254.82	2654.86	49.62
2015 年	17935.16	9014.89	3930.79	2532.49	2551.61	50.26
2016 年	18745.80	9228.17	4433.72	2427.24	2367.21	49.23
2017 年	19619.98	9328.85	5117.04	2290.71	1921.1	47.55
2018 年	20314.23	10113.22	5489.89	2670.99	1952.34	49.78
2019 年	21366.49	9870.02	5412.27	2657.4	1800.35	46.19
2020 年	22476.89	10278.49	5848.7	2737.12	1692.67	45.73
2021 年	24644.40	11344.84	6117.99	3307.15	1919.7	46.03

资料来源：根据历年《广州统计年鉴》整理。

2021 年广州三大支柱产业汽车制造业、电子产品制造业和石油化工制造业企业分别为 344 家、948 家和 673 家，总数为 1965 家，占规模以上工业企业总数（6757 家）的 29.08%。其中，汽车制造业占 5.09%，电子产品制造业占 14.03%，石油化工制造业占 9.96%，三大支柱产业中，电子产品制造业企业数较多。

2021 年广州三大支柱产业汽车制造业、电子产品制造业和石油化工制造业从业人员分别为 16.03 万人、23.52 万人和 8.05 万人，合计 47.60 万人，占规模以上工业从业人数（125.32 万人）的 37.98%。其中，汽车制造业占 12.79%，电子产品制造业占 18.77%，石油化工制造业占 6.42%，电子产品制造业从业人员较多。

3. 战略性新兴产业成为新的经济增长点

"十三五"规划聚焦新一代信息技术、人工智能、生物医药、新能源、新材料等重点领域，广州出台了《生物医药产业发展实施意见》《新能源汽车发展若干意见》等政策措施，分别成立了总规模均达 100 亿元的生物医药、人工智能、轨道交通等产业发展基金，推动形成了六大千亿元级产业集群。2021 年，广州"3+5"战略性新兴产业增加值 8616.77 亿元，占地区生产总值的比重从 2018 年的 30.0% 提升至 2021 年的 30.5%，对 GDP 增长的贡献率为 28.9%。高新技术企业总数约 1.2 万家，全年规模以上高新技术制造业增加值增长 25.7%，其中，医药制造业实现 23.1% 的增长，航空航天器制造业有所下降，下降幅度达 1.8%，电子及通信设备制造业实现 34.7% 的增长，计算机、通信和其他电子设备制造业增长幅度达 14.5%，医疗设备及仪器仪表制造业下降幅度达 16.9%。新兴产业正成为广州经济发展的新增长点。

4. 广州制造业存在的问题

汽车制造业在广州制造业产业中一家独大，抗风险能力小，制约了制造业的增长。广州汽车制造业在广州制造业的比重超过了三分之一，汽车制造业如遇突发情况，将严重影响广州市制造业的发展。汽车制造业在全球竞争激烈，广州汽车制造业在全球甚至在国内竞争都不具备绝对的优势，很难持续高速增长。广州制造业传统产业比重仍然比较大，部分制造业在全球产业链中的位置过低，支柱产业依然以传统产业为主，支柱产业更新进程缓慢，先进制造业、战略性新兴产业尚未形成新的支柱产业。

广州研发投入相对偏低，研发结构不合理。深圳全社会研发经费投入占经济总量的比重早在 2013 年就已超过 4%，比欧美发达国家平均水平还要高，广州在这方面相对滞后，全社会研发经费投入占经济总量的比重到 2020 年才达到 3%，与同期一线城市中的北京（6.44%）、上海（4.14%）和深圳（4.2%）相比存在不小的差距。近年招商引资的制造业项目比重总体偏低，2021 年注册制造业项目占全市注册项目的20.8%，占比较上年下降 9.6 个百分点。从引入的项目看，体量相对较小、实际投资额未达计划投资额等，导致工业投资难以大幅度增长，亟需招引一批新的重大产业支撑项目增强工业发展后劲。目前，全市仅有国家专精特新"小巨人"企业 68家，与上海（262 家）北京（257 家）、深圳（169 家）等城市差距较大。

内外资产业链融合有待加强。一些大型外资企业，是自带配套产业链来的，虽然其产业链比较长，但是本地企业很难进入它们的产业链中。外资和内资的互动还是不够，如黄埔区外资企业乐金，有多达三四十家协力厂，内资是以创维为龙头，但是这两大体系互动不多，特别是外资企业自成体系，仅一个塑料包装膜也通过其协力厂去生产，说明外资企业的技术和价值外溢还是不够。

广州市为了合理使用工业用地，对相关区的工业用地做了区块划分，但是落实到相关区域特别是制造业主要区域，这些工业用地区块划分并不都有利于当地制造业的发展，工业用地效率没有达到预期的效果。

三　制造业结构优化的创新实践

（一）积极利用政策引导制造业产业结构调整

国民经济和社会发展通过计划或规划进行指导是中国的一大特色，广州制造业发展、结构优化调整也是在相关计划规划的引导下推进的。这从第十一个五年规划以来广州市制造业发展的结构调整变化情况得到印证。

在广州"十五"计划中，制造业是非常重要的行业，产业结构上有三个方面的发展引导。一是大力发展集成电路、光通信、医药生物材料、环保节能材料等高新技术产业。二是培育壮大电子信息、汽车、石油化工三大支柱产业。三是改造提高传统优势产业。利用高新技术和先进适用技术对传统优势产业进行改造和升级，重点提升纺织服装、食品饮料、电气器材、机械制造、建筑材料等传统优势行业技术水平。加快输变电设备、动力设备、环保设备、工作母机、数控机床、食品机械、光机电产品（成套设备）为重点的装备工业的发展，力争达到全国一流水平。

相关发展方向在"十一五"规划中做了一些调整。《广州市国民经济和社会发展第十一五个规划》在构建现代产业体系章节中对制造业的发展进行了规划，指出广州"十一五"时期要构建以高新技术产业为龙头，重化工业、装备工业和传统优势产业为主体，与现代化大都市发展相适应的现代产业体系，重点包括：一是高新技术产业要实现跨越式发展，力争软件、生物技术、新材料、环保新能源和数字内容等方面实现突破性进展。二是支柱产业群要做大做强，重点推进汽车、石油化工、电子信息制造和生物医药四大支柱产业群发展。三是对传统优势工业进行技术改造升级，提升钢铁工业、船舶制造业、机械装备制造业、电力工业、造纸工业、轻纺工业等有品牌优势的传统工业。

在"十二五"时期，相关规划进一步做了调整优化。《广州市国民经济和社会发展第十二个五年规划纲要》在制造业方面聚焦了以下几个方面。一是创建国家战略性新兴产业基地。包括发展新一代信息技术、生物工程技术、新材料、新能源汽车、新能源与节能环保、海洋工程。二是做大做强汽车、石化、数控、造船等先进制造业基地，整体提升在全球制造体系中的地位。

进入"十三五"时期，为贯彻落实《中国制造2025》、《全省工业转型升级行动计划》和《广州制造2025战略规划》，《广州市国民经济和社会发展第十三个五年规划纲要》关于制造业的规定提出了加快新一代信息技术与制造业深度融合，优化提升传统支柱产业。培育新的支柱产业，大力发展智能装备及机器人、新一代信息技术、节能与新能源汽车、生物医药与健康、轨道交通、都市消费工业等先进制造业，打造"四梁八柱"的制造业支撑体系。

在"十三五"时期，除了在《广州市国民经济和社会发展第十三个五年规划纲要》对制造业进行强调外，广州市还在2016年制定并印发了《广州制造2025战略规划》和《广州市战略性新兴产业第十三个五年发展规划（2016—2020年）》，2017年制定了《广州市先进制造业发展及布局第十三个五年规划（2016—2020年）》，由此可以看出，广州市"十三五"时期对制造业的重视程度。

其中,《广州制造 2025 战略规划》提出制造业的重点领域和方向,包括智能装备及机器人、新一代信息技术、节能与新能源汽车、新材料与精细化工、生物医药与健康医疗、能源及环保装备、轨道交通、高端船舶与海洋工程装备、航空与卫星应用、都市消费工业。《广州市战略性新兴产业第十三个五年发展规划（2016—2020 年)》提出,做大做强新一代信息技术,生物与健康,新材料与高端装备,新能源汽车、新能源与节能环保,时尚创意等 5 个两千亿元级产业集群;重点聚焦强化新一代网络通信、移动互联网、物联网、新型显示、高性能集成电路、新型电子元器件、高端软件、现代中药、生物制药、化学药、医疗器械、生物制造、健康服务、智能制造装备、轨道交通、航空装备、卫星及应用、海工装备、高性能工程塑料、动漫、游戏、数字创意与设计等 22 条产业链,实现跨越发展。

《广州市先进制造业发展及布局第十三个五年规划（2016—2020 年)》提出,要大力发展智能装备及机器人、新一代信息技术、节能与新能源汽车、新材料与精细化工、生物医药与健康医疗、能源与环保装备、轨道交通装备、高端船舶与海洋工程装备、航空与卫星应用、都市消费工业等先进制造业,培育新的支柱产业,打造"四梁八柱"的制造业支撑体系。2019年,广州市提出了"八大提质工程",其中就包括实施结构优化提质工程,整体推进新一代信息技术等战略性新兴产业,着力发展汽车及汽车电子、超高清视频、软件和信息技术创新应用、现代都市消费工业等七个先导产业。

从"十五"计划关注集成电路、光通信、医药生物材料、环保节能材料等高新技术产业,到"十三五"规划以及《广州制造 2025 战略规划》关注战略性新兴产业和先导产业,都是为了优化广州制造业结构,推动广州制造业走向高质量发展。

（二）通过创新园区建设推进制造业产业结构优化

制造业都需要落到园区，园区创新发展对制造业发展会起到积极的推动作用。广州近些年提出了园区发展新思路，推进产城融合，集聚发展新动能。为推进战略性新兴产业发展，加快制造业产业结构优化升级，广州将"产城融合"确定为一项重要抓手和实践策略。2018 年，广州公布了《广州市价值创新园区建设三年行动方案（2018—2020 年）》，提出未来三年要基本建成 10 个价值创新园区。

产业园或者工业园是以产业发展为关注重点对象。先进制造业、战略性新兴产业和高技术产业均为知识、技术密集型产业，与传统产业相比，在廉价劳动力和土地方面有不同的要求，它们的发展动力主要来自人才，以及为人才提供高质量的工作和生活环境，需要城市有强大的功能来满足人才需求，进而满足产业发展需求。

仅关注产业发展旧有的产业园、工业园发展模式不能适应新时代高新技术产业发展，"产城融合"成为工业园、产业园发展新的趋势。产业园、工业园在关注产业发展的同时，更重要的是能为产业提供城市的功能，其更明显的特征是城市化。广州建设园区的新思路在于园区实现"产业龙头＋主导产业链＋产业创新中心＋产业资金＋产业服务平台＋产业社区"六位一体融合发展，把园区作为一个城市来发展，用城市功能汇集产业发展高端要素，增强园区发展吸引力，吸引产业上、中、下游龙头企业，为园区内的产业提供发展新动能。

新园区重点区域为天河、增城、番禺、南沙、黄埔和海珠等区，新园区以"高端引领、龙头带动、全链集成"的要求，积极利用龙头企业的辐射带动作用，吸引高关联配套企业集聚。通过推动产城融合发展，最终在这些新园区内形成 6 个千亿元级产业集群，新园区总规模达到 10000 亿元，成为广州的经济引擎。

（三）提高要素投入效率促进制造业结构优化

1. 资金支持方向转向先进制造业、战略性新兴产业

一是先进制造业创新发展资金。资金是制造业发展的重要要素之一，近些年，广州市为了促进制造业的发展设立了一些发展资金，如为促进先进制造业的发展，2017 年设立了广州先进制造业创新发展资金，设立此资金，目的是进一步加快广州先进制造业创新发展，提升产业内生竞争力。先进制造业创新发展资金主要用于支持制造业创新发展四大行动，包括发展创新型企业行动、建设创新型产业技术研发机构行动、支持创新团队行动、打造先进制造业创新载体行动。重点支持服务型制造与新业态培育。鼓励企业延伸服务型制造和价值链提升，支持发展工业设计、供应链管理等生产性服务业。支持企业新的生产经营形态或商业模式的发展；支持信息化和信息产业发展。支持新一代信息技术、大数据、物联网等产业发展；支持工业和信息化深度融合及管理体系建设。发展资金支持形式包括事中补助、事后奖补、风险补偿、设立基金、股权投资等。

二是工业和信息化发展专项资金。为提高资金使用效益，2017 年广州市对工业和信息化发展专项资金进行了规范，包括工业转型升级及重点产业培育。支持"广州制造 2025"十大重点产业领域的培育发展，支持先进制造业、优势传统产业、新兴产业的发展壮大，支持发展创新型企业、产业技术研发机构、团队和创新载体行动计划的贯彻实施，扶持壮大骨干企业和行业领先企业，支持军民融合发展，支持信息化和信息产业发展，支持工业和信息化深度融合及管理体系建设，支持服务型制造

培育，鼓励企业发展服务型制造延伸和提升价值链，积极培育新业态。专项资金可以采取事中补助、事后奖补、风险补偿、设立基金等多种支持方式。单个项目支持额度一般不超过项目投资额的30％。

三是战略性主导产业发展资金。2014年广州市对战略性主导产业发展资金进行了修订，发展资金主要支持创新能力建设、产业化发展、公共服务平台建设、市场推广应用等产业链核心关键环节。

在广州制造业转向以先进制造业、战略性新兴产业为主要方向的背景下，广州市财政资金支持发生了转向，资金主要用于支持先进制造业发展和战略性新兴产业，传统制造业只有通过技术改造才能获得更多的资金支持。资金支持方式也发生了转变，更多的是采取风险补偿、设立基金、股权投资、贴息等灵活支持方式。

2. 优化土地要素供给

一是提高工业用地利用效率。为进一步优化营商环境，支持先进制造业和创新型产业发展，推进粤港澳大湾区国际科技创新中心建设，2019年广州市组织修订了《广州市提高工业用地利用效率试行办法》，在划定全市工业产业区块控制线，促进工业用地合理布局和规模集聚，保障制造业用地的基础上，进一步增补完善了有关内容。在事权分工方面，加强了区一级在工业用地管理规则制订方面的参与程度，明确各区政府、广州空港经济区管委会是工业用地供应和管理服务的一级主体，落实了各区政府、广州空港经济区管委会对新型产业用地控规和产业区块内工业用地提高容积率等事项的职责。对工业用地规划指标控制要求统一进行了明确，设立了用于支持新产业、新业态发展的新地类——新型产业用地（M0），新型产业用地的配套设施比例可达30％。设立了产业准入机制，土地出让价格约为同地段办公用途市场评估楼面地价的 20%。支持各区和企业进一步盘活土地资源，从"供地"逐步转变为"供楼"。加强了工业用地的精准供应和供后服务，明确工业用地可以通过划拨、协议出让、公开出让、租赁、先租赁后转让、弹性出让、集体土地流转和引导进入标准厂房等多种形式供应。各区在组织供应工业用地时，将拟定包含产业门类、投产及达产时间、投资强度、投资总额、产出效率、总产值（含达产年产值）、税收等内容的投入产出协议，并将该协议纳入土地供应文件。

二是对广州市村级工业园整治提升。为高质量发展腾出空间，优化城市空间结构调整，建设现代化经济体系提供重要支撑。从 2019 年起，通过"关停淘汰一批、功能转变一批、改造提升一批"对村级工业园进行整治提升，淘汰污染及落后产能，促进村级工业园产业结构调整及单位产出提升，提高土地集约节约利用效率，打造出一批生态优良、产业高端、功能完善的示范园区。

三是推进广州市工业用地使用权先租赁后出让和弹性年期出让。为了降低企业用地成本，将出让年期核定权明确下放给各区，同时还提出通过先租后让、弹性出让的工业用地，绩效不达标的，政府将提前收回用地。调整工业用地使用权先租后让的租赁年限，调整后年限不得超过 10 年。弹性年期出让的土地使用权出让年限一般不得超过 20 年，对于国家、省重大产业项目、战略性新兴产业项目等，最高不超过 50 年。工业用地使用权租赁的租金最低不得低于国家规定的租金标准。出让年期核定权限下放到区。将出让年期核定工作由原来的市级政府下放给各区，进一步调动各区政府积极性，推动"简政强区""放管服"工作的延伸，有利于简化土地供应环节，加快吸引更多更具创新性、符合本地发展需求的项目在广州落地开花。建立用地项目土地利用绩效评估制度，达产后每年对土地利用绩效进行评估，对不符合要求的，政府有权收回用地。

在工业用地越来越紧缺的情况下，广州市为保证制造业高质量发展，一方面通过提高工业用地利用效率来实现节约用地，另一方面改造低效率的村镇工业用地，促进合理布局和规模集聚，为制造业高质量发展腾出更多的发展空间。

3. 调整人才引进政策，加大人才引进力度

2020年广州出台了《广州市引进人才入户管理办法》，进一步调整了原有的人才入户政策，实际上加大了人才引进力度，主要做了以下调整。

一是加大力度引进高学历人才、专业技术类人才。放宽人才入户的年龄限制，有所侧重地调整入户条件。在穗就业创业的普通应届高校毕业生可以直接到公安部门办理入户手续。应届高校毕业生是青年人才主体，具有创业活力和创新潜力，对于他们的入户申办流程进行了改革创新，实施接收与入户分离的方式，直接通过公安部门办理入户，这样有利于广州吸引青年人才，还可以进一步促进人才体制机制改革，解决人才流动中的体制机制弊端。二是将产业领军人才纳入引进人才入户范围。以产业发展为重点，根据"高精尖缺"和产业需求，创新靶向明确、精准发力的人才引进新机制，大力引进创新创业领军人才、杰出产业人才、产业发展和创新等产业人才，把他们纳入人才入户范围。三是创新创业人才引进机制。通过使用薪酬、投资、社会贡献等市场化方式评价并引进创新创业人才，每年给予一定的入户指标。完善人才评价引进机制，形成薪酬、投融资、纳税等多维度、多元化的人才引进生态体系。

人才是发展的第一资源要素，制造业发展需要各方面的人才，既对高技术人才有需求，对一般技术人才、职业技术人才也有需求，甚至对一般普通工作者也有需求，为了保证制造业高质量发展，需要有以上各类人才的保障，广州及时对人才政

策加以调整，增加对人才的吸引力以便于人才的引进，加大人才争夺力度，目的之一就是满足制造业的人才需求。

（四）通过技术改造实现传统产业升级

广州市在将制造业引导到先进制造业、战略性新兴产业发展的过程中，也在加快对传统制造业的技术改造，用高新技术、人工智能等现代技术复兴传统产业提高传统产业的技术含量，提升传统产业的附加值，使传统产业走向高质量发展之路。

下面，我们以一家内衣行业大规模个性化定制的先行者——广州千誉智能科技为例，来说明技术创新推动产业升级。

一是转型的历程。广州千誉智能科技有限公司是一家专业从事美体内衣（又称塑形内衣，以下统称美体内衣）研发、制造及销售的公司。早期从销售端切入，然后向后延伸进入代工制造，面临困境后战略收缩，聚焦优质制造，进而实施精益制造、工业4.0项目，初步实现了从传统制造到智能制造的转型升级，从低端制造迈向智能制造之路。千誉智能从低端制造迈向智能制造之路，大致可分为五个发展阶段。

第一阶段：传统的"低端制造＋品牌营销"。千誉智能前身创立之初，从事劳动密集型的低端制造，其采用"低端制造＋品牌营销"的模式进军产业高端价值环节的努力以失败而告终。

第二阶段：聚焦于高品质的制造。2012年底，公司收缩战线抛弃一些低端产品的制造，抓住机遇，聚焦于专业线产品制造，开始进入量身定制制造，并采取跨界整合的战略。

第三阶段：对标优秀行业，跨界整合，全面实施精益制造。公司在2016年整体引进手机行业的优秀团队，导入精益制造，使公司的制造水平远超行业竞争对手。

第四阶段：工业4.0＋品牌。公司迅速启动了工业4.0项目，通过"自建＋外部合作（红领）"，率先在美体内衣行业建立了工业 4.0 体系，彻底改造了公司的制造方式，使大规模量身定制成为可能，2016 年底，正式推出"欲望定制"量身定制美体内衣品牌，并推出欲望定制 App。

第五阶段：以客户为中心的平台化。千誉智能利用美体内衣的平台属性，在工业 4.0 的推动下，从产品制造逐步转向个性化定制服务、全生产周期管理、网络精准营销和在线服务，不仅可以获取更多的利润，还可以与用户建立长期稳定关系。

中国正处在一个新一代科技革命和产业变革兴起的新时代，以新一代互联网为基础的智能生产与服务体系快速发展，其核心是通过智能制造，推进个性化定制生产与服务大规模发展，满足个性化需求。在此形势下，广州千誉智能科技在业内先行一步，实施智能制造初见成效，开启广州服装产业转型升级和高质量发展之路。

二是千誉智能转型成功的深层次原因。千誉智能从一家传统的低端服装制造类企业，通过实施工业 4.0，成功转型升级为大规模定制平台企业，成为传统行业企业实现高质量发展的样板，其成功因素可以归结为踩到了市场需求与技术供给共振的风口。美体内衣本质上是满足人们对美的追求，美体内衣市场规模在千亿元以上，且增长潜力巨大。美体内衣市场面临结构性的问题及机遇，智能制造技术使大规模个性化定制成为可能，智能制造的整个过程实现自动化，生产方案全智能化。智能制造的目的就是要打通研发设计端、生产设备端、供应链端、业务端、物流端和用户端，真正做到"零"库存生产、100% 物流追踪管理和"单"个起订的 C2M 定制。引入外来领军人才，将工业 4.0 植入内衣制造。千誉智能从手机制造行业引入智能制造领军人才，组建了一支工业 4.0 项目团队，通过聘请"红领"当顾问及自我探索，从无到有，迅速建立了工业 4.0 体系，并拥有了对外输出的能力。美体内衣的连接、服务属性与 App 的用户黏性，催生了平台之路。千誉智能现有的工业 4.0 体系及其团队，可将体系迅速导入相关公司和相关行业（美体内衣、内衣、服装、服饰、包包、化妆品等），引导产业链上下游企业、横向相关企业形成智能制造生态圈。

三是启示与建议。千誉智能科技是服装行业实施智能制造的先行者，通过对它的成功实践的研究，我们对传统产业升级智能制造有了一些更加深入的认识与启示。

第一，智能制造正在颠覆传统模式，彻底重塑整个生产制造体系。人工智能和工业互联网带来的智能制造把工业发展推进到了一个新时代，对传统制造模式将带来颠覆性影响，形成新的制造体系，大幅度提升工业生产力，为工业转型升级、数字经济发展、现代化经济体系构建提供强大动力。

第二，传统低端制造业转型升级之路是要先精益制造，再智能制造。走智能制造之路是传统制造企业面对新技术革命和产业变革挑战能做的唯一选择。千誉智能的经验告诉我们，首先将低端制造升级到精益制造，构建"工业 4.0"，最终实现大规模的个性化定制生产。广州对于类似于服装业的这类传统低端制造业，可通过行业协会等机构进行公益普惠性的教育辅导，沟通对接精益制造、智能制造的相关生产性服务资源。

第三，企业始终是推动产业向智能制造转型的主体。制造业向智能制造发展，其根源在于企业对竞争力提升的追求。企业智能制造的发展一方面在于企业家对智能制造的认知和决心，另一方面在于企业对相关领域高端人才资源的获得。企业向智能化转型，需要探索适合自己的技术路径，积极引进人才，特别是顶尖人才。

第四，打造一批细分行业标杆企业，为行业智能制造提供样板。智能制造是改造和提升实体经济的"倍增器"，是中国制造业转型升级的主攻方向。建议细分行业，有步骤、有重点地打造一批智能工厂标杆企业，开展智能化改造试点工作，推广业内智能化改造的优秀解决方案，为全行业的智能化改造提供示范样板和技术支撑。

第五，以平台型企业为抓手，带动全产业的智能升级。由平台型大企业主导，利用"互联网＋"构建高度开放的产业链、供应链、价值链、创新链网络体系，建立大中小企业携手发展的行业合作平台，激活大中小企业共存共荣的产业生态，完善优势资源整合机制，以平台企业为核心带动和倒逼中小企业智能化转型升级，带动全行业的智能制造升级。

四 广州优化制造业结构的对策建议

在当前背景下，广州制造业发展面临良好的发展机遇，加快制造业产业结构调整升级，实现高质量发展，需要政府加以引导和支持。

（一）大力发展先进制造业和战略性新兴产业

未来广州实现结构调整升级，走高质量发展的道路，唯一的办法就是通过大力发展先进制造业和战略性新兴产业，加快发展推进新一代信息技术、人工智能、生物医药、数字经济等战略性新兴产业。积极推进"制造业＋"新模式的发展，推进制造业与其他产业或技术的融合，大力发展"制造＋服务""制造＋互联网""制造业＋大数据""制造业＋人工智能""制造＋总部"等模式，促进制造业向高质量发展。

通过完善产业园、工业园区的功能，扎实推进制造业产业集群建设。加大力度推进增城超视界第10.5代显示器全生态产业园区建设，加强工业大数据应用、超高清8K电视、面板自动

化（工业机械人）研发，完善上下游产业链，吸引关联方企业
在园区集聚发展。做强做大生物医药产业集群，灵活运用科研
项目配套资助、研发投入后补助、组建产学研创新联盟等措施，
鼓励和扶持生物医药企业研发；积极引入各类资本参与建设生
物医药专业孵化器，凝聚生物医药上下游企业聚集发展；着力
引进培育创新创业领军人才、紧缺人才和专业技术人才，为生
物医药产业提供人才保障。

（二）加大科技创新力度，促进制造业高端化发展

科技是第一生产力，制造业结构优化，推进制造业高质量
发展，首要任务是推进制造业科技水平提升，用科技武装制
造业。

第一，通过科技创新实现制造业高质量发展。高端制造业
结构优化升级的动力与源泉来自技术创新，加大科技创新力度，
是实现高端制造业优化升级的有效途径。增加对基础研究与应
用研究的投入，以设立科技创新基金为动力，激发企业科技创
新能动作用，提升企业和资金等科技创新要素效率。大力推进
科技创新孵化基地等创新载体建设，促进新技术与成果快速转
化与落地，积极培育新兴产业。积极利用科技创新成果，加快
对传统制造业的技术改造和转型升级。出台鼓励政策，促进制
造业供需结构向高层次升级。

第二，用智能化武装制造业。通过实现智能化，提升制造
业技术创新能力，推动新产品的生产，促进制造业结构高端化。
利用智能化逐步推进机器换人，促进生产流程和生产工艺优化，
降低生产成本，实现高技术、高生产率部门的加快发展，低技
术、低生产率部门的逐步减退，高端技术企业在经济结构中的
比重不断提高，制造业结构不断优化，制造业高质量发展不断
深化。促进数字技术与制造技术的结合，将数字化技术转化为

生产要素，促进传统行业数字化转型，营造开放、包容、协同的制造业数字化生态体系。

第三，重视企业在技术创新中的主体作用。进一步实施科技创新"小巨人"企业计划和高新技术企业培育计划，提升企业创新能力。

（三）　加快制造业技术产业化，促进制造业技术创新平台建设

制造业高质量发展需要引进和消化更多的高技术，需要不断完善技术产业化体系，包括技术产业化组织体系、产业化渠道体系、技术产权交易体系、国际合作新型研发体系和投资新体系。

同时，还要加大制造业科技创新平台建设力度。广州推进经济高质量发展，加强制造业科技创新平台建设，重点打造沿中新广州知识城、科学城、琶洲互联网创新集聚区、广州国际生物岛、广州国际创新城、南沙明珠科技城为核心的广州科技创新走廊。依托科技创新走廊，推进众创空间打造，加快建设广州科学城国家级区域双创示范基地，加快创业孵化、知识产权、企业融资等技术创新公共服务平台建设。

（四）　优化资源配置，提高要素效益

1. 优化土地资源，提高制造业用地效率

根据广州市制造业发展目标和发展定位，从优化土地供给入手，科学制定 M1、M2 和 M3 供地，对制造业重点地区、重点项目优先满足用地需求，提升制造业用地利用效率，形成集约高效的用地空间格局。推进城市更新改造的长效机制建设，加快老旧"城中村"、村镇工业园的升级改造，促进土地集约利用。

2. 搭建多元化融资渠道，提高制造业资金利用效率

提高政府资金利用效率。创新财政投入方式，不断充实先进制造业发展资金和市战略性新兴产业发展资金，继续发挥市产业转型升级引导基金、市科技成果转化引导基金等各类财政扶持资金的政策引导作用。全面落实企业研发费用税前加计扣除、高新技术企业所得税、进口设备减免税等国家税收优惠政策。鼓励银行适度加大对新兴产业的信贷支持力度，大力发展风险投资，充分发挥资本市场的融资功能，发展战略性新兴产业债券市场，建立战略性新兴产业的保险机制。

3. 完善各种人才政策，提升制造业人力资本效率

优先保证制造业重点行业、重点项目的人才供给。建立供给侧结构性改革的人才支撑体系，制定人才创新创业、创新人才培养引进、人才公共服务等政策。大力培养先进制造业、战略性新兴产业等重点领域的人才。积极发展现代职业教育，推进高技能人才培养基地和工作室建设。

（五）加大商事制度改革力度，优化制造业发展环境

建立新型的制造业准入机制，推进所有制差别准入向公平准入转型，在负面清单之外对各种所有制企业规定同等的市场准入条件。营造公平公正公开的竞争环境，进一步加大营商环境改革的力度，保证各种所有制经济在法律上平等，政策上一致，实行国民待遇。积极开展降低制造业实体经济企业成本行动，降低制度性交易成本、降低生产要素成本、降低人工成本、降低物流成本、降低融资成本、降低税负成本。建立有效可行的社会信用制度，完善公平有利的环境。完善各类信用体系，建设信用体系数据库。

第七章　广州制造业技术创新
评估及建议

　　作为国民经济的基础，制造业是促进中国经济实现高质量发展的根本支撑。为了完成产业转型升级，中国制造业应以创新作为驱动力量，通过技术创新和产业创新，不断从中低端向中高端迈进。2018 年中央经济工作会议指出，要提升产业链水平，注重利用技术创新和规模效应形成竞争优势，培育和发展新的产业集群。近年来，广州市牢牢把握"技术进步是促进经济增长方式转变的重要手段和有效途径"，坚持使用高新科技和先进技术来改造传统产业，以信息化带动工业化，积极实施重大项目、建设价值创新园区、发展集成电路产业、推进"互联网＋先进制造"、发展超高清视频产业、促进健康大数据应用，研发投入水平大幅提高，专利申请数量激增，技术创新平台不断壮大，工业产品迭代升级，推动制造业发展质量稳步提高。广州市要做的是进一步完善科技支撑体系、积极承接重大科技项目、精准配置技术创新要素资源、增加创新主体投资、搭建开放创新平台、加强跨界合作、推动制造业与服务业深度融合、引进与培养创新人才，这些措施有助于解决目前关键技术研发领域缺乏有效对接、企业研发投入不足、专利申请质量较低、创新政策环境有待改善、产学研合作水平有待提高以及国际经济环境不确定性增强等问题，加快推进广州市产业第一、制造业立市。

一　有关理论研究

（一）制造业技术创新竞争背景

一是技术变革背景。随着科技的飞速发展，当今全球产业正在经历前所未有的变革。2013 年，习近平总书记指出世界科技发展有四大趋势：一是以移动互联网、智能终端、大数据、云计算、高端芯片为代表的新一代信息技术将加速推动众多产业的变革和创新；二是新能源、空间、海洋开发等前沿技术创新更加密集；三是绿色经济、低碳技术等新兴产业蓬勃兴起；四是生命科学和生物技术将带动一大批健康、现代农业、环保等产业发展。

二是国际战略背景。改革开放以来，中国制造业实现了跨越式发展，成就了世界第一制造业大国的地位。2015 年，国务院发布了《中国制造 2025》，从国家战略层面描绘了建设制造强国战略的宏伟蓝图，制定了实现从制造业大国向制造业强国迈进的战略目标。2017 年 4 月，习近平总书记在广西考察时指出，要进一步发展中国实体经济，不能只谈梦想而不务实，应该把握机遇，积极推进工业现代化发展。党的十九大报告提到，要建设现代化经济体系，必须把发展经济的着力点放在实体经济上，把提高供给体系质量作为主攻方向，加快发展先进制造业，最终实现制造强国的目标。中国制造业的规模在 2010 年首次超过美国，之后一直保持世界第一。2018 年，中国制造业增加值达到了 4 万亿美元，几乎占全球制造业增加值的 30%，是美国制造业增加值的 1.7 倍。在全球制造业中，中国制造业有着举足轻重的影响力。2008 年国际金融危机爆发后，美国首先提出要重振制造业，德国紧随其后提出"工业 4.0 计划"，英国提出"工业2050"计划，日本则在2014年发布的《制造业白皮书》中提出日本制造业应转型建设利用大数据的"下一代"制造业。世界主要发达国家纷纷开始反思之前脱实向虚的发展问题，重新关注实体经济领域，瞄准高端制造来巩固自身竞争优势。中国制造业在国际市场上面临的挑战也越来越大，除了面临欧美国家重振制造业的压力和贸易战的风险，还受到发展中国家更低劳动力成本的市场竞争。在这种"双重压迫"的全球产业形势中，中国制造业必须转型升级，改变现有产业价值链中的价值分配机制，提高中国在国际分工中的地位。

三是区域竞争背景。制造业是实体经济的主体，是衡量区域综合经济实力和竞争优势的重要标志。当前，东部发达地区的广州、深圳、上海、天津、南京、苏州，中部的武汉、郑州，西部的成都、贵阳等城市都从区域资源禀赋和自身发展基础出发，积极搭建平台，汇聚多方资源，着力推动先进制造业发展。同时，新一代信息技术、新能源技术、新材料技术等先进科技也蓬勃发展，并逐步向传统产业渗透，技术成果产业化形成新动能的趋势明显。国家知识产权局《中国专利密集型产业主要统计数据报告（2015）》提到，2010—2014年，信息基础产业、智能制造装备业、生物医药产业、新型功能材料产业等专利密集型产业增加值合计26.7万亿元，占国内生产总值（GDP）的比重达11.0%，年均实际增速高达16.6%，是同期GDP年均实际增速（8%）的两倍有余，为经济社会发展提供了强有力的支撑。

（二）技术创新的概念及内涵

熊彼特最早提出了创新的概念理论和创新的几种实践形式，但并没有对技术创新进行严格定义。[①] 原因在于他只致力于探究

---

① 约瑟夫·熊彼特：《经济发展理论》，贾拥民译，中国人民大学出版社2019年版。

技术创新对经济增长和社会变迁的影响，而不是把握其本体特性。索罗在《在资本化过程中的创新：对熊彼特理论的评论》中提出，新思想来源和以后阶段的实现发展是技术创新成立的两个条件。而曼斯费尔德的技术创新研究则以产品创新应用为主。[①]

弗里曼在《工业创新经济学》中指出，革新不单纯是技术、工艺环节和商业化环节，而是一种将新产品、过程、系统及服务运用商品化手段实现实质转变的过程，这种转变可以通过将新技术工艺和装备商业化来实现。[②] 美国国家科学基金会发布了《科学指示器》，将技术变革和技术创新做出了更加明确的定义，分为特定的重大技术革新和具有代表性的普遍意义上的技术变革，仿造和改良则不在此范围。

综合国内外学者的研究观点和我国经济发展的内在特征，汪应洛认为技术创新就是重新组合生产要素和条件，为求得潜在效益而建构一个新体系，从构建新观念到形成实质生产力，最终批量进入市场获取回报。[③] 傅家骥则把技术创新定义为：为获取商业效益，企业家利用市场机会，重新构筑生产要素和条件，建立一个运转效能强、成本低的生产经营模式，从而推出新产品、新生产方式，开发新市场、获得新原料和半成品，或建立企业的新机构，是由技术、组织、商业、融资等一系列活动组合而成的过程。[④]

中共中央、国务院《关于加强技术创新发展高科技实现产业化的决定》明确提出，技术创新是指"企业应用创新的知识和新技术、新工艺，采用新的生产方式和经营管理模式，提高产品质量，开发生产新的产品，提供新的服务，占据市场并实

---

① 侯慎萍：《技术创新能力及其评价方法的发展变化》，《企业导报》2012 年第 19 期。
② 克利斯·弗里曼等著：《工业创新经济学》，华宏勋译，北京大学出版社 2004 年版。
③ 汪应洛主编：《系统工程》，机械工业出版社 2008 年版。
④ 傅家骥主编：《技术创新学》，清华大学出版社 1998 年版。

现市场价值",强调企业作为创新的主体,是推进高科技发展和促进工业化产业化的关键因素。

从微观经济的角度强调创新的首创性和突破性,即该产品或工艺是否为第一次开发出来;而站在宏观经济的角度,则更强调创新的扩散和溢出。特别是衡量一个国家的技术创新绩效,首次技术创新和技术推广应用对提高全球市场竞争力具有同等重要的作用。因此,可认为创新既包括首次开发新产品或新工艺的原始创新,也包括借鉴仿造已有产品或工艺的模仿创新。

(三) 技术创新动力系统

技术创新行为的发生需要以充足的创新动力以及完善的创新行为保障为基础。创新驱动作为发展战略本身也需要从外生向内生转换,不是单纯依靠外部投资增加来保障创新的产生,而是由创新动力的内在拉动及创新行为的外生推动来发生,进而提高创新绩效。技术创新绩效的影响因素主要包括创新主体的市场运作能力、产业化水平和要素资源,对创新成本和创新风险的控制也有显著效果。

首先,创新行为的发生需要根本的创新动力。一切生产行为都是以市场需求为导向的,消费者需求往往意味着较大的市场利益,能激发企业技术创新意愿。技术的附加值体现在技术突破,同时也会伴随着生产力的指数级增长效应,比普通生产要素投入产生的效益更为突出。企业是否应该进行技术创新活动最终由决策层决定,只有在市场需求拉动和技术附加值推动下,基于企业发展过程中的迫切战略需要,领导者才会决定进行技术创新活动。

其次,技术创新持续进行需要一定的保障条件。企业自身的技术基础条件决定着企业选择何种形式的技术创新路径。部分企业通过自主创新持续获得高额收益,且高市场占有率的企业在地区内起到示范带动效应，激发其他企业产生跟随创新的行为；部分企业通过引进创新来维持自身发展需要，进而借助不断增长的经济效益达到可以自主创新的条件。另外，是否有充足的资金与技术人才来支撑创新活动，是企业自主创新或模仿创新能否可持续发展的关键要素。

再次，企业技术创新的动力与保障条件是在一定的经济发展环境中运行的，特别是需要创新政策的支持。技术创新活动的开展离不开政策推动，政府通过制定一系列资金、税收、金融、采购、人才等方面的政策引导和扶持企业开展创新活动，为企业营造有利于创新的良好氛围。同时，通过外部与企业内部的信息流交汇融合产生新的技术创新需求，新的创新需求会推动企业继续在更高技术水平上突破，进一步助推企业技术创新呈螺旋上升状不断进行，形成良性循环。

最后，技术创新路径的选择还受到技术创新市场环境的影响，市场环境的技术创新动力与保障条件起到直接作用。一个国家或者地区所选择的技术创新路径应该与该国家或地区的技术创新市场环境相匹配，具体包括研发资源集聚情况、技术成果转化环境、市场开放度等。如不考虑国家或地区自身情况，一味追求高风险、高收益的自主创新或为规避风险仅选择引进创新，最终只会导致技术创新的不可持续或停滞不前。

（四）技术创新与制造业高质量发展

制造业转型升级的现有文献多是由产业转型升级研究基础上延展而来。Gereffi 针对全球制造业价值链升级提出了自己的观点，认为制造业转型升级就是全球商品生产链的转型升级，从以出口为导向的劳动密集型制造向 OEM 和 OBM 生产等更为一体化的技能密集型制造形式转化，是未来制造业发展最有利的方向。① 陈艺毛等则针对中国制造业转型升级，提出以劳动力众多为优势的中国参与的制造业组装与加工已完成了对全球价值链的嵌入，但由于中国在制造过程中的控制能力耗散以及增值能力不足，仍整体处于被动地位，中国必须加快进行产业升级改造，调整在全球价值链中的价值配置机制，提高在国际分工中的地位。② 在产业结构升级方面，学者吴崇伯首先对相关主体进行研究阐述，发现东盟国家大多呈现制造业升级转换趋势。③ 随着改革开放进入新阶段，中国的经济发展获得了史无前例的成就，很大程度上要归功于成功的产业结构调整和制造业改良优化，抛弃以橡胶制品、木材加工、纺织为主的劳动密集型的轻工业，把重点放在技术与资本密集型的重工业。何冬梅和刘鹏的研究表明，随着制造业生产向科技含量更高、合理性更强的形态转变，产业的转型升级将会得到进一步推动，泰尔指数可以用来评价合理化水平，而高技术制造业的占比则可以用来评价高级化水平。④

二　广州制造业技术创新发展现状

（一）广州提升制造业技术创新的举措

近年来，广州市牢固树立"技术进步是促进经济增长方式转变的重要手段和有效途径"的观念，稳步提高对技术进步重要性的认识，推动制造业经济向质量效益型转变。同时把改革

① Gereffi, G., "International Trade and Industrial Upgrading in Apparel Commodity", *Journal of International Economics*, No. 48, 1999, pp. 187 – 215.
② 陈艺毛、李春艳、杨文爽：《我国制造业国际分工地位与产业升级分析——基于增加值贸易视角》，《经济问题》2019 年第 5 期。
③ 吴崇伯：《论东盟国家的产业升级》，《亚太经济》1988 年第 1 期。
④ 何冬梅、刘鹏：《人口老龄化、制造业转型升级与经济高质量发展——基于中介效应模型》，《经济与管理研究》2020 年第 1 期。

重点放在调整结构、提高经济运行的质量与效益上，通过技术进步发掘和打造新的经济增长点，通过技术改造全面提高制造业产品质量，实现全产业链规模与结构适应、数量和质量并重、速度和效益统一的可持续发展。

一是开展工业互联网融合创新行动，加强以高新技术和先进适用技术改造传统产业，以信息化带动工业化。鼓励企业开展内外网改造，推动企业加快"上云上平台"，树立工业互联网标杆示范，开展大数据智能管理，强化工业互联网安全。到2023年，推动标识解析国家顶级节点（广州）建成国家级网络空间核心基础设施，建成工业互联网标识解析二级节点20个以上，培育1—2家达到国际水准的跨行业跨领域工业互联网平台，引进培育2300家左右的制造业数字化转型服务商，打造10家以上特色专业型工业互联网平台和一批面向特定行业、特定场景的工业App和智能软件。

二是积极实施IAB、NEM产业行动计划、建设十大价值创新园区、发展集成电路产业、深化"互联网+先进制造业"、发展超高清视频产业、推进健康大数据应用等，每年整合20亿元财政资金支持重点产业、重点平台、重点企业。仅2021年，广州全市便制定实施工业和信息化产业扶持意见、新一轮技术改造、降低制造业企业成本等10多份政策文件，聚焦工业智能转型升级，推动优势产业高质量发展。其中，对开展工业互联网技术研发、产业发展和应用创新的企业与服务平台，最高给予500万元补助。

三是加快继续推进新基建重大项目投资落地。从2021年开始，新基建项目成为广州市基础设施投资的生力军。2020年5月，广州市首批73个数字新基建重大项目正式揭牌，其中包括以5G、阿里云、工业互联网等为代表的信息类项目，以5G智慧港口、BIM技术+智慧城市等为代表的融合类项目，以及以华为"鲲鹏＋昇腾"生态创新中心、百度阿波罗智能汽车生态基地等为代表的创新类项目，此外还有大湾区综合性国家科学中心、国家技术创新中心建设等，所有项目总投资高达1800亿元。

通过实施重大项目"攻城拔寨、落地生根、开花结果"专项行动，广州先后成功获批智能网联汽车与智慧交通应用示范区、综合类北斗产业示范园区、人工智能与数字经济试验区，相继建设了GE生物科技园、百济神州生物产业园、国内首条大尺寸OLED面板生产线——LGDisplay、西门子集团全球首家变压器数字工厂等一批高质量产业项目。乐金OLED、超视界等百亿级超高清视频产业项目建成投产，面板产能进入全国前三，是广东省唯一省市共建超高清视频（4K）产业基地。粤芯12英寸晶圆制造项目、南沙第三代半导体项目、中车时代半导体IG-BT项目更是填补了广东省芯片制造的空白。

2020年，广州在全国率先发布"数字新基建"政策——《广州市加快推进数字新基建发展三年行动计划（2020—2022年）》，推出数字新基建40条，聚焦5G、人工智能、工业互联网、智慧充电基础设施等四大领域开展23项重点任务和17条政策措施，兼顾了广州现有基础和长远战略，发力产业科技赋能和数字化转型，加快推动数字新基建引领产业新动能，加快形成激发地域经济活力的新引擎。

四是大力发展工业设计。工业设计是广州文化产业的亮点，工业设计是文化创意产业与制造业结合度最高和提升附加值能力最强部分。截至2021年底，广州拥有近2000家完整的工业设计研发企业、6家国家级工业设计中心、21家省级工业设计中心（这一数量位居全国前三），以及53家市级工业设计中心企业；工业设计从业员工超过44万人，11所高等院校开设了工业设计专业。从截至2021年底的数据看，广州市文化及相关产业营收同比增加 19.4%，两年平均增加 8.2%；广州文化创意产业实现 3200 亿元增值，其中工业设计产业贡献约为 300 亿元。

五是打造广州中国软件名城品牌。2022 年 7 月 8 日，广州市工业和信息化局发布《广州市推进软件园高质量发展五年行动计划（2022—2026 年）》，提出到 2026 年，培育建设 3 家以上广州软件名园、10 家以上广州软件特色园，争取创建 1—2 家中国软件名园、3—5 家省级特色园，"广州软件"服务辐射国内国际、"广州软件园"品牌美誉全球。到 2021 年，广州软件产业规模达到近 6000 亿元，比 20 多年前增长了将近 200 倍；增加值达 1980 亿元，占全市 GDP 比重高达 7%，已成为广州名副其实的支柱产业之一，产业整体实力位居全国前列。

六是建设"定制之都"。广州市贯彻落实习近平总书记重要指示精神，大力发展规模化个性定制产业，推动工业企业由"以企业为中心的大规模制造"向"以用户为中心的规模化个性化定制"转型，为客户提供按需定制、量身打造的系列定制产品和相应服务。广州家具行业以数据为驱动，通过工业互联网打通顾客需求、销售订单、个性设计、智能排产、柔性制造、仓储物流等各个环节，成为高效率、低成本 C2M（客户对工厂）定制生产模式的标杆，初步建成全球领先的定制家居产业集群。在 2021 年全球定制家居企业营收规模排名前五的企业中，广州的欧派、索菲亚、尚品宅配占了三席，欧派家居成为世界最大的定制家居企业。同时，在生产设备制造、定制软件研发、物流与供应链服务等领域，也集聚了弘亚数控、三维家、一智通等一大批知名的定制家居行业。

（二）制造业技术创新能力评估

近年来，广州高技术制造业发展迅猛，在推动全市制造业高质量发展中发挥了重要作用，规模以上工业企业研发力度不断加大，研究与试验发展（下称"R&D"）经费总量和投入强度（R&D与营业收入之比）均创新高，为广州经济发展注入了新的活力。2020年，广州先进制造业增加值为2734亿元，占规模以上工业增加值比重为59.7%；规模以上高技术制造业增加值占规模以上工业增加值的比重亦大幅提升，广州的高技术制造业投资占制造业投资比重超过50%。

1. 研发投入力度不断加大

企业R&D经费投入稳步增长。2021年，广州市规模以上工业企业R&D经费投入881.72亿元，比上年增加106.87亿元，增长13.8%，创历史新高。

从企业规模来看，大型、中型和小微型企业R&D经费分别为147.7亿元、65.28亿元和54.28亿元，分别比2013年增长51.6%、74.7%和75.6%。其中，规模以上工业企业R&D经费投入主要集中在"汽车制造业""计算机、通信和其他电子设备制造业"和"化学原料和化学制品制造业"，R&D经费支出分别为69.63亿元、40.28亿元和23.06亿元，合计占全部规模以上工业R&D经费支出的49.8%。

从支出类型来看，广州市R&D经费由基础研究经费、应用研究经费和试验发展经费三部分构成。其中，基础研究经费支出119.74亿元，应用研究经费支出151.03亿元，试验发展经费支出610.95亿元，同比分别增长8.9%、35.0%和10.5%，三者占全市R&D经费的比重分别为13.6%、17.1%和69.3%。

从经费来源来看，广州市R&D经费由企业、政府属研究机构、高等学校及其附属医院（以下简称"高校"）和其他四个部分构成。其中，企业共投入R&D经费552.26亿元，比上年增加76.22亿元，增长16.0%；政府属研究机构共投入R&D经费159.61亿元，比上年增加20.68亿元，增长14.9%；高校共投入 R&D 经费 151.66 亿元，比上年增加 12.11 亿元，增长 8.7%；其他 R&D 经费 18.19 亿元，比上年减少 2.14 亿元，降低 10.5%。四者占全市 R&D 经费的比重分别为 62.6%、18.1%、17.2% 和 2.1%。

从投入强度来看，R&D 人员投入力度不断加大。2021 年，广州市规模以上工业企业 R&D 人员合计 9.90 万人，比 2013 年增长 5.00%。其中，技术研发人员 2.73 万人，占规模以上工业企业 R&D 人员的 28.6%。根据人员工作时间计算出的 R&D 人员折合全时当量为 6.88 万人/年，比 2013 年增长 3.63%。其中，研究人员折合全时当量为 1.94 万人/年，占总量的 28%。分 R&D 活动类型看，从事试验发展的人员折合全时当量为 6.85 万人/年，占规模以上工业企业 R&D 人员折合全时当量的 98.7%。在行业的投入强度上，广州市 R&D 经费投入强度超过 2.5% 的行业大类有 3 个，分别为仪器仪表制造业（4.08%）、医药制造业（3.42%）和通用设备制造业（2.8%）。

2. 专利申请增长迅速

2021 年，广州全市共获批国家专利 24126 项，同比增长 60%。2015—2021 年的年均增长率达到 26%，一直维持着较好的增长态势。同时，广州 2021 年的每万人专利产出数量达到了 12.92 项，每亿元 GDP 中伴随的专利产出数量达到 0.85 项，表明广州已逐步走上技术创新驱动经济发展的科学道路。

3. 技术创新平台建设加快

一是开展企业技术中心全覆盖行动。广州鼓励企业自主设立研发机构，创建国家、省、市级企业技术中心。目前，全市 65% 以上的大中型企业建有技术研发机构，共有企业技术中心 495 家，其中省级企业技术中心 326 家。

二是重点推进制造业创新中心建设。广州市共建有 1 家国家级和 7 家省级制造业创新中心，其中广州聚华印刷及柔性显示创新中心是全省唯一一家国家制造业创新中心，已建成印刷显示平台，研发出全球首个 31 英寸 UHD 顶发射印刷 H – QLED 样机。高分子材料、机器人等多家省级制造业创新中心也陆续挂牌。此外，全市还拥有 21 家国家重点实验室、266 家省重点实验室。

三是重点技术创新平台纷纷在广州落地。目前，广州国际人工智能产业研究院、广州再生医学与健康实验室、亚信数据全球总部等相继落地，与工信部 7 所院校合作建设技术创新成果产业化中心，全市现有国家重点实验室和省重点实验室分别占全省的 70% 和 60%。

四是部署推进制造业高质量发展"八大工程"。推进建设国家和省级智能制造、绿色制造示范项目，扶持发展高端生产性服务业，布局建设动态宽域飞行器试验装置、冷泉生态系统等大科学装置和创新平台，加快培育高新技术企业、科技型中小企业，着力提升产业基础能力和产业链现代化水平。

五是建设工业 4.0 创新技术中心。支持华工引进博世互联工业的先进工业智能制造生产技术，设立工业 4.0 创新技术中心，为广州智能制造转型升级"把脉开方"。围绕工业 4.0 展示中心、技术中心、培训中心、方案中心四方面的内容开展全方位紧密合作，充分发挥政府、企业、高校三方的资源优势，实现智能制造"政产学研用"一体化，为广州制造企业提供从单一到整体覆盖全产业链的产品及解决方案，助推广州市工业制造向"智能 +"转型升级，推动先进制造业加快发展。

4. 工业产品结构逐步升级

2021 年，广州市工业企业实现智能电视产量 612.96 万台，工业机器人 4343 套，新能源汽车 14.99 万辆，集成电路 3.84 亿块，光缆 9851 芯千米，工业自动调节仪表与控制系统 212.17 万台（套）。4K 超高清视频板卡出货量连续多年位居全球第一、新型显示模组市场占有率全球第一、4K电视销量全国第一；5G站点建成超万个，名列全省第一；新能源汽车产量增速高达87.9%。

广州市近年来高端智能产品增长迅猛，2021年规模以上工业企业实现高新技术产品产值占全市规模以上企业工业总产值的50.0%，同比提升1.0个百分点。新能源汽车继续保持高速产出，全年产量同比增长1.3倍。新一代信息技术产品产量增势良好，全市液晶显示屏产量同比增长12.5%；智能手机和智能手表手环等电子科技产品产量同比增长均超过2倍；新材料产品中锂离子电池产量增长32.1%；高性能装备类产品中的医疗仪器设备及器械增长26.5%。

2021年，广州市工业和信息化高质量发展稳中向好，全年规模以上工业总产值、增加值同比分别增长7.0%、7.8%，工业投资达1101亿元，同比增长6.9%。全年高技术制造业增加值增长23.7%，占规模以上工业比重（17.8%）提高2.1个百分点。高端装备产业保有的规上企业数量超过1200家，产值超过3000亿元，占规上企业工业总产值的13.4%。

5. 广州制造业技术创新综合评估

从广州的制造业技术创新驱动指标体系分类评估结果看，企业研发机构情况和研发产出情况得分较高，企业研发人员和技术改造情况得分较低，表明广州在研发机构数量和成果产出方面具有一定的优势，但在研发人员占比和技术改造投资方面不及其他地区。经过七年发展，广州的综合指数提高了22分，增幅低于深圳、东莞和珠海，其中增幅最大的指标是企业研发机构情况，增长了10.11分；增幅较小的分类指标是企业研发人员情况，仅提高0.49分。

三 广州制造业技术创新实践

广州视源电子科技股份有限公司成立于 2005 年 12 月，是一家以显控技术为核心的智能交互解决方案服务商，始终致力于通过电子产品提供更加丰富、高效的沟通及互动体验。视源股份于 2017 年 1 月在深交所中小板上市，总部设在广州市黄埔区，目前拥有境内外子公司 30 余家，旗下孕育了教育信息化应用工具提供商希沃（seewo）、智慧协同平台 MAXHUB，另孵化有希科（XICOO）、FreDream 等自有品牌；员工总人数超过 4800 人，约 60% 的为技术人员，平均年龄仅 29 岁。

视源股份专注于液晶显示主控板卡、交互智能平板等显控产品的研发设计，在显示驱动、信号处理、电源管理、人机交互、应用开发、系统集成等技术领域积累了丰富的产品开发经验，拥有面向多应用场景进行资源整合的能力，通过技术创新不断延伸和丰富产品结构，旗下产品已广泛应用于家电、教育、企业服务等多个领域。凭借多年的锐意进取和稳健经营，视源股份已成为全球领先的液晶显示主控板卡提供商和国内领先的交互智能平板提供商，连续多年被评为"电子信息百强企业""中国制造业企业 500 强"等。视源股份于 2019 年 7 月入选《财富》"中国 500 强"排行榜，于 2022 年 9 月入选"2022 中国制造业企业 500 强"排行榜。

（一）产品竞争力

（1）视源股份的液晶电视主控板卡位领先全球。视源股份在 2021 年的液晶电视主控板卡销量达 6772.31 万片，约占全球出货量的三分之一，稳居世界第一。

（2）希沃在国内交互智能平板市场排名第一。希沃已经持续十年蝉联国内互动智慧平台产品行业市占率的冠军，成为业内典范。2021 年，希沃的销售额市占率更是达到了 47.5%。

（3）MAXHUB 在国内会议市场交互智能平板排名第一。自 2017 年上市以来，MAXHUB 业务发展迅猛，2021 年市占率达到 27.5%，并与众多知名企业建立了全方位的战略合作关系，其中国内五百强公司中有一半之上都在使用 MAXHUB 产品，包括中国农业银行、腾讯、阿里巴巴、网易、华润集团、上汽集团、南方电网、南方航空等。

（二）技术创新思路

1. 持续增加研发投入，推进技术创新

视源股份自建立以来，就确立了"以科技为先导、以创新为动力"的发展方向，持续增加对科技创新的投入，借助公司中央研究院和中央工程院的创新能力，推动公司产品不断更新换代，积极开拓发展前沿技术。

截至目前，中央研究院和中央工程院取得的各项成果在国内外均处于领先地位，不仅广泛应用于教育、企业服务和孵化等现实场景，还为提高产品性能和品质提供了更多改进空间，极大地增强了企业综合竞争力。2021 年，公司投入研发的资金达到 116.3 亿元，占营业收入的 5.48%，相比上年增长了 31.98%。

2. 积极引进培育人才，注重人才队伍建设

随着中央研究院和中央工程院等企业研究所的发展，2021 年，这类研究机构的人数已经超过一百人，其中包括海内外资深教授和专家学者，他们致力于视觉运算、语音信号处理过程、数据挖掘、自然语言信息处理、信号分析、自动化机器人认知控制等领域研究，为企业发展提供全方位的技术支持。

同时，公司将员工视为其战略合作伙伴，并设立公平的考

核评价体系，为员工提供更多的发展和成长机会，还通过内部人才流向、项目孵化等平台，让员工充分展示个人潜能，提升自身能力。

3. 加快产品布局，培育孵化新业务

近年来，公司不断扩大资源渠道与培育方式来实施企业孵化，以内部孵化、并购、少数股权投资等多种模式，针对企业发展战略进行精心布局，为企业长远发展积累新的动能。

基于原有的技术储备，视源股份正在为医疗健康产品、创新型家电产品等新业务增加研发投资。2019 年上半年，公司通过股票转让和增资的方式获得了西安青松光电技术有限公司51% 的股份，这是一家专注于 LED 显示产品销售开发和销售的企业，此次收购将为公司在商业显示领域的发展提供更多可能。2019 年 9 月，公司与黄埔投资（控股）广州有限公司等五家单位共同发起了名为"广州黄埔视盈科创股权投资合伙企业（有限合伙）"的股权投资基金，积极利用政府资金支持，挖掘有潜力的项目资源作为投资标的。

4. 加强知识产权保护，推动创新发展

视源股份始终致力于技术创新研究，不断增加研发投入，并加大对创新研发成果的保护力度，建立了较佳的知识产权管理制度。2021 年，知识产权产业媒体 IPRdaily 与 incoPat 创新指数研究中心联合对外推出"2021 年中国企业'PCT 国际专利申请'排行榜（TOP100）"，该榜单以中国国家知识产权局公布的发明专利授权数量为排名依据，视源股份也位列其中。截至2021 年 12 月 31 日，视源股份已获得包括 1600 件发明专利在内的国家专利 6700 多件，以及 2400 多件软件著作权和作品著作权。2021 年，公司在世界知识产权组织（WIPO）共上报 PCT国际专利 1200 余件，全年实现专利申请量 2000 件以上，其中申请发明专利比例高达 43%。视源股份及其广州视睿分公司均被评选为"国家知识产权示范企业"，广州视臻及广州视琨则获评"广东省知识产权示范企业"。

四　技术创新的主要短板

（一）关键技术研发领域缺乏有效对接

虽然广州市目前已拥有一大批先进技术研发机构和强大智力资源，但还不能完全满足前沿科技产业的技术发展需求。根据广东省科技厅的数据，广州市生物医药领域的研发中心和重点实验室最多，约占国家级工程技术开发中心和国家级重点实验室总数的三分之一。这表明广州已经建立起一个较为完善的科技创新产业链，能够为未来发展提供强有力支撑，但在其他产业的关键核心技术领域仍存在研发基础薄弱，产业链协同不足等问题，特别是在大规模集成电路、芯片、汽车发动机、液晶装置等技术领域差距依然较大，大量关键零部件完全依赖国外商品供应。

（二）企业研发投入缺乏长远气魄

企业对产品创新和技术开发的重视程度可以从二者投入的研发经费反映出来。数据显示，从全球市场来看，发达国家企业在这两方面投入的资金更多。2021 年，英特尔公司投入的研发经费占销售额的比重为 20.3%，默克公司占比为 61.9%，微软公司则高达 72.3%；中国华为公司的研发强度为 22.4%，腾讯公司为 9.2%，百度公司为 20%，而来自广州的广汽集团占比只有 1.3%。广州全市进入欧盟《产业研发投入记分牌》前1000 名的企业，研发投入总额只有 9.8 亿欧元，而英特尔单家公司的研发投入额就高达 134.1 亿欧元，微软公司与英特尔相比，更是几乎再翻一倍，达到了 216.4 亿欧元。在这个资金、技术和人才激烈竞争的时代，摩尔定律推动着技术的更新迭代，只有持续不断地高投入才能给企业提供源源不断的发展动力和竞争优势。

（三）专利申请量和结构不太理想

广州 2019 年全市发明专利申请量前十的申请者中，有六家来自高等院校，还有四家是企业。当中，广东电网有限责任公司申报的专利数量最多，达到 1611 件，其次是广州汽车股份有限公司，申报的专利数量为 553 件，南方电网科学研究院有限责任公司和广州小鹏汽车科技有限公司各申报了 545 件和 497 件。与此相比，深圳地区的华为公司就拥有 5405 件专利。尽管广州企业受到多种因素的限制，无法产出更多的发明专利，但是企业 R&D 能力的不足以及产品质量不高仍是亟待解决的问题。

（四）创新政策环境需不断改善

近年来，石家庄、沈阳、杭州、合肥、武汉、长沙、深圳和昆明等市在发展国家战略性新产业、推进特色优势产业转型提升领域取得了明显成效，得到了国家的高度重视和大力支持，为推动当地经济社会可持续发展做出了积极贡献。广州在相关政策措施上还有很大提升空间。在当前环境下，如何推动研发机构创新成果产业化，如何争取国家重大项目和政策支持，如何消除投资者对新技术的担忧，如何突破孵化器中初创企业大规模采用新技术和工艺的障碍，都将成为广州市未来技术创新政策的着力点。

（五）产学研合作水平仍需提高

广州市仍有很多装备制造企业与研发机构没有建立有效的

合作关系，这使得科研、生产和市场活动之间的联系变得越来越疏远。此外，由于高校管理体制落后、创新平台建设不足，以及成果转换机制和激励机制不够完善，使得企业与高校之间产学研合作难以顺利实施。尽管近几年广州市装备制造领域的产学研合作已经取得了一定进步，但是与发达国家相比，尤其是在基础材料研究领域的产学研合作方面，仍存在较大差距。

（六）二次创新能力低下

为了实现技术的本土化，对外来科学技术进行消化吸收和模仿创新是后发国家二次创新的关键，而评价制造业领域第二次创新的指标就是技术引进在消化吸收投入的占比。根据2006年的统计数据，中国制造业29个行业的技术引进占消化吸收平均比重为14.9%，其中中低技术产业排名前二位，而信息技术和汽车的技术引进吸收占比则相对较低，比所有行业平均水平低了近5个百分点。由于有限的研发基金盲目投入于外国技术引进，后续却未能得到及时补充，相关企业在技术创新上蒙受损失，机会成本剧增，导致中国制造业从"引进—落后"陷入"再引进再落后"，二次创新能力低下，制造业整体技术水平缺乏根本性提升，加剧了产业"空心化"问题，逐步丧失了国际竞争力。

（七）体制机制创新有待加强

中国制造业体制机制的改革创新仍有较大的提升空间，许多制造业大型企业都由计划经济时期的国企改制而来，还遗留有改制不充分、运作不通畅等较多问题，部分企业在日常经营和创新活动中形式主义严重，对企业技术创新和研发管理重视不足，没有把技术创新上升到企业战略发展的高度，仅把创新作为独立的部门职责，而不重视科研成果的技术价值、商业价值和经济效益，既没有提供必要的支撑资源，也没有建立有效的激励机制，这种状况极大地减缓了制造业企业的创新步伐。

（八）国际经济环境的不确定性对技术创新的挑战

自 2018 年以来，全球经济的不稳定性加剧，世界银行和国际货币基金组织均降低了它们对全球经济增长的预期。粤港澳大湾区作为工业企业生产和出口的重要区域，国际市场的低迷让企业无法预期未来收益，难以保持在研发创新、研究人员和机构等方面的投入。相比 2017 年，2018 年珠三角创新驱动发展综合指数增长了 9.6%，但增速比上一年降低了 21 个百分点。

五　国内外技术创新经验借鉴

（一）发达国家的经验

1. 高度重视科技创新对产业升级的支撑作用

在历史上各次产业技术革命和经济衰退到复苏的周期中，科学技术创新一直是推动发达国家经济稳步回升和长足发展的关键因素。从第一次工业革命到第二次工业革命，从电气工业到信息化时代，进而到现在的智能时代，科技创新都是划分全球产业竞争格局的核心所在，每次世界经济失衡、周期再调整以后，新的科技突破也成为发达国家重返繁荣的重要引擎。

美国、欧盟、日本以及韩国都是全球研发大国与发达国家，2013 年的研发投入力度都巨大。当年美国企业投入的研发费用高达 1937 亿欧元，占全球研发费用总额的 36%；其次是欧盟企业，其研发投入规模也达到 1624 亿欧元，占比 30.1%；日本研发投入为 856 亿欧元，占全球比重为 15.9%；而中国当年的研发投入仅有 203 亿欧元，仅占全球的 3.8%。过去的历史时期中，发达国家一直坚持对 R&D 的高强度投入，美国、德国、日本和韩国在 1996 年的科研投入占国民生产总值的比重均已达到 2.2%—2.7%，这一比例在全球范围内都处于领先地位。而日本和韩国 2011 年的研发投入在 GDP 占比已经分别快速增长到 3.4% 和 4.0%。随着尖端科技的不断发展，发达国家已经不断取得惊人的技术突破，并且大力推动了产业的升级和经济的持续增长。目前，发达国家的科技成果转化率已经超过 80%，而中国仅有 25% 左右。

通过尖端技术创新能力和成果转化能力的提升，发达国家牢牢占领了科技高地，从而实现了对技术规范的管控和知识产权的保护，稳步提高了企业的社会影响和品牌价值。以美国高通公司的三千多项 CDMA 和相关技术的发明专利为例，这些国际标准已被普遍采纳或建议采纳，它们向全球 125 家电信设备制造商，其中也包括中国公司，发放 CDMA 专利许可，以此来推动全球电信行业技术创新的发展，进而实现公司盈利。美国微软公司和 IBM 公司也凭借其先进的信息技术产品专利，在市场上取得了巨大的成功，获得了可观的收益。此外，专利技术和品牌已成为发达国家保持产业竞争的有力抓手，是占据全球产业链、价值链中高端地位的关键所在。所以，尽管新兴经济国家的崛起使发达国家制造业在全球的整体占比下降，但发达国家仍凭借自主创新优势累积着高科技产业的核心竞争力，特别是在高端制造业等领域还是比后发制造业国家拥有更强的实力。

2. 构筑先进发达的人才培养体系

发达国家的科技创新能力之所以卓越，一方面，是因其良好的人才培育体系及全社会对创新教育的重视；另一方面，也要归功于其为工业技术改善和社会经济发展源源不断地提供了高素质技术人才，帮助发达国家永葆创新活力。1996—2011 年，美国每百万人中的研发人员从 3100 人增至 4000 人；德国每百万人中的研发人员从 2700 人升至 4100 人；韩国的发展势头最为迅猛，每百万人中研发人员从 2200 人直接跃升至 5500 人；而日本的研发人员数量则基本稳定，每百万人中研发人员一直为 5000 人。

基于美国发达的教育体系和高效的人才培养模式，斯坦福、哈佛等著名高校会聚了全球顶尖人才，他们大力支持自由创意，特别是从想象到实践的技术创新，并建立了一套完善的创新人才培养模式，如"创新梦工场""CEO 的摇篮""知识资本再造"。而在美国，政府、社会企业与大学相互间密切配合，建立了一大批生产中心分布全国的工业实验室，培养了满足美国产业发展需要的众多技术人才。数据显示，美国的工业实验室从 1913 年的 50 家逐渐发展到 1931 年的 1600 家、1940 年的 3450 家、1956 年的 4838 家，直至 20 世纪 70 年代末的 15500 家。在这些工业实验室中工作或从事研究的科技人员数量在全美总数中占比超过 70%。

德国则高度重视技术教育在产业发展中的价值，他们的《职业技术培训法》强制年轻人接受技术培训，同时还要求企业抽调一部分技术人员出来参加技术创新活动。校企紧密合作，有利于德国高层次技术人才的培养与锻炼，使其制造企业能长期在国际上保持较高竞争力。

3. 建立鼓励支持创新创业的投融资机制

为了提高技术创新的效率，发达国家构建了完善的投融资体系，以降低资金投入的风险和成本。以美国、日本、德国等国家为例，政府通过给予大量资金和政策支持，引导产业龙头企业集聚资源，形成组织化、系统性的创新模式，在提高产业集中度的同时，企业间的协作也达到了一定高度。

随着风险投资的普及，美国的工业创新实验室得到了企业的高度重视和大力支持，使得它们的研发经费能够维持良好的投入状态。20世纪八九十年代以来，美国建立了一整套完善的风险投资机制，特别是对初创企业的投资，帮助这些企业能够在新技术研发方面取得突破性进展。比如现在世界领先的苹果公司，当年正是依靠这一机制而发展壮大的。技术和资本的投入，给美国的产业模式和格局带来了深远的变化，美国的产业重心逐步从传统的工业制造转变为高新技术制造。

目前，美国成熟的金融市场为科技创新和产业发展提供了充足的资金，软件、半导体、计算机及外围设备和通信产业的资本占有率分别为93.6%、84.8%、84.5%和81%。微软、英特尔、雅虎、苹果和戴尔等科技公司在发展过程中，在纳斯达克证券交易所上市是这些企业发展的重要里程碑，这其实都得益于美国便捷的融资市场体系。

4. 政府产业政策的积极引导

美国制造业一直处于全球领先地位，这与其国家战略、产业政策和内外环境是密不可分的。二战后，特别是冷战结束后，美国采取了更加积极的措施以维护其历史优势，并保持其长期竞争力。在20世纪80年代，美国政府制定了"贸易政策行动规划""综合贸易与竞争性立法""国家贸易政策纲要"，为工业出口商品领域带来了新的发展机遇。此外，美国政府在20世纪90年代初期推出的"全民产业政策"也为美国国内的研究和开发工作提供了巨大支持。自21世纪初以来，美国一直在努力实施"保持优势战略"，并在科技、生产和商业领域保持着全球第一的地位，引领着世界经济社会的变革和发展。2008年国际金融危机开始后，美国联邦当局采取了大量举措来重振制造业，特别是实施《重振全美制造业政策框架》《美国先进制造业的领先规划》《先进制造业国家战略规划》，以确保全美制造业企业能在困境中保持竞争优势，实现可持续增长。美国经济政策的变革，为本国制造业领域生产、IT 和高科技服务业的蓬勃发展提供了强有力的支撑；同时也推动了风险投资市场的迅猛发展，探索了产学研的新型合作模式，形成了完备的人才培育体系，从而大幅度改善了美国的产业结构。

德国政府也积极地利用政策对相关产业进行引导，二战后，德国通过对市场垄断行为进行一定的限制、重新完善与维护当地市场机制，并加大对关键领域研究开发的扶持力度，从而促使其科技创新能力和工业竞争能力不断提升。此外，德国政府还推出了一系列计划以支持能源、航空、信息传输、材料、生物、电子等领域的研究和开发，同时也给予中小企业更多的扶持，特别是鼓励他们开展 R&D 活动，从而促进了中小企业技术的变革和创新。

在二战后日本国内的产业结构升级上，政府宏观调控起到了引领作用。日本的产业政策在影响产业升级方面被视为值得借鉴的典范，其政府通过能源战略的实施，大力扶持具有发展潜力及战略意义的前沿产业，增加资金投入，推动关键行业高速发展。此外，日本还确保相关法律落实到位，为产业迭代提供公正公开的良好市场环境。

韩国产业升级的成功要归功于政府在市场经济体制中的强大指导作用，尤其是 20 世纪 80 年代前夕，韩国政府大力推行指导性计划并实施针对性的发展政策和优惠措施，从而促进了产业的升级。在积极政策的指导下，韩国汽车、造船和 IT 产业得到了包括建立投资基金、提供优惠利率等财政政策的大力扶持，从而迅速发展壮大，进一步增强了韩国在全球竞争中的优势地位。

（二）国内先进城市经验

深圳是一座年轻的中国城市，它在教育、科研资源、工业历史和金融交易方面并不占优势。但是，深圳拥有数质双高的专利产出，领先的新兴产业集群，以及高影响力的龙头企业，这使它成为中国创新创业城市中的佼佼者。深圳的高速发展更是得益于华为、大疆、比亚迪和赛格创客中心等高科技公司的创新实践，引发了人们对它创新模式的思考与探索。

1. 产业链有效支撑创新链，构建快速迭代的创新系统

深圳跟上了产业技术革命的潮流，形成了产业链和创新链无缝相连、快速升级的创新发展体系。随着改革开放的深入推进，深圳的主体产业与信息技术和产业革命的发展趋势紧密结合，创新的传播、拓展和推动作用也变得更加显著，想法转化为现实产品的时间大大缩短。若选择在深圳制造，相同的电子产品可以以更低的价格进行大规模生产，以华强北赛格大厦为核心的电子产品产业链就可以满足用户的需求。如原本需要十二小时生产的一个配件，由于企业之间相互竞争以及技术的易复制性等原因，配件的生产时间能从十二小时减少至六小时甚至更短。这种产业集群的生产模式具有极高的灵活性，能够提供完善的"一条龙"服务。

深圳电子产业以"需求导向的创新"为核心，其取胜的关键在于其快速响应市场变化，并且由于深圳地区至周边地市只需两小时便可抵达，因此形成了一种敏捷制造和垂直分工制造的优势，使得深圳电子产业在竞争中脱颖而出。HaxlrBr作为一个全球知名的硬件孵化器，也看中了深圳强大的配套支撑和服务响应，把总部从"硅谷"搬到深圳。深圳不仅拥有完善的高端产业链，而且还汇集了众多配件制造商，这种全方位的产业集聚使得企业创新生产成本大幅下降，利于大规模生产。一名新加坡创业者在深圳市落脚时表示："选中在华强北开发产品并创业，是因为这里能够满足我在短时间内制作所有产品所需的原材料。"

2. 培育聚焦企业与市场的研发机构，加快创新要素的聚集进程

为了弥补创新资源的短缺，深圳正在努力建立一个创新生态圈，其中一个显著特征就是大量新型研发机构的涌现。这类研发机构实施企业化运营，与高校和科研院所一脉相承，以产业孵化和创新为导向，与市场和企业形成有效的联系，它独特的创新模式使各类创新要素得到高度聚集，促进了行业的快速创新发展。

一是依托虚拟大学园建设新型研发机构。深圳虚拟大学园的建立，为产业创新提供了全新的发展机遇，吸引了国内外众多高校和科研院所前来设立"深圳研究院"和"虚拟大学园"，它们采用企业化管理模式，不仅提供教学培训和人才培养，还重点创新产学研模式，最大限度地实现了研发成果转化。到目前为止，虚拟大学园已集聚了 57 家院校，共建设 47 家"深圳研究院"，开办科研机构 240 多家，设立的孵化器也日渐壮大，有许多院校技术成果在这里落地。目前，孵化的科技企业突破了 1000 家门槛，其中上市公司达到 30 余家。

二是联合政府建设新型研发机构。深圳政府采取多种措施帮助当地新型研发机构建设，推动实现创新与产业的完美结合。这类机构大多由非官方的核心团队发起和经营，政府为他们提供初始资金支持，最高补助金额也由最初的 500 万元提高到 1000 万元。通过采用特殊的管理机制，深圳光启高等理工研究院、华大基因研究院等组织已经成功地将市场的规律和科技创新的规律有机结合起来，从而彻底解决了经济与科技之间的"两张皮"问题。以深圳光启高等理工研究院为代表的众多新型研发机构已经带动形成了规模超千亿元的超材料产业集群，而华大基因研究院也作为世界最大的基因组测序和分析研究机构，在生物和生命产业领域发挥着不可或缺的作用。

3. 给中小企业提供全力支持，激发创新主体活力

深圳的最大优势不只是拥有一批竞争力强的大型企业，更是拥有众多勇于创新的中小型企业。为了更好地服务当地中小型企业，深圳发布了一系列中小企业扶持政策，有效地维护和激发了中小企业创新活动的内在动力。

一是简化办事流程。为了简化办事程序，深圳市经信委设立了中小企业服务署，提出了许多特别支持政策来改善中小企业创新服务体系。署里面向上市融资、市场服务、创新创业等模块设置有对口部门，为中小微企业提供包括基金咨询、企业落户与备案、补贴政策与申报等综合协调服务。

二是改革商事登记制度。深圳在 2015 年启动实施有限责任公司、个人独资企业和合作企业的简化注销制度的改革工作。企业可以在商事主体登记及许可审批信用信息公示平台上提交销号信息，只需通过网络登录操作即可完成销号申请的全部流程，而无须进行清算人员备案和提交清算报告。

三是提供配套公共服务。深圳拥有包括土地供应、人才公寓和办公场所等良好的公共服务，为广大深企吸引人才和降低经营成本提供了非常有利的条件。比如深圳实施多年的人才安居工程，目前已经建立了以"多渠道、分层次、广覆盖"和"租售补"为亮点的全方位人才住房保障体系。

4. 面向全球引进产业创新人才，布局未来趋势

深圳正在努力吸收全球创新力量，面向全球进行创新人才招募，积极落实"珠江人才计划"和"孔雀计划"，发布《关于促进人才优先发展的若干措施》，举办全球人才交流大会，推出"1+6"高层次人才文件，实行人才安居工程，以期为经济发展做出更大贡献。

一是柔性引智策略。深圳采取了一系列灵活、有弹性的措施来招揽外来的科学技术人员，强调"不求有，不求在，但求

用"的引智理念,只要具有使用价值,即使只是暂时到地使用,也能得到深圳的人才政策扶持。

二是团队化引智策略。除企业创新人才常规引进政策外,深圳也非常注重整个创新团队的引进工作。针对通过评审入选"孔雀计划"的创新团队和未入选"孔雀计划"但仍有发展潜力的创新团队,以及《关于促进人才优先发展的若干措施》认定的境内外高层次人才"团队+项目",分级给予1000万元至8000万元不等的资助和奖励。

三是立体化人才评价体系。深圳采取了多种多样的市场化人才培养考核和评价体系,以充分满足社会需求。推出的《海外高层次人才评审办法》不仅采用标准认证的形式,还邀请国内外专家参加审查,以拓展高层次人才的引进渠道。《关于促进人才优先发展的若干措施》也强调青年人才的举荐制度,要求实施规范化认定机制,邀请产业组织参与人才评价,开展中小企业经营班子整体规范化挑选,并设立人才"双创"基金支持人才创新活动。

5. 推动模式创新,构建创新友好型的产业金融支撑体系

2015年,深圳市全社会研发投资比重居全国前列,达到4.05%。当地政府充分发挥各类基金效用,积极构建涵盖多个领域的多层次基金群,为具体行业、企业、区域提供积极引导作用,建立了创新友善的金融服务体系,大力推动深圳制造业实体经济的发展。

一是积极拓展多样化的基金业务。除了政府独立投放的30亿元政策性基金之外,深圳还开拓利用国资集团的投资平台,建立多元的收益模式,不仅大大提升了政府引导基金的投资效率,也在全国范围内打造了一个可参考借鉴的新型基金运作模式。作为代表性创投企业,深圳市创新投资集团(以下简称"深创投")采用多种经营模式,包括政府引导投资、中外合作

基金、受托管理基金和战略合伙基金等，构建了覆盖全国的政府投资基金网络，为投资者提供了更加全面、灵活的投资选择。深创投在 2015 年 7 月底已经成功投资了 573 家中小微企业，总投资额高达 171 亿元，在全国名列前茅。深创投目前已培育出 101 家上市公司，遍布全世界 17 个资本市场，这样的成绩也同样在国内处于行业龙头地位。深创投目前管理资产规模约 400 亿元，最先投入的 5 亿元财政资金在 15 年间已经被放大了 80 倍。为了推动创新业务发展，深创投还开创性地建立了一只特色投资基金，即昆山红土基金，该基金以"产权换股权"为核心模式，不仅为投资企业提供融资、管理策略、资本运作支持等方面的帮助，还提供更多的附加服务，例如解决办公场所等。

二是持续增加创新产业投入。深圳市政府的创新财政预算支出始终保持在较高水平，各类研发投入也不断增加，对各产业创新活动的支持力度越来越大。比如首次入选"世界 500 强"和"中国 500 强"的深圳企业可分别获得 3000 万元和 1000 万元的奖励；深圳市政府还设立了 1500 亿元的混合型并购基金和 100 亿元的中小微企业发展基金以支持符合深圳未来发展方向的战略性新兴产业发展。

三是加大对中小企业的贷款力度。深圳市政府正在加强与地方银行监管部门的深度合作，以更大力度支持中小微企业融资。为此，深圳市政府陆续推出"微笑工程"（小微企业融资服务微笑工程）、"微笑指数"（小微企业经营及融资服务检测体系）以及"微笑网"（深圳市小微企业融资服务网）等政策措施，引导银行以中小微企业为重点深入设计战略、制定定位、筛选优质客户。深圳市政府为了更好地支持小微企业融资服务，制定了一系列职责清单，并将其作为各银行在深圳全域设立社区支行的重要依据。

6. 统筹整合资源要素，构建支撑创新产业发展的土地利用机制

2015 年，深圳每平方公里的 GDP 产值约为 8.7 亿元，高于上海两倍有余，这得益于深圳产业用地制度方面的持续实验和前瞻创新。作用最为显著的就是深圳在 2013 年出台的土改方案，将原则性要求和详细条款明确施行到深圳的产业规划、土地房屋供给、国土二次开发利用等相关行业的监管规范服务当中。

一是建立产业用地用房公共服务网络平台。此平台由深圳市规划和国土资源委员会牵头建立，深圳市土地房产交易中心具体承接，深圳市发改委、市经信委以及各区人民政府共同参与建设，旨在统一发布招拍挂产业用地和创新型产业用房供应信息，收集企业的经营空间需求，搭建一个信息互通、资源相接的公共服务网络平台，以满足深圳企业对产业用地信息的需求，促进土地资源的供需对接，提升城市经济活力。通过收集企业的实际用地需求，为深圳市政府公开发布更高效合理的供应方案提供了科学依据。

二是土地供给向战略性新兴产业倾斜。深圳市政府面向不同产业推出了差别化供地政策，针对全市重点产业领域，不仅优先提供土地，还最高给予 50% 的地价减免。此外，深圳市政府还面向战略性新兴产业推出了租售政府基准价政策，要求同片区同档次的产业用房价格降至市场评估价的 50%—70%，以此来鼓励全市创新型产业发展。

三是鼓励混合利用的土地房产使用制度。深圳市积极推动企业实施土地房产混合利用，比如华为、比亚迪等企业可以在自有土地上建设产业配套住宅，以此来实现土地的有效利用。此外，深圳市还制定了一些政策措施，旨在将中小微企业纳入人员安居工程，并鼓励企业在自有产权土地上，按照一定比例

新建产业配套住宅，以满足员工的住房需求。

四是探索农村集体用地的价值释放。按照 2013 年发布的《深圳市完善产业用地供应机制拓展产业用地空间办法（试行）》，符合要求的乡村集体建设用地可以进入市场进行流通，其所得收益将按照被利用程度全部或部分归属于农村集体经济组织和受益单位，期限为 50 年，这些土地的所有权到期后将归还给国家。

7. 营造创新宽容环境，促进政府行政效能的提升

与国内其他城市相比，深圳更为突出地展现着"小政府大社会"的特征，政府致力于营造一个强有力的法治化竞争环境，尽可能平等地对待各类经济主体，采用"宽容、保护、处理问题、去除干扰"的政策手段来行使职能。深圳政府还努力在关键领域进行统筹协调，为全市企业的创新发展助一臂之力。

一是精简政府部门机构。深圳在精简政府机构方面已经取得初步成效，从 46 个部门减少到 30 多个部门，内设机构、下设机构及派出机构也减少了 151 个，事业单位也减少了 60 个，这一举措旨在提高政府的效率和服务能力，有利于统筹推进创新发展。此外，深圳还在政企分开、简政放权方面发挥着表率作用。在一系列政府机关的分拆合并后，深圳市制造业创新领域主要由深圳市发改委、经信委和科创委共同负责，三方均在产业转型升级发展、重大项目决策以及高新区和产业基地建设中扮演重要角色。

二是探索"小政府、大社会"模式。深圳市政府在工作实践中着重突出"政府放手，社会发力"，这也是深圳企业管理者及政府官员达成的普遍共识，即政府应该尽可能放手，在职责定位上更加注重服务保障工作。同时，深圳市政府还在充分理解市场发展规律的基础上鼓励自主创新，宽容创新失败，为广大企业营造一个宽松、公平的创新创业环境。

三是支撑关键领域创新发展。虽然深圳市政府把不过多干涉企业作为主要行政原则，但是为了确保部分关键领域的创新发展，依然注意加强了政府协调和支持力度。深圳每年拿出50亿元财政资金用于重点领域创新，主要是采取"事后补助"的形式来切实支持战略性新兴产业和未来产业发展。

六　广州促进技术创新的对策建议

（一）进一步完善科技支撑体系

在新时期背景下，广州要继续深化科技体制改革，实施"坚持技术创新，发展高科技，实现产业化"战略，推动政府、企业、高校和科研机构组成创新联盟，加快推动企业主动承担技术创新主体角色。研究制定符合广州市实际的产业发展政策，鼓励国内外大型企业和高等院校、科研机构在广州建立分支机构，并主动建设企业研发中心；支持广州科技企业积极"走出去"，鼓励广州企业在境外建立研发机构，用好全球智力资源。加快广州本土科技孵化器、科技金融服务中心等区域性技术服务中介机构建设，为全市科技成果转移转化提供优质服务。

建立以企业为创新主体、市场属性为导向、高校及科研院所作为支撑的技术创新体系，充分发挥广东省和广州市高校和科研院所在学术研究方面的优点，通过与企业工程技术中心、研发创新中心等产学研创新平台的合作，尽可能提高广州市优势产业的自主创新能力，以促进全市产业的转型升级。同时，为了促进科技创新链的建设和支柱产业的发展，广州市应该加强创新服务，推动创新成果的产业化，建立和完善技术创新中介的运作机制和管理模式，构建面向广州市未来产业技术发展的科技基础条件平台，推动科技企业孵化器的集约化和集群化发展，逐步建立一个产学研协同发展、互相促进的创新服务体系。

（二）努力承接国家重大科技项目

为最大限度发挥广州市高等院校和科研机构聚集等技术创新要素资源丰富等优势，广州市科研单位应该积极承接符合国家长远战略需求的国家重大科技项目，特别是在基础研究和关键共性技术、核心零部件和关键产品等领域勇于探索，支撑能源、信息、资源环境、人口健康、材料等技术领域发展。广州还应该增加研发经费投入，努力争取一系列与广州资源禀赋和未来产业布局相匹配的国家级重点实验室和大科学装置在广州落地建设，加速提高广州的科技创新能力。

（三）精准配置技术创新要素资源

在当前全球技术进步脚步放缓、发达国家贸易壁垒加高和创新前景愈加复杂的背景下，广州市政府应该推行"购买本国产品"战略，采用补贴、政府采购、减税等手段加大对本地企业的技术创新支持力度。此外，广州市要继续鼓励企业、学校和科研机构之间的技术联合，尤其是要深刻把握粤港澳大湾区建设机遇，加强广州市与珠三角其他九市和香港、澳门现有优势产业对接，将创新资源集中配置到集成电路、芯片、新能源汽车、智能机器人等大湾区未来发展的关键产业技术领域。

（四）激励创新主体增加研发投入

在技术革命和智能互联的崭新时代，广州市应该鼓励企业更加积极地增加 R&D 投入以推动技术创新，拓展企业吸收引进外部技术的渠道，为企业转型升级提供更有效方案，实现企业的可持续创新。广州可以全面实施技术交易的 R&D 投入补贴政策，鼓励企业投入更多资源建立内部研发中心，如阿里巴巴的达摩院、腾讯的人工智能实验室等，为企业累积技术战略性资源。鼓励广州市企业优先建立自主研发机构，鼓励研制和开发有潜力的创新产品，提高企业创新水平和专利质量。广州市应积极面向重点领域设立政府引导专项基金，为企业创新活动提供配套资金保障。

（五）构建开放式产学研协同创新平台

与深圳相比，广州拥有 82 所高等学府以及众多科研机构，这些学校和机构都具备强大的研发及科技创新能力，广州市工业企业应该加强与学校及研究单位的合作关系。因为工业企业拥有更多市场需求方面的认识，而学校及研究机构则可以提供必要的科研条件，因此广州应积极构建产学研合作平台，加强广州当地企业与学校、研究机构的合作交流，促进学术研究与实践应用的协同创新，帮助科研成果实现市场化落地。广州市政府还应当鼓励资金少、规模较小的中小型企业充分利用"互联网＋"、云端计算等智能化手段，利用开放式产学研协同创新平台发布企业技术需求，拓宽获信渠道，降低对接成本，积极促成与大湾区其他企业的合作，将开放式创新体系向深度和广度延伸。

（六）增强区域科技支撑能力

广州市应该持续优化创新形式，面向粤港澳大湾区，围绕重点产业链进行科技协同创新，大力推行跨区域的校企合作新模式，新建多个覆盖面广、创新能力强的区域创新机构，通过机制共建、优势互补、技术共享、人才互派等形式构建区域创新生态系统，提高广州创新活动的投入产出效率，进一步推动广州创新要素集聚和产业群转型升级。同时，还要提高广州市企业实施自主创新和技术引进融合创新的能力，鼓励以科技企业和科技服务中介为主要体系，加强政府、产业、高校、科研机构和企业间协作，推动形成协同创新体系；充分利用"新一代人工智能"、智能制造等发展机遇，积极与全国高校和科研院所合作，主动学习吸收发达地区企业的技术，努力推进粤港澳大湾区国际科技创新中心建设，推动区域科技资源共享与产业整体实力提升。

（七）发展生产性科技服务业

针对当下的制造业发展趋势，广州市应大力发展生产性科技服务业，推动制造业与服务业融合发展，探索广州市制造业服务化改造之路，以实现制造业跨越式增长。将广州打造为广东省制造业服务化领航城市，推出多种产业服务公共平台，为广州制造企业提供全方位的高质量服务。鼓励制造业企业在投入产出过程中添加更多的服务因素，通过将产品和服务结合起来，实现企业向价值链的中高端拓展，通过服务创新、资源整合和产业转型，全面增强制造业企业的生产效率和竞争力。同时，充分发挥广州市科技人才、重大项目和创新成果的导向作用，消除科技服务业与制造业合作发展的障碍，通过引入国外投资和外部服务业来帮助扩大广州制造业的规模，提高自主创新水平，努力塑造"互联网＋""大数据＋""服务业＋"产业深度融合的新格局，全面提升研究开发、工业设计、科技金融、知识产权和公共平台等工业服务能力，持续推进新一代信息技术与生产制造的融合发展。

（八）加快培育创新型人才

广州市应加快推动人才体制机制改革，充分利用国家和省级人才政策，制定发布适用于广州长期发展和战略目标的人才专项政策；以科技创新需求为指向，针对重点技术领域和行业大力引进国内外科技型创新和复合型人才，并为中高端创新型人才提供具有竞争力的福利待遇和安家条件。同时，着眼于全市先进制造业未来发展需求，广州市还应加强对制造业人才需求的评估，重视技能型人才的储备和培养，致力于提高技术人员的地位，为广州企业实现高质量精益制造提供有力的人力支撑，鼓励企业在招聘、培训、使用、考核等多个环节加强对企业自身人才需求分析、能力培养和评价激励的选择主动权，组建一支符合企业发展方向、具有开拓创新精神的人才队伍。广州市还要充分利用海交会、留学科技人员交流会、海外人才工作站等高水平人才交流平台，努力吸引全球特别是粤港澳大湾区优质人才资源，将广州打造为全球重要人才中心和创新高地。

第八章　广州制造业空间布局评估及建议

随着新一代技术革命和产业变革的持续加速推进，智能制造技术的推广应用以及制造业综合成本的变化，全球制造业空间格局的多元化趋势越来越明显。发达国家制造业回流的同时，以中国为代表的亚洲国家制造业加快转型升级，不仅使广州迎来制造业高质量发展的极大机遇，也使得加快优化调整制造业空间格局的需求更加迫切，以应对产业用地紧缺、劳动力成本上升等生产要素变化带来的发展挑战。[①] 本章回顾广州改革开放以来，制造业的空间布局变迁及特点，分析其制造业在全国、大湾区的地位，揭示广州制造业布局现状和存在的问题，探索制造业空间布局的优化创新模式，提出以实施"优内联外"战略为核心，优化拓展制造业发展空间的对策建议，以推动广州携手粤港澳大湾区城市共建具有国际竞争力的先进制造业基地。

一　有关理论研究

（一）研究进展

1. 国外相关研究

国外学者对制造业空间分布的研究，主要是从产业集聚与

---

① 秦瑞英、白伟杉：《粤港澳大湾区背景下广州制造业空间优化途径探析》，《城市观察》2022 年第 4 期。

扩散的角度来展开，并在大量研究成果的基础上探索其形成机制，已经形成了一定的理论体系。

从产业集聚角度开展的研究，大多是通过分析和总结制造业的地理集聚特征，来揭示制造业空间分布的特点。大多数的学者及研究成果多采用区位基尼系数、产业平均集中率、空间分散度指数（SP 指数）、产业集聚指数（EG 指数）、胡佛—巴拉萨系数（Hoover—Balassa index）等指标测度制造业集聚程度；新经济地理理论的"中心—外围"模型认为产业集聚和地区专业化是同步推进的，一般采用区位熵、克鲁格曼专业化指数、赫芬达尔指数（Herfindahl Index）等指标来衡量和分析制造业在某一区域的集中程度。研究成果表明，制造业的空间集聚现象是普遍存在的，劳动力密集型制造业的集聚效应远大于资源密集型制造业[1]，资金技术密集型制造业集聚强度较弱[2]。

产业转移是产业扩散的最主要形式。最早始于对国际间产业转移现象的研究，业已形成了一些重要理论成果，如弗农的产品生命周期理论、赤松要的"雁行形态"理论以及小岛清的边际产业扩张理论等。20 世纪 90 年代兴起的新经济地理理论则将产业转移研究扩展到了区域层面。

2. 国内相关研究

国内学者对制造业空间分布的研究主要体现在国家、区域和城市内部以及企业选址微区位四个空间尺度上，既有对全国范围、城市群和区域间制造业整体布局的研究，也有对制造业内部行业的空间分布特征的研究，研究方法上多借鉴国外成果，采用基尼系数、地区专业化指数、区位熵等计量手段分析制造

---

[1] Krugman, P. Scale Economies, "Product Differentiation, and the Pattern of Trade", *American Economic Review*, Vol. 5, 1980.

[2] Devereus M. P., Griffith R., H. Simpson, "The geographic distributions of productions activity in the UK", *Regional Science and Urban Ecnomics*, Vol. 5, 2004.

业的集聚特点。吴三忙和李善同借助重心分析方法分析中国制造业 1980—2007 年的空间分布及重心动态变动轨迹，提出中国制造业空间格局在 2002 年以前表现出"南下东进"的趋势，2003 年以后则呈现"北上西进"的趋势。① 金利霞等研究分析了广东省及珠三角地区制造业空间重组特征，认为在全球化影响下，广东劳动密集型制造业扩散效应较为明显，资本技术密集型制造业的集聚效应有所加强。② 宋洋梳理了改革开放 40 多年以来广东省制造业的发展脉络，采用地区专业化指数和分散度指数量化分析省内区域间及各地级市间制造业的空间演化及差异特征，印证了广东劳动密集型制造业空间扩散的态势，资本密集型制造业也出现一定程度的扩散；影响广东省及区域间制造业空间演变的主要因素有资源禀赋、交通运输条件、市场需求、外部性和技术创新能力，而拥挤效应、对外开放程度、政府支持度是影响区域制造业空间差异的主要因素。③

3. 广州制造业及其布局研究

国内学者对广州制造业布局的研究相对较少，主要集中在对广州工业空间分异、汽车产业布局等方面。尹涛利用集中率和基尼系数分析广州市"十五"时期工业总体布局的变动特征，提出工业布局呈现出较明显的中心—外围圈层空间结构，且仍然没有摆脱从中心到外围"摊大饼"式的渐次扩散模式，存在全市工业布局各自为政、基础设施重复建设严重、工业用地集约化程度低等问题，并提出了相应的对策建议。④ 徐期莹等人利

---

① 吴三忙、李善同：《中国制造业地理集聚的时空演变特征分析》，《财经研究》2010 年第 10 期。

② 金利霞、李郇、曾献铁等：《广东省新一轮制造业产业空间重组及机制研究》，《经济地理》2015 年第 11 期。

③ 宋洋：《广东省制造业空间布局的演变研究》，博士学位论文，吉林大学，2019 年。

④ 尹涛：《现代化大都市工业布局的思路与对策研究——以广州为例》，《学术界》2009 年第 1 期。

用三次经济普查工业数据对 1996—2013 年广州区级工业空间分异特征进行分析，将全市工业布局演变划分为主城工业区、综合工业区、专业工业区和乡村工业区四种类型，其空间分异表现为主城工业区衰退明显、综合工业区分化缓慢、专业工业区向外围转移以及乡村工业区完全转化的演变特征。[①] 巫细波对广州汽车制造业空间布局变化进行研究，提出广州汽车制造业企业的空间布局由近郊区不断往外围区域扩张政策带动、政策引导、集聚经济及空间成本等因素对汽车制造业企业空间布局有重要影响。[②]

（二）基本理论

作为工业主体的制造业，其空间布局理论主要体现为工业区位相关理论，综合国内外学者相关研究，按照其演变历程，主要包括古典区位理论、近代区位理论、现代区位理论和知识经济工业区位理论等。

1. 古典区位理论——工业区位论和中心地理论

20 世纪初，德国经济学家韦伯以最低成本点作为企业的最大利润点确定企业的最佳区位，认为区位因子是决定企业选址的重要影响因素。20 世纪 40 年代，胡佛、廖什等应用克里斯塔勒的中心地理论对韦伯的工业区位论进行了修正和深化，认为影响工业企业选址的因素不仅包括原材料运输费用，还包括市场因素、竞争因素、历史因素和政府作用等超经济因素。

2. 近代区位理论——市场区位论

德国经济学家奥古斯特·勒施进一步发展了韦伯的工业区

---

① 徐期莹、周春山、叶昌东等：《1996—2013 年广州市工业的空间分异及其演化机制》，《中山大学学报》（自然科学版）2020 年第 4 期。

② 巫细波：《外资主导下的汽车制造业空间分布特征及其影响因素——以广州为例》，《经济地理》2019 年第 7 期。

位论，建立了市场区位理论。他认为企业经营区位的选择不仅受到其他竞争对手的影响，也与消费者和供给者相关，消费者的数量越多、分布密度越大、消费能力越强，区域工业发展就越好，当空间区位达到均衡时，其最优的空间范围应呈现正六边形的几何特征。这一理论将区位选择理论的研究领域从生产扩展到了整个市场，从单个企业扩展到了整个产业。

3. 现代区位理论——运输区位论和成本—市场论

运输区位论着重考虑运输因素在产业布局中的重要性，认为运输成本包括线路运营成本和站场费用两部分。出于追求低成本的考虑，企业会倾向选址在邻近铁路枢纽、港口等交通便捷的地方；路网密度越大，结构越完善，交通越便利，越能吸引企业选址。成本—市场论的代表是瑞典经济学家俄林，他主张通过分析多种区位因素的综合影响来合理确定产业布局，认为区域要素禀赋、运输条件、市场区位、规模经济、要素流动等诸多因素都会影响产业的布局，并提出要素禀赋理论、区域专业化理论等。

4. 知识经济工业区位理论——创新区位论和全球区位论

创新区位论是由被誉为"现代竞争战略之父"的迈克尔·波特最先提出的，他认为国家经济发展经历了生产要素驱动、投资驱动、创新驱动和财富驱动四个阶段。其中，国家竞争优势主要源于前三个阶段。创新是推动经济发展的主动力，是提升区域竞争力的核心，创新促使经济、文化和技术资源的区域集聚，形成诸如"硅谷"高科技产业区、纽约的金融区、意大利的鞋帽时装业区等科技资源密集的区域。全球区位论是由华东师范大学于2000年首次提出，认为在经济全球化背景下，跨国公司出于其全球战略的需要，将其整个产业价值链进行拆分，并在空间上进行分割，从而把各个生产环节分散布局到具有比较优势的国家和地区开展专业化生产，统一管理和控制，以实现全球范围内的产业整合。因而，城市应该在多极多层级的全球城市网络体系中争取有利的网络节点，增强产业集聚能力。

（三）全球制造业布局新趋势

1. 制造业空间布局将更加多元化

一方面，发达国家制造业出现回流。美、德、英、法、日等发达国家中制造业增加值占 GDP 的比重虽已不足20%，但其制造业总量的全球份额仍然长期保持在60%以上，稳居世界主导地位。在新一轮科技革命浪潮的冲击下，发达国家纷纷启动了"再制造化"战略，如德国工业4.0、美国先进制造业国家战略计划、英国制造2050、新工业法国、日本的智能工厂和机器人发展战略等，重点扶持和发展新兴科技与先进制造业，促进和带动经济发展和转型，在发展中国家规模生产、批量销售到发达国家的旧有格局逐渐被打破，以德国、美国、日本、英国为代表的销售本土化趋势逐步扩大。另一方面，中低端制造业正在向成本更低的国家转移。中国的中低端制造业正在向东南亚、南亚、非洲、拉美等国家和地区转移，特别是纺织、服装、鞋帽、箱包等劳动密集型产业，正在向印度、越南、泰国、马来西亚、印度尼西亚等国家转移。[①] 发展中国家之间的制造业梯度转移已经形成。

2. 高端制造逐步向亚洲转移

中国正处在从制造大国进入制造强国的战略转型期，提出并实施《中国制造2025》的十年计划，旨在运用新一代信息技术，推动技术与产业的深度融合，推进实现智能制造。韩国以产业链的整合创新承接全球制造业转移，2018年发布《制造业

---

① 陈文玲：《注意！国际制造业格局正在发生这些深刻调整》，北京日报客户端，2019年8月13日。

复兴发展战略蓝图》，提出人工智能、新能源汽车等行业的发展目标和投资计划。2014 年，印度制订"印度制造计划"，将基础设施建设、制造业和智慧城市作为经济改革的战略重点，提出以智能制造技术的广泛应用打造新的"全球制造中心"。2020年，再次宣布启动"印度制造计划"，其最重磅的项目为打造电子制造业出口中心。随着中国"一带一路"建设的深入推进，基础设施、贸易、资金和文化的互通互联，亚洲经济动脉被重新打通，以中国为代表的亚洲高端制造中心正在加快形成。

3. 智能制造将引导新的产业布局

工业发达国家走过了机械化、电气化、数字化三个发展阶段，正在向智能制造阶段转型。各国普遍采取国家战略或产业政策等支持智能制造。2011 年，德国政府率先推进工业 4.0，强化国家干预，全面推进智能制造。2012 年 2 月，美国出台"先进制造业国家战略计划"，特朗普政府更将其提升为国家战略，启动实施"美国人工智能计划"。日本大力发展协同式机器人、无人化工厂。智能制造的巨大需求将给全球制造业生产和组织模式的革命性变化，资源要素将会重新整合，产业链将被重新洗牌。

二　改革开放后广州制造业空间布局演进

（一）改革开放初期的沿江分散阶段（1978—1990 年）

改革开放初期的几年间，广州工业走上了新的发展道路，作为新兴门类的电子、电器行业迅速崛起。在改革开放的大潮中，外向型工业快速成长。作为广州重点的新型现代化工业区——黄埔重工业区得到进一步发展，北郊的夏茅、新市、槎头等工业点也逐步发展起来，广州工业空间格局基本形成。[①] 进入 20 世纪 80 年代，为了加强外资引进、发挥港口优势、建立高新技术产业，在改革开放前原有工业区的基础上，新的经济区建设继续扩大。随着 1984 年广州经济技术开发区的设立和发展，全市工业向东偏移，形成了南沙经济技术开发区、天河高新技术产业开发区等较为集中的工业集聚地。改变了以往广州东、南、北部工业点均衡分布的局面，东部制造业基地的地位愈加凸显。

（二）工业郊区化加速期（1991—2000 年）

1990 年以后，随着土地有偿使用制度的建立、国企改革和城市对外交通系统的改善，广州的工业郊区化进程进入加速阶段，从中心城区迁出的工业企业逐渐向南部、东部外围集中。20 世纪 90 年代末，广州形成了"工业片区布局于东、南部，工业点布局于北部和中部"的总体工业空间格局。南、北、东三个工业带逐步形成。南部工业带，在原有的南石头工业区、赤岗工业区以及白鹤洞工业区的基础上，进一步扩展到江南大道和工业大道沿线。北部工业带，沿广从、沙太公路形成了一些分散的工业点，如沙河、夏茅、新市、槎头、石井、江村等。东部工业带，依托黄埔港口及广深铁路等交通设施，形成了广州经济技术开发区、大田山、吉山、庙头、南岗、员村、车陂、黄村等工业区。[②] 沿珠江及交通干线分布的工业布局趋势日趋明显。

---

① 周逸影：《广州工业发展与城市形态演变（1840—2000 年）》，硕士学位论文，华南理工大学，2014 年。

② 周逸影：《广州工业发展与城市形态演变（1840—2000 年）》，硕士学位论文，华南理工大学，2014 年。

（三）三大制造业带形成期（2000 年至今）

2000 年前后，在"南拓、北优、东进、西联、中调"城市空间发展战略统领下，由于重化工业发展战略的影响，以及"双转移"、"退二进三"、淘汰落后产能和"腾笼换鸟"等举措的实施，广州中心城区制造业加快外移，分别在几个新兴区域（副城区）布局了一批汽车、造船、钢铁和石化等重化工业骨干项目，如广州经济开发区的本田汽车项目、南沙区的中船集团造船基地和镀锌钢板项目、黄埔区的广石化千万吨炼油改扩建项目等。东部和南部工业组团异军突起，"东进""南拓"趋势明显，全市工业重心继续向东部、南部转移。从"十二五"时期开始，南沙新区、广东自由贸易试验区南沙片区的成立和增城开发区的加速发展，有力地促进了广州外围城区工业的发展，东部、北部和南部三大制造业产业带逐步形成。

《广州市先进制造业发展及布局第十三个五年规划（2016—2020 年）》进一步巩固、优化了三大制造业产业带的发展格局，提出围绕国际航运枢纽、国际航空枢纽、国际科技创新枢纽三大战略枢纽建设，构建"一核三翼多点支撑"的先进制造业总体布局。"一核"为中心城区先进制造业集聚核，"三翼"为东部、南部、北部三个先进制造业集聚带，"多点支撑"为中心城区先进制造业集聚核以及"三翼"集聚带内具体的产业区块。该布局的目的是要围绕重点发展产业和领域打造一批先进制造业集群。①

---

① 秦瑞英、白伟杉：《粤港澳大湾区背景下广州制造业空间优化途径探析》，《城市观察》2022 年第 4 期。

三　广州制造业空间布局现状分析

（一）广州制造业在粤港澳大湾区的地位

1. 广州制造业在全国有优势，在大湾区优势不突出

区位熵可以衡量一个地区产业的空间分布情况，反映产业部门的专业化程度，以及该地区产业在区域的地位和作用，能够在一定程度上反映出区域层面的产业集聚水平。区位熵值越高，区域的产业集聚水平越高。通过计算粤港澳大湾区内地 9个城市在广东省和全国的制造业区位熵，具体分析大湾区城市层面的制造业集聚情况。

区位熵的计算公式为：

$$LQ_{ij} = \frac{\dfrac{q_{ij}}{q_j}}{\dfrac{q_i}{q}}$$

其中，LQ_{ij} 是 j 城市制造业在广东省（或全国）的区位熵，q_{ij} 为 j 城市制造业的增加值；q_j 为 j 城市的工业增加值；q_i 指在广东省（或全国）制造业增加值；q 为广东省（或全国）的工业增加值。

一般来说，当 $LQ_{ij} > 1$ 时，j 城市的制造业在全省（或全国）来说具有优势；当 $LQ_{ij} < 1$ 时，j 城市的制造业在全省（或全国）来说相对处于劣势。

计算结果显示，就广东省域来看，2020 年，广州、东莞、佛山、深圳、惠州的制造业区位熵值都在 1 以上，集聚水平较高。在全国尺度上，大湾区内地 9 市中仅有江门和肇庆的区位熵值低于 1，其他城市均在 1 以上，且各市制造业区位熵均大于其在省内的熵值，其中，惠州、佛山、广州依然以较大优势居前三，进一步证实粤港澳大湾区作为中国重要制造基地的绝对

实力。(见表8.1)

表8.1 2020年大湾区9市制造业在广东省及全国的区位熵

城市	广东省内区位熵	全国区位熵
广州	1.157	1.246
佛山	1.278	1.376
肇庆	0.887	0.955
深圳	1.095	1.179
东莞	1.038	1.118
惠州	1.385	1.491
中山	0.983	1.059
珠海	0.945	1.018
江门	0.916	0.986

数据来源：广东省统计年鉴（2021）、各城市统计年鉴（2021）。

2. 广州先进制造业发展水平较高

近年来，广州持续实施创新驱动战略，推动互联网、大数据、人工智能等新技术与实体经济的深度融合发展，制造业转型升级步伐加快，结构优化成效显现。2021年，全市先进制造业增加值占规模以上工业比重达到65.7%，高于佛山、中山、肇庆等城市，与珠江东岸的深圳、惠州和东莞相比，差距缩小，深圳和惠州先进制造业增加值占规模以上工业比重分别达到67.6%和66%，远远高于其他城市；广州高技术制造业增加值占比仅25.7%，与珠江西岸城市差距较大，深圳高技术制造业增加值占规模以上工业比重遥遥领先，达63.3%，惠州和东莞也分别达43.8%和37.2%，分列第二、三位。(见图8.1)

（二）广州制造业空间布局现状及特点

1. "一核三翼，多点支撑"的空间总体格局基本形成

"十三五"以来，广州持续发挥和强化产业园区载体功能，

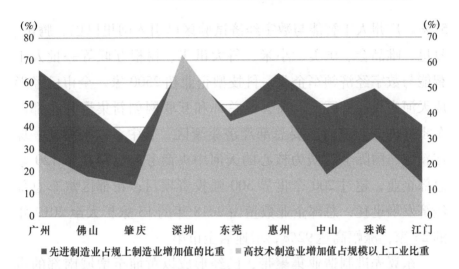

图8.1　粤港澳大湾区制造业高端化水平差异

资料来源：广东省统计年鉴（2021）、各城市统计年鉴（2021）。

充分利用黄埔、南沙、增城3个国家级开发区和花都开发区、从化开发区、云埔工业园区、白云工业园区4个省级园区的政策优势，结合95个产业区块（园区）的提质增效，大力推动先进制造业集聚发展，"一核三翼，多点支撑"的制造业空间总体格局基本形成。①

"一核"，即天河区、海珠区、荔湾区、越秀区所在的中心城区和广州科学城、广州国际生物岛，现代服务型制造业、高端生产性服务业和总部经济集聚发展良好。天河区以"国家软件产业基地"为核心已经成为粤港澳大湾区最大的软件业集聚区。2019年规上软件业实现营业收入1600亿元，占全市软件业营业收入的55%，营业收入规模在国内仅次于北京市海淀区；5家企业入选全国互联网企业百强，占全市入选企业的63%；4家企业上榜中国软件业务收入前百家企业，占全市上榜企业的

————————

① 秦瑞英、白伟杉：《粤港澳大湾区背景下广州制造业空间优化途径探析》，《城市观察》2022年第4期。

57%。广州人工智能与数字经济试验区已引入阿里巴巴、腾讯、复星、唯品会、国美、小米、科大讯飞、树根互联等一批人工智能与数字经济领军企业，科技型企业超 2500 家。全市已经形成天河中央商务区、琶洲会展总部和互联网创新集聚和花都汽车零部件企业三大主要总部经济集聚区，其中，以天河北、珠江新城、国际金融城为核心的天河中央商务区已聚集了 120 家总部企业，超过 200 个世界 500 强投资项目；花都区汽车总部经济发展迅猛，总部企业数量由 2018 年的 13 家扩大至 2019 年的 25 家，涨幅高达 92%，增速居全市第一。

东翼先进制造业集聚带，已经形成以黄埔至增城南部的带状组团为载体，以广州经济技术开发区、增城经济技术开发区、广州科学城、中新广州知识城、增城东区高科技工业基地、增城开发区 LED（发光二极管）产业园、广州东部新能源汽车产业基地、广东省太阳能光伏产业园、阿里巴巴华南（增城）电子商务产业生态园、广州云埔工业园区、广州国际智能产业园区、国家电子商务示范基地状元谷等园区为重点的智能装备及机器人、新材料与精细化工、节能与新能源汽车、新一代信息技术、航空与卫星应用、生物医药与健康医疗等产业集聚带。其中，黄埔、开发区已经形成汽车、电子、能源等三大千亿元级产业集群，生物医药、化工、食品饮料、电气机械等四大 500 亿元级产业集群。2019 年区内共聚集 133 家智能装备领域的规模以上工业企业，电子产品制造业、汽车制造业、石油化工制造业完成产值占广州市该行业产值比重分别为 70.8%、30.7% 和 70.3%。

南翼先进制造业集聚带，形成以番禺、南沙带状组团为载体，以南沙经济技术开发区、南沙中船龙穴修造船基地、南沙国际汽车产业园、南沙珠江工业园、南沙电子信息产业园、南沙海洋与生物技术产业带、南沙高新技术产业园、南沙 JFE 钢铁基地、南沙重型装备产业、小虎岛精细化工园区、广州重大装备制造基地（大岗）广州传祺轿车生产研发基地、广日工业园、广州番禺节能科技园、国家数字家庭应用示范产业基地、广州国际生物岛等为重点，集聚发展新能源汽车、轨道交通装备、能源及环保装备、高端船舶与海工装备等临港先进制造业产业带。南沙已形成了以汽车制造、重型装备制造、船舶及海洋工程装备为支柱的产业集群。番禺区已初步形成了汽车制造业、通用设备制造业、软件和信息服务业等多个百亿元级产业集群。

北翼先进制造业集聚带，形成以白云区北部、花都及从化西南部带状组团为载体，以民营科技园及民营科技企业创新基地、白云工业园区、白云机场综合保税区、广州国际健康产业城、广州白云生物医药健康产业基地、广州节能与新能源（白云）产业基地、白云电器节能与智能电气产业园、花都汽车产业基地、花都经济技术开发区、花都机车装备制造产业园、花都机场高新科技产业基地、从化经济开发区等为重点，集聚发展节能与新能源汽车、新材料与精细化工、生物医药与健康、能源及环保装备、轨道交通装备、都市消费工业等空港服务和先进制造业。白云区的轨道交通装备、生物医药与健康、时尚设计等产业集群正在加速形成。花都区的汽车制造、新能源汽车、智能电子、时尚产业和空港经济等先进制造业集聚业已形成。

2. 制造业市域外扩效应显著

从规模来看，2015—2021 年，黄埔区、南沙区、番禺区和花都区等外围地区依然是广州重要的工业集聚区，中心城区的工业"空心化"不断加剧。（见图 8.2）。

黄埔区作为广州重要的先进制造业基地，工业总产值占全市近四成，实现工业增加值 2395.24 亿元，占全市工业增加值比重达 33.35%，规模以上高技术产业产值总量占全市的 68.4%，高新技术产业产值占全市的 78%，拥有世界 500 强项目超过 299 个，上市企业 68 家，已发展成全国工业百强区第

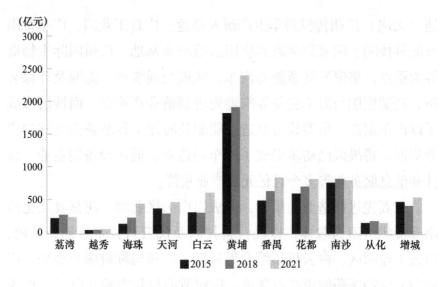

图 8.2 2015—2021 年广州各区工业规模变化情况

二, 保持全市首位地位, 其次是番禺、花都和南沙, 分别占到 11.5%、11.16% 和 10.9%, 而中心城区的越秀、海珠、荔湾和天河工业规模仅是黄埔区的十分之一左右, 越秀区规模最小, 只占 0.49%, 仅为黄埔的 1.5%。(见图 8.3)

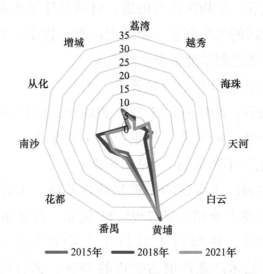

图 8.3 2015—2021 年广州各区工业占全市比重

3. 制造业园区主要集中在南部和东部外围区域

根据《广州市产业地图 2021》，全市产业地块总用地面积 9037.78 公顷，其中，涉及全市工业产业区块的产业地块 237 个，位于工业产业区块范围内的总用地面积为 4073.26 公顷，占全市产业地块总用地面积的 45.06%。其中，以工业为主导的产业地块 178 个，用地面积 3439.88 公顷，占位于工业产业区块范围内的产业地块面积的 84.5%。以工业配套服务为主导的产业地块（含研发及产业配套功能）59 个，用地面积 633.38 公顷，占位于工业产业区块范围内的产业地块面积的 15.5%。（见表 8.2）

表8.2　　　　　　　广州市主要产业地块及重点产业发展方向

序号	产业地块名称	所在区	重点发展产业方向
1	越秀中央商务区	越秀区	金融服务、商务服务
2	广州人工智能与数字经济试验区琶洲片区	海珠区	新一代信息技术、商务服务
3	白鹅潭商务区	荔湾区	总部经济、商务服务
4	海龙科技创新产业区	荔湾区	新一代信息技术
5	广州人工智能与数字经济试验区金融城片区	天河区	商务服务
6	天河智慧城以及天河智谷片区	天河区	新一代信息技术
7	白云新城、白云湖数字科技城及周边片区	白云区	商务服务、文化旅游服务、新一代信息技术等
8	广州民营科技园及周边	白云区	新一代信息技术、轨道装备、生物医药、人工智能等
9	广龙智慧产业园及马沥物联网产业园	白云区	新一代信息技术等
10	人工智能与数字经济试验区鱼珠片区	黄埔区	商务服务、新一代信息技术

序号	产业地块名称	所在区	重点发展产业方向
11	中新广州知识城	黄埔区	发展新能源新材料、大数据、集成电路
12	广州科学城及长岭居片区	黄埔区	商务服务
13	穗港智造合作区	黄埔区	智能制造、智慧医疗
14	花都人工智能和数字经济产业基地	花都区	智能制造
15	花都汽车产业基地	花都区	先进制造业
16	花都轨道装备产业基地及时尚产业基地	花都区	轨道交通、其他制造业
17	花都大道新兴产业集聚区	花都区	现代商贸服务
18	花都临空物流产业基地	花都区	现代物流服务
19	花都临空高新科技产业基地	花都区	新一代信息技术
20	广州南站商务区	番禺区	人工智能、商务服务
21	大学城片区	番禺区	科技服务、新一代信息技术
22	广州国际科技创新城	番禺区	软件和信息服务业、商贸服务、新一代信息技术
23	番禺汽车城	番禺区	汽车制造、新能源汽车
24	番禺智能制造产业园	番禺区	人工智能、新一代信息技术
25	明珠湾现代服务业集聚区	南沙区	金融服务
26	庆盛枢纽	南沙区	人工智能
27	大岗先进制造片区	南沙区	智能装备
28	南沙枢纽	南沙区	科技服务
29	万顷沙保税加工制造片区及周边	南沙区	科技服务、智能网联汽车
30	南沙北部先进制造业集聚区（鱼窝头、顺河、新涌工业区）	南沙区	新材料、都市消费工业
31	太平片区	从化区	商务服务
32	明珠工业园	从化区	智能装备、都市消费工业
33	凤凰山·文化创新型生态总部	从化区	其他服务业
34	广州科教城	增城区	科技服务、教育医疗服务

序号	产业地块名称	所在区	重点发展产业方向
35	增城经济技术开发区、中新科技园	增城区	新一代信息技术、软件和信息服务、新能源汽车
36	增城火车站片区	增城区	商务服务
37	东部交通枢纽中心商务区	增城区	现代商贸服务、商务服务、现代物流服务
38	空港经济区范围内	空港经济区	新一代信息技术、航天航空、现代物流服务、生物医药等

资料来源：广州市发改委网站。

4. 新兴产业加快布局

近年来，广州市紧抓中国实施制造强国战略的重大机遇，着力拓展制造业新产业新业态增长空间，加快推进制造强市建设。2016 年制定《广州制造 2025 战略规划》，提出重点发展智能装备及机器人、新一代信息技术、节能与新能源汽车、新材料与精细化工、生物医药与健康医疗、能源与环保装备、轨道交通、高端船舶与海洋工程装备、航空与卫星应用和都市消费工业共十大领域 44 个核心区。其中，新一代信息技术产业核心区布局最多，共有 7 个，新材料与精细化工、节能与新能源汽车、能源及环保装备分别有 6 个、5 个和 5 个分布区；从区域分布上看，除越秀区之外的 10 个行政区均有布局。其中，广州开发区、黄埔区最多，除轨道交通领域之外的其余九大重点领域均有落地。番禺区和南沙区分列二、三名，体现出先进制造业新兴领域重点向广州东部、南部发展的趋势。

5. 价值创新园区建设有序推进

2018 年，《广州市价值创新园区建设三年行动方案（2018—2020 年）》印发并实施。重点打造新能源汽车、智能装备、新型显示、人工智能、生物医药、互联网等六大千亿元级产业，建成 10 个"产业龙头 + 主导产业链 + 产业创新中心 + 产业资金 + 产业服务平台 + 产业社区"六位一体融合发展的价值创新园区。目前，十大价值创新园区已全部编制控制性详细规划和园区产业规划，并加快建设开工步伐。其中，番禺智能网联新能源汽车价值创新园重点项目广汽新能源智能生态工厂已投产，园区成功入驻 7 个企业，项目涉及广汽新能源工厂、时代广汽动力电池、广汽爱信自动变速器、汽车小镇等。另外，已与广汽零部件有限公司就广汽零部件 IGBT、广汽零部件保险杠、广汽零部件集成电驱动 3 个项目签订投资协议。增城新型显示价值创新园中，超视界第 10.5 代显示器全生态产业园项目累计已完成投资 387.6 亿元，维信诺第 6 代 AMOLED 项目入驻，助力广州打造"世界显示之都"。2018 年全市 IAB 产业增加值同比增长8.7%，占 GDP 比重 6.4%。

6. 村级工业园整治成效显现

2018 年，全市村级工业园 1688 个，总面积约 132 平方公里，约占全市旧改土地总量的 22.5%；其中 150 亩以上的有 303 个，占村级工业园用地总面积的 60% 以上。80% 以上的村级工业园为传统的服装、化妆品、皮革皮具、五金等加工制造以及仓储、物流等行业，但产值仅占全市工业总产值的 10%，税收仅占全市工业企业总税收的 6%，效益低下。为此，广州实施产业园区提质增效行动计划，按照"淘汰关停一批、功能转换一批、改造提升一批"的思路，已经逐渐形成"政府收储、国企主导、园区专业平台主导、龙头企业主导、村集体主导"五种整治典型模式，坚决淘汰污染及落后产能，为产业园区企业提供优良发展环境。① 目前，全市已建立稳定的村级工业园基础数

① 秦瑞英、白伟杉：《粤港澳大湾区背景下广州制造业空间优化途径探析》，《城市观察》2022 年第 4 期。

据库，启动工业产业区块划定工作，总规模目标为 625 平方公里，首批遴选 19 个试点园区，重点发展新一代信息技术、人工智能、生物医药、新能源、新材料、汽车零配件等产业，打造天河棠下智汇 PARK、海珠唯品同创汇等示范园区。

四　广州制造业空间布局的创新实践

（一）划定工业产业区块，引导产业空间集聚

为进一步摸清全市产业用地现状，梳理可供开发的产业用地，引导产业空间合理布局，广州市发展和改革委员会和广州市城市规划勘测设计研究院于 2021 年 9 月公布了《广州市产业地图》，明确了全市工业产业地块布局。产业地块是指权属清晰、边界明确、可供开发利用的商业商务用地（B）、工业用地（M）、物流仓储用地（W）及其他可用于产业发展的文化、体育、医疗卫生、教育科研用地（A，非划拨类）等配套用地。

全市以工业为主导方向的产业地块 299 个，占全市产业地块总数量的 53.0%，用地面积 6338.88 公顷，占全市产业地块总用地面积的 70.1%，其中尤以先进制造业、战略性新兴产业中制造业为主的产业地块（数字创意产业、新一代信息技术中的软件信息服务业除外）为主，主要分布在空港经济区、白云民营科技园、广州国际科技创新城、花都汽车产业基地、花都人工智能和数字经济产业基地、花都轨道装备产业基地、大岗先进制造业片区等重点园区。

全市共梳理产业地块 564 个，总用地面积 9037.78 公顷，地块平均规模为 16.02 公顷。全市产业地块在空间分布上从中心向外围逐步增加。中心城区的越秀区、海珠区、荔湾区、天河区四区产业地块合计 87 个，占全市总量的 15.4%。次外围的白云区、黄埔区、番禺区三区合计有 207 个产业地块，占全市

的 36.7%。外围城区（花都区、南沙区、从化区、增城区及空港经济区）产业地块合计 270 个，占全市产业地块总数量的 47.9%。除中心城区外，其他各区的产业地块集中了全市总面积的 94.4%，其中花都区、南沙区、番禺区的产业地块面积最大，三个区产业地块面积合计占到全市的 60.0%。（见表 8.3）

表 8.3　　　广州市各区（含空港经济区）产业地块汇总

行政区	地块数量	占全市比例	地块面积（公顷）	占全市比例
越秀区	4	0.7%	6.56	0.1%
海珠区	24	4.3%	161.08	1.8%
荔湾区	29	5.1%	101.25	1.1%
天河区	30	5.3%	241.83	2.7%
白云区	65	11.5%	747.49	8.3%
黄埔区	54	9.6%	331.43	3.7%
花都区	89	15.8%	2467.87	27.3%
番禺区	88	15.6%	1600.00	17.7%
南沙区	10	1.8%	1355.20	15.0%
从化区	109	19.3%	775.13	8.6%
增城区	34	6.0%	356.00	3.9%
空港经济区	28	5.0%	893.74	9.9%
总计	564	100%	9037.58	100%

资料来源：广州市工业和信息化局网站。

（二）建设"摩天工坊"，提高工业集约用地水平

广州开发区位于广州市黄埔区，是全市最早建设、最重要的一个产业园区，经过几十年的发展，也同样面临产业用地紧缺问题。近年来，黄埔区紧抓粤港澳合作深入推进，尤其是《粤港澳大湾区规划》积极落实的良好契机，不断探索创新，逐渐形成集约发展用地的"黄埔"模式。

（1）创新产业用地政策。政策创新，推动土地"存量"转化为经济"增量"。创新产业用地分类，鼓励土地混合使用，创建复合型科教地产、新型产业地产、综合型总部地产；强化地上地下空间一体化开发，加大地下空间开发建设力度；建立差别化的土地供应机制，提升产业空间供给质量；支持工业用地提高容积率，允许普通工业用地基准容积率上限可达3.5—4.0。[①]

（2）建设"摩天工坊"，强化"工业上楼"。黄埔区发挥对接香港乃至全球创新资源优势，加快体制机制创新，加强穗港合作。在广州开发区西区的穗港科技合作园和云埔工业园片区，以与香港合资或引资等形式，合作建设以智能智造、信息技术、新材料、新能源为主要产业定位的"摩天工坊"式高标准厂房，导入香港再工业化项目，吸引全球科技创新企业入驻。按照"生产、生活、生态"的科学发展理念，"摩天工坊"以产业作为组织社区生活的联结点和吸引点；以新型工业为主的多种功能高度融合，打造地标性新工业建筑，促进园区与周边城区的融合。

（三）向存量要空间——天河区村级工业园的"村改创"模式

村级工业园是传统产业的重要载体，在粤港澳大湾区背景下，村级工业园亟须通过整治提升质量和效益。2015年以前，广州城市更新政策以拆除重建为主，更关注土地收益本身。天河区探索出了一条村级工业园违法建设治理和微改造综合提升的新路子，涌现出一批典型园区。自2014年起每年改造50万平方米"村里的众创空间"。2019年，全区新增孵化器和众创

[①]　陈思勤、吴雨伦、李鹏程：《广州科学城扩容7倍　如何影响大湾区科创格局？》，2020年6月5日，南方网（https://static.nfapp.southcn.com/content/202006/04/c3608005.html）。

空间总数达 188 家，占全市的 33%。天河区在"村改创"模式上的先行先试，为全市村级工业园整治提升积累了宝贵的经验。

1. 加强政策引导

2017 年 6 月，天河区在全市率先出台《广州市天河区利用村（社）集体物业打造众创空间和孵化器的工作指引（试行）》，2019 年 9 月，出台《天河区村级工业园整治提升实施意见》，将扶持创新创业与"三旧改造"相结合，通过拆除重建、综合整治等手段，盘活土地资源，改善"城中村"的基础设施和环境，促进创新集聚。

2. 明确产业定位

打造孵化器和众创空间，是天河区村级工业园整治提升的重点方向。按照专业、集聚的思路错位发展，打造主导产业特色鲜明的专业集聚区。围绕"村改创"这一中心，在"互联网＋"小镇和科韵路沿线，先后打造了盛达电子信息创新园、天盈创意园、创锦科企业孵化器等园区，形成数字内容、软件、大数据、移动互联网等数字经济创新集聚区。

3. 鼓励社会资本参与

在园区的运作模式上，天河区充分调动社会资本参与的积极性，以政府引导、市场运作、共建共享的方式推动园区改造，引进专业化市场化机构合作运营。目前，天河区已改造的村级工业园物业平均出租率达 85% 以上，租金水平比改造前至少提升了 1 倍以上，更有不少"村里的众创空间"实现了品牌输出，将既有模式复制到区内乃至全市的新园区，带动了产业结构的调整和升级。

（四）制造业的集聚度有所提升

近几年来，广州制造业在大湾区内地 9 市的地位有逐渐提升的趋势。工业区位熵从 2018 年的 1.021 提升至 2020 年的

1.246。2020 年，大湾区内地 9 市在全国范围来看，仅有江门和肇庆的区位熵低于 1，其他城市均在 1 以上，广州以较大的优势位居前三。（见图 8.4）截至 2021 年，全市只有 3 个国家级开发区和 5 个省级园区，使广州制造业对接国家、广东省政策红利有限。

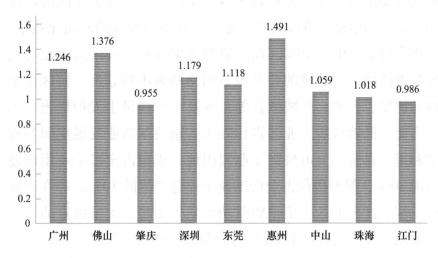

图 8.4　2020 年大湾区内地 9 市制造业在全国的区位熵

五　广州制造业布局的主要问题

（一）制造业在全国的集聚度有所下降

近十年来，广州制造业在全国的地位有逐渐减弱的趋势。工业区位熵从 2008 年的 1.168 下降至 2018 年的 1.05，2021 年继续下降为 0.85。与国内工业增加值 TOP11 城市相比，略高于上海、重庆、武汉和无锡，排名第六；而深圳、苏州和成都已经达到或超过了 1.1（见图 8.4）。截至 2018 年，全市有一定规模的产业园区 134 个，却只有 3 个国家级开发区（广州开发区、南沙开发区、增城开发区）和（2021 年）5 个省级园区（花都开发区、从化开发区、云埔工业园区、白云工业园区、番禺开发区），使广州制造业对接国家、广东省政策红利有限。

（二）园区产业集聚效益不高

一方面，广州工业园区集聚效益不强。园区内存在企业规模较小，支柱型企业缺乏，产业带动能力不强等问题。企业之间缺乏交流与合作，专业化统筹分工较少，园区企业间的产业功能联系和信息、资源共享不足，存在不同程度的同质化竞争，严重影响了全市工业园区及产业的集聚效益。园区周边配套设施严重滞后，与区域的公共服务网络联系不够紧密，园区在金融、研发、人才、产城融合等服务及平台建设上发展缓慢。另一方面，低效村级工业园占比较大，制约制造业发展空间的有效利用。目前，全市村级工业园用地总规模占全市工业用地总量的30%，但产值仅占全市工业企业总产值的10%，存在产业链低端、产出低效、集聚辐射功能弱等不足，大量低效的村级工业园，在一定程度上制约了高端制造业的发展。

（三）产业发展用地缺口较大

国际通行的生态宜居线（以土地利用强度为评价指标）是20%，生态宜居警戒线是30%。广州市的土地利用强度早在2015年就已经达到25%，尤其是越秀、荔湾、海珠、天河等中心城区的土地利用强度更是超过60%。土地开发强度趋于饱和。在经济新常态和高质量发展的趋势和要求下，广州市建设用地指标的缩紧与不断上升的城乡建设需求已成为主要矛盾。近年来，随着新兴产业诸多重大项目的引进和落地，产业发展用地需求的缺口不断增大。①

---

① 秦瑞英、白伟杉：《粤港澳大湾区背景下广州制造业空间优化途径探析》，《城市观察》2022年第4期。

（四）存量工业用地盘活存在瓶颈

盘活存量工业用地是发展创新型产业的重要路径。以往已批的传统工业用地往往规模较大，但土地利用效率较低，土地和厂房空置现象较多。在这些存量工业用地的盘活利用问题上，面临着城市发展需要和工业企业利益的协调和均衡问题。政府希望通过产业政策引导、规划调整、土地公开出让等方式盘活存量工业用地，选择最优主体进行再开发，实现用地效益最大化，增加政府财政和税收收入。但在土地、用工等成本增加及经济大环境下行的背景下，工业企业主普遍采取保守的经营策略，担心改造后丧失土地使用权，对于旧有低效用地的改造态度较为谨慎。政府、企业两者利益在实践操作中难以平衡，导致许多工业用地利用效率低下。[①]

六　进一步优化制造业空间布局的对策建议

为了进一步优化制造业空间布局，必须深入贯彻落实习近平总书记对广东和广州系列重要讲话精神，落实《粤港澳大湾区发展规划纲要》对广州制造业的发展定位，充分利用"一国两制、三个关税区"的独特制度优势，实施"优内联外"战略，深化改革创新，优化调整市域制造业发展空间；强化与周边城市的合作共赢，以共建协同等模式向市域外拓展产业空间；扩大开放，积极参与和推动国际产能合作，拓展海外发展空间，携手大湾区城市共建具有国际竞争力的先进制造业基地。

---

① 任俊宇：《创新城区的机制、模式与空间组织研究》，博士学位论文，清华大学，2018年。

（一）优化发展"3+4+N"的先进制造业空间格局

制定出台全市工业园区布局规划和功能定位指引，大力支持黄埔（广州开发区）担当全市工业发展的主战场、主力军作用，以黄埔、增城、花都、番禺、白云、从化以及南沙自贸试验区等地的先进制造业基地为核心，构建以广州开发区、南沙自贸试验区、增城开发区三大国家级开发区为中心，以4个省级开发区为支点，多个市级先进制造业集聚发展基地错位发展的"3+4+N"的园区发展格局。加快穗港智造特别合作区建设，创建穗港"再工业化合作示范区"，打造国际生物岛生命科学合作示范区等穗港澳合作建设平台。① 加快花果山超清视频产业小镇、国家新型工业化产业示范基地、广州区块链国际创新中心、琶洲人工智能与数字经济试验区、航空产业价值创新总部基地、番禺智能制造产业园、白云广州设计之都、荔湾海龙国际科技创新产业区等园区建设。

（二）强化服务型制造集聚发展

以高附加值产业链为主导，打造具有较强服务辐射带动能力的现代服务型制造、高端生产性服务业和总部经济集聚核。以服务型制造集聚发展核内的工业园区为载体，在强化各园区主导产业的基础上，推动园区由"生产性制造"向"服务型制造"转变。积极推进具有良好基础条件和具有一定创新能力企业的升级，打造先进制造业科技创新与产品研发的中心，培育发展新技术、新产品、新模式、新业态，形成广州产业创新要

---

① 秦瑞英、白伟杉：《粤港澳大湾区背景下广州制造业空间优化途径探析》，《城市观察》2022年第4期。

素集聚地和先进科研技术成果示范引领区，[①] 为服务型制造业在全广州工业园区的快速全面发展建立良好基础。

（三）重点培育六大千亿元级产业集群

全力推进十个价值创新园区建设，引进和培育新动能，扶持企业提质增效，重点培育新能源汽车、智能装备、新型显示、人工智能、生物医药、互联网等六大千亿元级新兴产业集群。建成世界显示之都、全球生物医药创新研发中心和世界超级细胞工厂、国际一流的人工智能应用示范区、国际智能网联新能源汽车产业高地、国际软件名城、亚太设计中心，建设制造强国的广州样本。

（四）分区分类引导村级工业园改造提升

1. 加快村级工业园改造

突破各村行政壁垒，实现跨村域的集约工业区开发模式。创新村级工业园管理体系，空间相邻的各村级工业园划归集约工业区统一管理。提高产业门槛，建立生态控制型村级工业园集聚倒逼机制。依法依规对生态控制型村级工业园内的企业，在工商、环保、规划管控等方面高标准、严要求，通过增加其运营成本，促使其搬迁、淘汰或改造。探索手续不完善的村工业用地合法确权办法。探索不同类型手续不完善的村工业用地的划分标准、合法确权比例、办理流程、需提供的资料、相关责任等，并鼓励其往集约工业区搬迁。

2. 细化村级工业园改造流程

明晰村级工业园升级改造的项目策划、实施方案、改造实

---

① 秦瑞英、白伟杉：《粤港澳大湾区背景下广州制造业空间优化途径探析》，《城市观察》2022 年第 4 期。

施、利益调节的具体流程。分类实施改造提升。按照"搬迁一批、淘汰一批、提升一批"的原则，将村级工业园改造园区分类划定为承接转移园区、限期搬迁园区和保留发展园区，承接转移园优先用于疏导企业腾退安置或周转，限期搬迁园拆除改造，保留发展园区综合整治或局部拆改建，允许在园企业增资扩产。明晰园区定位，"一园一策"科学制订改造方案和改造计划，从产业类别、投资强度、产值、税收、容积率、建筑密度等方面制定入园标准，坚持改造与招商同步，着力引入新经济、新业态，布局发展科技型、创新型企业和项目，培育发展优势产业。[1]

（五）加快粤港澳全面合作示范区建设

着力打造一批重大合作平台，重点建设粤港产业深度合作园、粤澳合作葡语国家产业园；加快引进重大科技基础设施（实验室）、新型研发机构和科创团队；加快建设创新金融集聚区。加快建设国际人工智能价值创新园区、智能网联汽车产业园等平台项目。着力建设一批重大产业项目，支持和培育 AI 企业加快发展，推动打造千亿元级智能网联汽车产业集群。加快形成先进制造业规模效应，推进全球质量溯源中心等项目建设，提升国际供应链枢纽服务功能，以国际化、创新型为方向与港澳共建大湾区国际商业银行，推动创新型期货交易所尽快落地建设，争取设立全牌照粤港合资证券公司，加快壮大发展千亿元级融资租赁产业集群。

（六）大力共建飞地型产业园区

近年来，国家出台政策大力支持飞地经济发展，国家"十

---

[1]　秦瑞英、白伟杉：《粤港澳大湾区背景下广州制造业空间优化途径探析》，《城市观察》2022 年第 4 期。

三五"规划纲要明确提出，要创新区域合作机制，通过发展"飞地经济"、共建园区等合作平台，建立互利共赢、共同发展的互助机制。广州应抓住《粤港澳大湾区发展规划纲要》推进实施的重大机遇，按照明确的梯度序列、转移轨迹、空间形态等规划要求，重点依托南沙、番禺、黄埔、广州开发区等首批十大价值创新园，与大湾区城市相互结对，建设飞地园区，发展飞地经济。[①]

一是建设广清经济特别合作区。借鉴深汕特别合作区的成熟经验，复制输出广州开发区品牌，将广清合作区打造成知识城、科学城、生物岛主导产业的延伸区和配套区，增强区域创新辐射带动能力。积极探索"广州总部＋清远基地""广州总装＋清远配套""广州前端＋清远后台""广州研发＋清远制造""广州孵化＋清远产业化"等合作共建模式，引入优质产业资源。共同争取省政策支持，为全省破解区域发展不平衡不充分难题提供可复制可推广的"广清经验"。

二是建设广佛高质量融合发展试验区。探索"边界地区融合发展"的合作模式，创新打破行政壁垒，探索多层次的合作共建机制，积极争取创新性政策，形成粤港澳大湾区对接港澳、带动内地的双向开放平台，构建"1＋4"融合发展新格局，树立湾区新时代合作发展的新模式。"1"是指广州南站—佛山三龙湾片区，范围面积约 259 平方公里，其中广州约 129 平方公里，佛山约 130 平方公里。"4"是指五眼桥—滘口、大岗—五沙、白云—南海、花都—三水片区。（见图 8.5）

三是积极发挥省会城市领头羊作用。切实推进《广佛高质量发展融合试验区建设总体规划》实施落地，加快推动试验区

---

① 秦瑞英、白伟杉：《粤港澳大湾区背景下广州制造业空间优化途径探析》，《城市观察》2022 年第 4 期。

"花都—三水"试验区

总面积约134平方公里,具有汽车制造的优势基础,生态自然资源、岭南古村落文化旅游资源丰富,规划共建生态共享的
新能源与智能网联汽车产业合作发展示范区

"白云—南海"试验区

总面积约63平方公里,规划共建精明增长的
数字经济协同创新区

"荔湾—南海"试验区

总面积约88平方公里,历来是广佛民间交往频繁的门户地区,规划共建有机更新的
广佛黄金商贸区

"广州南站—佛山三龙湾—广州荔湾海龙"先导区

总面积约259平方公里,发挥广州南站链接港澳、辐射内地的双向开放优势,规划共建广佛科技城、文化新纽带和双向开放的
广佛高质量发展融合新极核

"南沙—顺德"试验区

总面积约85平方公里,规划共建面向湾区的
自贸服务业与先进制造业融合发展示范区

图8.5 广佛高质量融合发展试验区"1+4"空间格局

资料来源:广州市规划和自然资源局网站。

启动区建设。在"广州南站—佛山三龙湾—广州荔湾海龙"先导区先行建设番禺—南海—顺德启动区和荔湾—南海—番禺启动区,推动重点项目合力共建、生态共治共担、产业协同发展。荔湾—南海—番禺启动区位于荔湾海龙、东沙片区和南海三山

北片区、番禺洛浦西片区；番禺—南海—顺德启动区位于先导区南站西侧及林岳片区①，重点推动共建面向湾区的自贸服务业与先进制造业融合发展示范区。

（七）拓展海外发展空间

积极响应"一带一路"倡议，强化与"一带一路"沿线国家和地区的制造业合作。加强与沿线国家和地区之间的交流，创建多元化、多边化的合作制度，为"一带一路"沿线国家创造良好的合作环境，吸引港澳和海外企业投资建厂，加快中国（广州）中小企业先进制造业中外合作区的建设，打造合作新载体，为广州制造业"走出去"奠定坚实基础。坚持企业为主体，以市场为导向，加强政府层面的统筹，形成国企带头、民企跟进的立体化合作态势，鼓励和支持企业或园区"走出去"，对接国际通行规则，丰富企业（或园区）的国际化经营内涵，更加高效地在全球范围配置资源。坚持和探索多元化有效合作模式。依据"一带一路"所呈现的发展空间和趋势特点，借助一些合作区进行载体功能的发挥，推动装备制造、生物医药、电子信息等优势产业国际化布局，实施"走出去"工程，重点促进智能装备等领域的产品出口和国际产能合作，支持节能装备、新能源装备等行业拓展国际市场。②

---

① 杜娟：《广佛将共建 14 条跨市轨道》，2020 年 9 月 5 日，光明网（https://m.gmw.cn/baijia/2020-09/05/1301529117. html）。

② 秦瑞英、白伟杉：《粤港澳大湾区背景下广州制造业空间优化途径探析》，《城市观察》2022 年第 4 期。

第九章　广州制造业与服务业融合
发展评估及建议

综观发达国家和地区产业发展实践，服务业与制造业的有机融合、互动发展是产业结构演变的必然过程，并已成为全球产业发展趋势。一般认为，服务业与制造业融合发展是指在信息技术发展和应用下，服务业与制造业相互渗透、边界趋于模糊并逐渐形成新产业、新业态，共同推动产业升级的动态过程。制造业和服务业是广州城市产业体系的两大核心构成，广州实施制造业和服务业"双轮驱动"战略，是实现产业转型升级和经济高质量发展的关键所在，同时也是广州贯彻落实习近平总书记对广州提出的实现老城市新活力、"四个出新出彩"发展要求的重要支撑，是广州在中华民族伟大复兴大业蓝图中继续走在前列的总纲。广州推动制造业和服务业融合发展，不断提高发展质量，要以产业转型升级为重点，加快推进服务业尤其是生产性服务业与制造业相互融合、相互渗透，探索质量变革、效率变革、动力变革的高质量发展道路。

一　制造业与服务业融合发展理论分析

（一）制造业与生产性服务业融合发展概念

制造业与服务业融合是指生产性服务业和制造业通过相互

渗透、相互叠加、相互交叉，最终融为一体，产生更高的生产效率和经济效益，逐步形成新的产业形态的动态发展过程。它是产业发展的高级阶段，是社会生产力进步和产业结构高度化的必然趋势，是现代产业经济发展的一种新特征。由于"两业融合"突破了产业分立的限制，催生出许多新产品、新服务、新业态，开辟出更多的新市场，成为推动产业结构升级和促进经济发展的新模式。

生产性服务业与制造业是互为依托、相互促进的关系。制造业是生产性服务业发展的前提和基础，没有制造业的发展，就没有生产性服务业的需求来源；生产性服务业则是制造业提高核心竞争力的主要支撑，其产出主要用于制造业生产，如研发设计、知识产权服务、金融、物流服务等，都是制造业快速发展的重要支撑要素。现阶段，生产性服务业与制造业的相互联系和相互作用，主要表现为不断向更深层次的融合发展。

（二）制造业与生产性服务业融合发展机制

生产性服务业与制造业之间的相互融合，突出表现在生产性服务业加速向先进制造业生产前期的研发、设计，中期的管理、融资和后期的物流、销售、售后服务、信息反馈等全过程的渗透，先进制造业内部逐渐由以制造为中心转向以服务为中心。生产性服务业与制造业融合发展具体体现在以下三个层面。

一是制造企业内部的产业融合。越来越多的制造业企业不再仅仅关注实物产品的生产，而是涉及实物产品的整个生命周期，服务环节在制造业价值链中的作用越来越大，许多传统的制造业企业甚至专注于战略管理、研究开发、市场营销等活动，放弃或者外包制造活动，制造业企业正在转变为某种意义上的服务企业。

二是产业链上服务业与制造业的融合。产业链中生产制环节所占时间越来越少，研发、采购、储存、运营、销售、售后服务等环节所占时间越来越长。有关研究表明，在国际分工发达的制造业中，产品在生产过程中停留的时间约占其全部循环过程的 10%，在流通领域的时间要占 90%；在产业链中间环节投入上，服务投入增长速度快于实物投入增长速度。

三是区域内的产业融合，主要表现为先进制造业和生产性服务业在一个区域内的集群、集聚式发展。

二　广州制造业与服务业融合发展分析

（一）服务业与制造业行业发展现状分析

从服务行业发展轨迹看，服务业在广州国民经济当中已经占据最主要地位。2021 年广州服务业实现增加值 20202.89 亿元，同比增长 8.0%，占 GDP 比重达到 71.56%。现代服务业增加值 13636.85 亿元，增长 7.5%。生产性服务业增加值 10860.02 亿元，增长 9.0%，服务业主导型经济日益巩固。从具体行业看，卫生和社会工作营业收入增长 24.9%，文化、体育和娱乐业增长 23.3%，租赁和商务服务业增长 21.6%，科学研究和技术服务业增长 18.4%，居民服务、修理和其他服务业增长 14.3%，互联网、软件和信息技术服务业增长 13.0%。2006—2020 年[①]，交通运输业增长 7.02%[②]，住宿餐饮业增长 9.86%，文化体育和娱乐业增长 13.63%，租赁和商务服务业增长 17.36%，房地产业增长 21.89%，居民服务修理和其他服务业增长 22.11%，这些服务行业的增加值年均增速小于 GDP 的年均增速；教育业增长 47.79%，科学技术服务业增长 59.07%，

[①]　数据截止日期选到 2020 年主要原因在于，2022 年广州市统计年鉴不再对服务业细分行业增加值进行统计，获取不到 2021 年服务行业增加值数据。

[②]　此为没有进行价格折算的名义 GDP 增速，下同。

信息技术业增长 54.4%，金融业增长 82.11%，这些现代服务业的增加值年均增速均快于 GDP 的年均增速。此外，批发零售、水利环境和公共设施管理业、居民服务修理和其他服务、卫生社会工作和公共管理等传统服务行业发展较好。可见，以电子商务、金融服务、科技服务、中介服务以及文化服务等知识、技术密集型为主的现代服务行业发展迅速，在推动广州产业结构优化上取得了初步成效。

从行业发展轨迹看，制造业在广州市 GDP 中占据着重要的地位。2021 年，全市规模以上制造行业增加值规模为 4481.57 亿元。三大支柱产业占全市工业总产值的比重达到 49.33%，仍在制造业中占据主导地位。2021 年，广州三大支柱产业规模以上工业企业 1965 家，实现工业销售产值 11405.15 亿元，其中，汽车制造业完成工业总产值 6121.74 亿元；电子产品制造业完成总产值 3352.29 亿元，石油化工制造业完成总产值 1931.11 亿元。

（二）服务业和制造业行业结构变动分析

为了解近几年来广州产业结构变化情况，本研究采用 Duranton[1] 提出的产业变动指数测算方法，以及国内学者王珺等人（2016）提出的改进方法，选取 2006—2021 年广州市 14 个服务业和 27 个制造业数据，将广州产业结构变动分为五个阶段：第一阶段为 2006—2008 年，为金融危机前期；第二阶段为 2009—2011 年，为金融危机影响期；第三阶段是 2012—2014 年，为后金融危机时期；第四阶段为 2015—2017 年为经济转型升级时期；第五阶段为 2018—2021 年，为经济高质量发展阶段，测算

---

① Duranton, G., "Urban Evolutions: The Fast, the Slow, and the Still", *American Economic Review*, Vol. 97, No. 1, 2007, pp. 197−221.

了广州市第三产业和制造业产业结构变动指数五个阶段的变化情况。[①] 两种产业变动指数均显示，2006 年以来，广州制造业和服务业的产业变动指数整体上呈递减趋势，广州市制造业和服务业的就业流入速度一直在下降，就业吸纳能力在下降，产业结构发生变化，而 2016 年之后，随着中国经济发展逐渐适应新常态，广州产业结构转型升级初显成效，制造行业和服务行业对就业资源的吸纳能力开始增强；五个阶段的产业结构变动指数趋低也说明这十年来，广州市传统服务业和制造业就业吸纳能力在降低，而新部门、新业态和新组合方式带来的就业吸收能力的提升不足以弥补传统行业就业人口流失速度，新兴产业发展逐渐成为广州产业发展的重要力量。（见表 9.1）

表 9.1　2006—2021 年广州市制造行业和服务行业产业变动指数

行业 时间段	制造行业		服务行业	
	churan	CICI	churan	CICI
2006—2008 年	0.0035	0.6205	0.0075	0.9015
2009—2011 年	0.0034	0.4136	0.0071	0.8203
2012—2014 年	0.0023	0.3491	0.0061	0.7710
2015—2017 年	0.0029	0.0892	0.0044	0.9812
2018—2021 年	0.0024	0.4790	0.0033	0.8944
2006—2020 年	0.0030	0.4208	0.0078	0.8786

数据来源：根据历年《广州统计年鉴》整理。Churan 表示根据 Duranton 方法测算的指数，CICI 表示根据王珺等人方法测算的指数。

　　国际金融危机之后，传统制造业就业净流出速度加快，而

---

　　① 通过指数的变化，说明不同行业的就业流动情况，从而说明产业结构的变化。一般认为，就业人数的增长说明这个行业的地位在提升，行业在不断成长；就业人数的减少，说明这个行业的发展受到限制，行业地位下降。

新兴制造业就业净流入增速相对缓慢，导致整体制造业就业吸纳能力下降。由表9.1可知，2009年以后广州制造业 CICI 指数值均小于0.5，说明这一时期制造业行业总体上已经由就业人口净流入转入就业人口净流出阶段，制造业就业人数绝对数负增长。由表9.2可知，2006—2021年，广州全市制造行业中有18个行业就业人数出现净流出，其中，皮革、毛皮、羽毛及其制品和制鞋业（-77.22%），纺织业（-75.29%），黑色金属冶炼和压延加工业（-70.15%），以及纺织服装、服饰业（-64.61%）等就业规模较大传统制造行业就业人数流出较为明显；此外，有8个制造行业就业人数增速为正，其中交通运输设备制造业（101.16%）、医药制造业（78.51%）、专用设备制造业（74.89%）等先进制造业以及食品制造业（42.75%）、酒、饮料、精制茶业（73.87%）和家具制造业（99.4%）等传统制造业就业人数有较高的增速。可以看出，国际金融危机后期，广州部分先进制造业发展速度较快，产业地位不断提升，但先进制造业整体仍需加快发展，在促进传统制造业优化升级的同时以更大力度推动先进制造业快速发展。[①]

表9.2　　　　　　　　2006—2021 年广州市规模以上制造行业
就业规模变化情况　　　　　　　　　（单位：人）

行业 \ 年份	2006	2021	就业规模变动（%）
制造业	1446515	1253152	-13.37
食品制造业	37052	52892	42.75
酒、饮料和精制茶制造业	12802	22259	73.87
烟草制品业	2658	2669	0.41
纺织业	81162	20054	-75.29

---

① 本段落中的数据通过比较相应行业 2021 年和 2006 年行业就业规模而获取。

年份 行业	2006	2021	就业规模变动 （%）
纺织服装、服饰业	149252	52824	-64.61
皮革、毛皮、羽毛及其制品和制鞋业	155378	35400	-77.22
木材加工及木、竹、藤、棕、草制品业	8932	4827	-45.96
家具制造业	16182	32267	99.40
造纸及纸制品业	29305	13025	-55.55
印刷和记录媒介复制业	25473	19126	-24.92
文教、工美、体育和娱乐用品制造业	77054	38482	-50.06
石油加工、炼焦和核燃料加工业	6142	4831	-21.34
化学原料及化学制品制造业	62481	75802	21.32
医药制造业	22657	40446	78.51
化学纤维制造业	682	642	-5.87
橡胶和塑料制品业	90416	59757	-33.91
非金属矿物制品业	40119	30048	-25.10
黑色金属冶炼和压延加工业	13228	3948	-70.15
有色金属冶炼和压延加工业	10313	4512	-56.25
金属制品业	59981	44149	-26.40
通用设备制造业	47990	78133	62.81
专用设备制造业	28441	49768	74.99
交通运输设备制造业	93640	188364	101.16
电气机械及器材制造业	105005	97380	-7.26
计算机、通信和其他电子设备制造业	187703	184685	-1.61
仪器仪表制造业	29678	16465	-44.52
其他制造业	52789	3180	-93.98

资料来源：根据历年《广州统计年鉴》整理。

就服务行业产业结构的变化来看，前三个阶段的测算结果表明，传统服务业就业吸纳能力下降，现代服务业就业吸纳能力增强，但相对较弱，无法弥补传统行业就业吸纳能力的下降幅度，导致服务业就业吸纳能力整体下降，而在第四个阶段，服务行业的 CICI 指数又有所提升，说明广州服务行业就业人数增速在提升。此外，表9.1 的数据显示，五个阶段服务业的 CICI 指数均大于 0.5，说明广州服务行业就业整体上处于增长阶段。比较前三阶段和第四、第五阶段，2016 年以来，服务行业中有八大行业的就业增速在放缓，其中包括住宿和餐饮业（-5.43%），水利、环境和公共设施管理业（-4.06%），居民服务、修理和其他服务业（-4.30%），批发和零售业（-2.37%）等传统服务业；就业增速上涨的行业主要集中在金融业（113.36%），租赁和商务服务业（36.23%），信息传输、软件和信息技术服务业（23.74%），以及文体娱乐业（13.96%）等现代服务业领域。（见表9.3）可以看出，广州现代服务业部分行业发展速度较快，地位在不断提升；传统服务业的地位整体下降，但仍占据重要地位，现代服务业特别是生产性服务业发展必须提升到更加重要的地位。

表 9.3　　　　　　2006—2020 年广州服务行业就业规模变化情况

年份 行业	2006—2015 年	2016—2020 年	增速变化（%）
第三产业	5.45	11.95	6.50
批发和零售业	6.33	3.96	-2.37
交通运输、仓储及邮政业	5.36	5.56	0.20
住宿和餐饮业	8.00	2.57	-5.43
信息传输、软件和信息技术服务业	5.94	29.68	23.74
金融业	7.89	121.25	113.36
房地产业	11.86	17.60	5.74
租赁和商务服务业	5.70	41.93	36.23
科学研究和技术服务业	27.66	36.28	8.62
水利、环境和公共设施管理业	9.67	5.61	-4.06
居民服务、修理和其他服务业	0.89	-3.41	-4.30
教育	4.76	7.13	2.37

年份 行业	2006—2015 年	2016—2020 年	增速变化（%）
卫生和社会工作	4.10	16.46	12.36
文化、体育和娱乐业	2.54	16.50	13.96
公共管理、社会保障和社会组织	3.82	13.16	9.34

资料来源：根据历年《广州统计年鉴》整理。

（三）服务业与制造业融合发展情况分析

2021 年，广州市第三产业占 GDP 比重达到 71.56%，尤其是金融服务、信息服务、科技服务、商务服务等现代服务行业快速发展，先进制造业和现代服务业融合发展已经成为广州产业经济发展的重要特征和趋势。本书重点分析服务业和制造业中重点产业融合情况，以 2006—2020 年行业增加值增速靠前的行业为选择标准，服务业领域选取批发和零售业、信息传输、软件和信息技术服务业、金融业、房地产业、租赁和商务服务业、科学研究和技术服务业、教育、卫生和社会工作，其中，传统服务行业为批发和零售业、房地产业、教育、卫生和社会工作四个行业，现代服务业为信息传输、软件和信息技术服务业、金融业、租赁和商务服务业四个行业。制造业领域选择食品制造业、家具制造、文教工美体育和娱乐用品制造业、石油加工炼焦和核燃料加工业、医药制造业、通用设备制造业、专用设备制造业和交通运输制造业八大行业，其中传统行业有食品制造业、家具制造、文教工美体育和娱乐用品制造业、石油加工炼焦和核燃料加工业，先进制造业为医药制造业、通用设备制造业、专用设备制造业和交通运输制造业。

采用 2006—2020 年各产业增加值数据，以两个产业之间的相关系数来表示产业间的联系程度，测算重点领域服务业和制造业的潜在融合情况，结果如表 9.4 所示。

表9.4 2006—2020年广州主要服务行业与制造行业产业相关系数

制造行业 服务行业	制造业	食品制造业	家具制造业	文教工美体育和娱乐用品制造业	石油加工炼焦和核燃料加工业	医药制造业	通用设备制造业	专用设备制造业	交通运输制造业
服务业	0.8985*	0.9523*	0.9750*	0.7137	0.8467	0.9688*	0.8906*	0.9296*	0.9427*
批发和零售业	0.9458*	0.9628*	0.9875*	0.7847	0.8864*	0.9328*	0.9173*	0.8760*	0.9627*
信息传输、软件和信息技术服务业	0.6941	0.8469	0.8321	0.3916	0.7044	0.9374*	0.7493	0.9440*	0.7941
金融业	0.9125*	0.9587*	0.9773*	0.7022	0.8636*	0.9646*	0.8902*	0.9340*	0.9529*
房地产业	0.9222*	0.9024*	0.9563*	0.8243	0.8491	0.8950*	0.8558*	0.8277	0.9326*
租赁和商务服务业	0.9509*	0.8866*	0.9449*	0.8112	0.8938*	0.8279	0.8415	0.7615	0.9417*
科学研究和技术服务业	0.8725*	0.9428*	0.9622*	0.6666	0.8323	0.9692*	0.8845*	0.9490*	0.9248*
教育	0.8212	0.9209*	0.9298*	0.606	0.7781	0.9787*	0.8440	0.9605*	0.8914*
卫生和社会工作	0.9076*	0.9474*	0.9796*	0.7043	0.8766*	0.9545*	0.8883*	0.9185*	0.9499*

资料来源：根据历年《广州统计年鉴》整理，相关系数为用各产业增加值取对数测算，* 表示通过 10% 显著性检验。

如表 9.4 所示，从整体上看，主要服务行业与制造行业之间的相关系数为 0.8985，且通过显著性检验，说明服务行业与制造业之间具有较强的相关性，即服务行业与制造业行业具有相互促进作用，两者之间存在着较强的相关性。从制造业领域看，与服务行业相关系数较大的制造业领域分别是家具制造、医药制造、专用设备制造、通用设备制造、交通运输制造和食品制造，相关系数分别为 0.9750、0.9688、0.9296、0.8906、0.9427 和 0.9523，且均通过显著性检验。传统制造行业文教工美体育和娱乐用品制造业以及石油加工炼焦和核燃料加工业的相关系数均未通过显著性检验。由此可见，广州市服务行业的发展与制造行业转型升级有较强的潜在融合能力。

从服务业领域看，与制造业相关程度按大小排序依次是商务租赁（0.9509）、批发零售（0.9458）、房地产业（0.9222）、金融业（0.9125）、卫生和社会工作（0.9076）、科学服务（0.8725），信息服务行业和教育行业与制造行业之间的相关系数没有通过显著性检验。

从行业类型看，传统服务业与先进制造业之间的相关系数大于现代服务业与先进制造业之间的相关系数，说明现代服务业与先进制造业领域的融合能力仍有待加强。具体来看，传统服务业与先进制造业的相关性为 0.8589，大于现代服务业与先进制造业的相关性（0.6433），但现代服务业与传统制造业之间的相关性（0.5083）小于传统服务业与传统制造业之间的相关性（0.5844），说明现代服务业与传统制造业之间的融合潜力要小于与先进制造业领域的融合潜力。此外，相关数据还表明，现代服务业与传统制造业之间相关性最弱。（见表 9.5）

表9.5 按类别划分服务业与制造业相关系数

	先进制造业	传统制造业
现代服务业	0.6433	0.5083
传统服务业	0.8589	0.5844

注：表中的相关系数是根据表9.4测算结果取平均值，未通过显著性检验的相关系数为0。

此外，为进一步考察服务行业对制造行业的实际影响，本书将服务行业的单个行业作为解释变量，制造行业的单个行业作为被解释变量进行了回归分析，在排除自相关性、异方差等情况后，得出如表9.6所示的回归分析结果。

从回归结果中可以看到，服务行业对制造业的产出弹性为0.503，表明服务业增加值每增长1个百分点就能带动制造业增加值增长0.503个百分点。从制造行业回归结果看，服务业对本书所选的八大制造行业回归系数均通过显著性检验，说明服务行业的发展对这些制造行业发展促进作用在统计上存在显著的融合发展关系。从具体回归系数看，服务业与传统制造业（食品制造业、家具制造业、文教工美体育和娱乐用品制造业、石油加工炼焦和核燃料加工业）的回归系数普遍大于对先进制造业，说明服务业对传统制造业产出弹性要高于先进制造行业。从服务行业方面看，批发和零售业等传统服务业对制造业回归系数均通过显著性检验，而金融业、租赁和商务服务业、房地产业等现代服务业对制造业回归系数低于平均水平。这说明，当前阶段，传统服务业对制造业影响依然较大，而现代服务业对制造业的促进作用尚未显现出来。

分行业类型看，除信息服务业外，其他现代服务业对先进制造业均有显著性影响，但从整体上看，现代服务业对先进制造业的促进作用要弱于传统服务行业，说明现代服务业对制造行业的推动作用仍有待加强。具体来看，现代服务业和传统服

表9.6 广州市服务行业对制造行业产业的回归系数

制造行业 / 服务行业	制造业	食品制造业	家具制造业	文教工美体育和娱乐用品制造业	石油加工、炼焦和核燃料加工工业	医药制造业	通用设备制造业	专用设备制造业	交通运输制造业
服务业	0.503 *** (0.103)	0.712 *** (0.082)	1.417 *** (0.146)	0.673 ** (0.271)	1.373 *** (0.431)	0.797 *** (0.071)	0.789 *** (0.098)	0.852 *** (0.125)	0.635 *** (0.106)
批发和零售业	0.464 *** (0.071)	0.663 *** (0.053)	1.304 *** (0.065)	0.705 *** (0.214)	1.349 *** (0.294)	0.688 *** (0.086)	0.749 *** (0.058)	0.743 *** (0.131)	0.563 *** (0.063)
信息传输、软件和信息技术服务业	0.260 ** (0.109)	0.473 *** (0.116)	0.804 ** (0.271)	0.0214 (0.297)	0.875 * (0.410)	0.591 *** (0.097)	0.480 * (0.241)	0.636 *** (0.076)	0.378 ** (0.149)
金融业	0.359 *** (0.057)	0.490 *** (0.047)	0.976 *** (0.091)	0.407 ** (0.154)	0.960 *** (0.263)	0.546 *** (0.056)	0.545 *** (0.072)	0.578 *** (0.085)	0.434 *** (0.058)
房地产业	0.506 *** (0.092)	0.693 *** (0.104)	1.557 *** (0.115)	0.733 *** (0.249)	1.424 *** (0.392)	0.535 ** (0.230)	0.899 *** (0.089)	0.567 * (0.290)	0.656 *** (0.100)
租赁和商务服务业	0.587 *** (0.060)	0.31 (0.321)	1.520 *** (0.177)	0.661 ** (0.272)	1.648 *** (0.300)	0.303 (0.252)	0.958 *** (0.098)	0.492 (0.296)	0.722 *** (0.077)
科学研究和技术服务业	0.365 *** (0.079)	0.528 *** (0.079)	1.056 *** (0.156)	0.403 (0.243)	1.039 *** (0.337)	0.601 *** (0.043)	0.582 *** (0.096)	0.647 *** (0.080)	0.458 *** (0.092)
教育	0.365 *** (0.108)	0.559 *** (0.119)	1.079 *** (0.256)	0.416 (0.239)	0.987 ** (0.445)	0.651 *** (0.039)	0.582 *** (0.144)	0.665 *** (0.062)	0.494 *** (0.122)
卫生和社会工作	0.390 *** (0.084)	0.572 *** (0.061)	1.160 *** (0.088)	0.481 ** (0.211)	1.170 *** (0.296)	0.639 *** (0.071)	0.644 *** (0.076)	0.691 *** (0.108)	0.499 *** (0.073)

注：括号内数字为 t 值，*** 表示通过1%显著水平检验，** 表示通过5显著水平检验。

务业对先进制造业行业的产出弹性普遍低于传统制造业行业；现代服务业对先进制造业和传统制造业的产出弹性普遍低于传统服务行业。

结合相关性分析，可得出以下结论：先进服务业与先进制造业之间具有较高的潜在融合能力，但当前阶段先进服务业对先进制造业的促进作用相对有限，现代服务业对先进制造业融合水平相对较低，尚有较大的提升空间。主要原因在于现代服务业由于还没有真正成为知识的产业载体，从而不能发挥产业"黏合器"的作用，对先进制造业并没有产生较大的乘数推动效应。

为了更好地促进服务业与制造业协同发展，特别是现代服务业、生产性服务业与先进制造业、新兴制造业融合发展、协同发展，必须进一步发展先进制造业、新兴制造业，特别是引导企业提升研发能力、集成能力和运营能力，提升市场服务能力和水平，同时吸引更多的高附加值环节投资；进一步提升本地现代服务业、生产性服务业知识含量，以及它们的市场开拓和服务能力，更好地与需求方对接，实现双方的协同发展。

三　先进经验借鉴及启示

（一）制造业与服务业融合发展先进经验

1. 美国

自 20 世纪中叶起，美国产业结构开始有明显调整趋势，各产业分工日益深化，社会生产和销售组织网络日益复杂，造成产品生产中服务的内容不断增加。工业增加值占 GDP 的比重逐渐下降，制造业的占比下降至 2011 年的 11.7%。目前，以金融、财会审计、信息服务、管理咨询和法律服务等知识密集型行业为代表的生产性服务业已经成为美国服务业发展的主要动力。

从变化进程看，美国的生产性服务业和制造业的融合发展历程可归纳为三大阶段：第一阶段发生在20世纪80年代，主要表现为以财物、仓储存货管理等为主的生产性服务业发挥了重要的辅助管理作用；第二阶段发生在20世纪90年代，主要表现为以管理咨询、物流服务、金融服务等为代表的生产性服务业发挥了管理支持作用；第三阶段集中在20世纪90年代末以来，主要表现为以信息技术、创新与设计、供应链管理等为代表的生产性服务业发挥着战略导向功能。从发展趋势来看，生产性服务业与制造业之间的产业界限模糊化程度不断加强，经济活动从以制造为中心向以服务为中心转移，生产性服务业与制造业之间的融合程度不断加强，规模优势不断增强。

2. 德国

自20世纪80年代末以来，德国服务业快速发展，当前已成为经济的支柱产业。近年来，德国的服务业增加值占全国GDP的比例始终保持在70%左右，且生产性服务业增加值约占服务业增加值的68%。近些年，产业结构保持相对稳定的同时，德国高技术产业迅速发展。1995—2008年，德国的密集型制造业附加值从不到30%增长到超过50%，其中汽车制造和高端机械的表现最为突出，通信设备、医疗和精密仪器等领域先进制造也表现出强大的动能。

生产性服务业的快速发展是推动德国技术密集型制造业发展的重要动力。一方面，德国发达的行业协会为服务业和制造业融合发展提供了重要保障。德国的行业协会涵盖门类众多，涉及行业广泛，主要分布在咨询、信息、职业教育等领域。另一方面，德国大力投入研发为实现服务业和制造业融合发展提供了强大动力。德国高度重视教育和科技研发，政府采取多元化的资助方式，不断增加教育研发投入，推动教育和科技研发事业快速发展。以研发支出为例，1998 年，德国的研发支出占国内生产总值的比重为 2.27%，到 2018 年增加到 3.13% 的水平。德国发达的服务业覆盖了制造业的各个环节，提高了劳动生产效率，推动了产业结构功能合理化和高级化发展，更好地服务了制造业的发展。

3. 日本

20 世纪 80 年代，日本政府提出了由"贸易立国"向"技术立国"转变的发展战略。日本在研发方面的投入占国内生产总值的比重始终保持着较高水平，这在保证了生产性服务业多年来快速发展的同时，也为制造业升级注入了新的活力。2000 年以后日本先后颁布了"e-Japan 战略"（以宽带化为突破口大力开展信息基础设施建设）、"e-Japan Ⅱ 战略"（以促进信息技术的应用为主旨）和"u-Japan 战略"，为日本的信息技术发展指明了方向，更好地引导了企业对信息技术的研发和应用。日本为了促进生产性服务业发展，提升生产性服务业企业的经营管理水平，促进生产性服务业与制造业互动发展，还出台政策打破企业垄断。

4. 新加坡

新加坡自 20 世纪 80 年代将现代服务业确立为经济发展的重要引擎以来，服务经济已成为新加坡经济的主体。目前，新加坡已成为著名的国际金融中心、国际航运中心、国际贸易中心和国际旅游会议中心。新加坡注重在新的经济环境下发展知识密集型产业，积极推动服务创新，通过服务创新带动新加坡制造业等相关产业的整体创新，从而提高了产业效率，降低了生产成本。在信息服务领域，2000 年起新加坡开始全面开放电信市场，除电缆和电视等领域的少数业务外，外商在电信部门的投资不再受限制；2003 年新加坡政府进一步修改了电信服务供应商和电信设备供应商执照的条例，进一步促进了外资对新加坡电信业的参与，有效地刺激了当地电信服务业的发展。与此类似，新加坡政府还出台系列政策引导和促进知识型服务业的发展，极大地推动了服务业向制造业的渗透。新加坡作为国际航运中心、国际金融中心、国际贸易中心以及国际旅游会议中心，其产业发展的关键因素在于政府对经济的适度干预和控制、完善的基础设施、高效率的服务水准以及对地缘优势的充分利用。

（二）对广州推动"两业融合"发展的启示

启示一：推动产业空间集群化发展有助于促进产业融合

发达国家的经验表明，生产性服务业与制造业集聚式发展推动了两大产业融合发展。在生产性服务业与制造业的融合发展过程中，为了更充分地实现企业信息共享，提高企业整体竞争力，增强企业规模效应，制造业和生产性服务业在空间布局中越来越集中，呈现出融合的空间载体产业集群化发展的趋势。生产性服务业承担着为制造业发展提供人力资源供给、先进技术供给、专业信息供给以及产品价值实现等基础作用，是集群实现产品增值、降低企业交易成本以及保持企业创新活力的有力支撑。

启示二：高水平的服务融合能力有助于推动企业技术创新

美国、德国、日本和新加坡发展生产性服务业的成功经验表明，政府和企业都应重视通过提升服务能力促进科技创新。为提高广州的生产性服务业与制造业融合发展能力，广州市政府层面应加大金融支持力度，如完善信贷模式、健全资本市场、完善风险定价机制以及完善风险投资机制。加快建设以新型研究机构、龙头企业和大学为主体的知识创新体系，围绕支柱型产业和优势产业充分调动各方面力量整合市场资源，加强先进科技研究，突破共性技术、关键技术和核心技术创新和成果转化。

启示三：充分发挥行业协会在企业与企业之间、企业与市场之间的桥梁纽带作用

发达国家的生产性服务业发展经验表明，行业协会对生产性服务业与制造业的融合发展发挥着重要的促进作用。行业协会为了更好地发挥促进和推动作用，会对本行业的发展情况开展深入研究，当行业企业在生产经营过程中遇到共性困难时，会及时为它们提供信息咨询服务。此外，行业协会还会加强对产业人才的培养，以期为行业中企业的发展提供更好的智力保障。由此可知，行业协会的存在，不仅为生产性服务业和制造业企业的发展提供了优质的服务支持，更是企业与政府、企业与企业、企业与市场之间联系的桥梁，提高了生产性服务业和制造业企业的人力资源素质，优化了发展环境，在专业服务市场体系的培育中发挥了至关重要的作用。

启示四：产业融合必须以产业链拓展以及产业间的深化合作为基础

服务型制造业是生产性服务业与制造业两大行业之间高度融合的产物，发达国家的成功经验表明，在服务型制造业企业生产经营过程中，客户能够全程参与产品的生产，企业之间能够相互提供生产性服务和服务性生产，这就需要制造业企业在不断提高产品质量和性能的基础之上，用更加精准的服务来打造产品的差异化和竞争优势，通过增强企业产品和生产工艺的创新能力，不断延伸或者拓展企业产品的生产价值链，由仅仅提供实物产品向提供产品集成解决方案转变。在这个过程中，产业链条的不同环节与生产性服务业的产业链交叉或重叠在一起，使得产业之间的边界逐渐模糊，从而实现生产性服务业与制造业交叉融合和产业组织形态的融合。

四　广州推动服务业与制造业融合发展的对策建议

（一）进一步推动服务业发展的开放合作

实现服务业的开放式发展一方面要解决行业垄断、市场准入门槛较高等问题，实现对内开放。与制造业相比，中国生产性服务业如金融、科学研究、信息等行业管制较严，一定程度上限制了生产性服务业部门的竞争。因此，建立有效的市场机制，开放除少数特殊行业和关系国家安全的生产性服务业之外的一般生产性服务业，引入竞争机制是解决这些问题的关键。另一方面，要充分利用广州毗邻港澳的地缘优势，抓住粤港澳大湾区建设契机，加强与港澳等区域和国家的交流合作，深化对外开放，大力发展产业金融、科技研发、整合集成等生产性服务业，促进产业融合和转型升级。

（二）促进重点领域的产业融合发展

根据广州制造业的基础优势和新兴制造业重点发展行业，大力推动产业发展，延伸信息产业链，推进通信服务、软件服务、网络服务等相关领域的生产性服务业，促进电子产品制造业的进一步做强；延伸汽车产业链，加快汽车研发、测试、金融、物流以及汽车美容等服务业的发展，打造汽车整车生产、测试、关键技术研发、零部件配套、销售、物流、维修和金融等为一体的汽车产业链。同时，推动生产性服务业集聚发展，实现与制造业产业集群相配套，着力打造有特色的生产性服务业集聚区。

（三）营造良好的"两业融合"发展环境

从影响决策的角度来看，至少包括政策环境和行业环境两个方面。一是政策环境。制造业与服务业融合发展离不开政策的支持。政府应通过财政补贴和设立产业投资基金等财政扶持政策、建设用地优先审批等土地政策等多种渠道吸引产业要素和民间资本投向"两业融合"发展项目，或者设立专项扶持资金来解决"两业融合"发展中遇到的难题。二是行业发展氛围。行业企业之间的联系与合作程度对行业发展具有非常积极的促进作用。从发达国家的经验来看，行业协会对行业成长的政策制定、资源配置和发展方向等方面具有重要的影响作用。为了在促进"两业融合"上发挥更好的作用，可以成立行业组织联盟，在开展相关行业发展状况研究的基础上，提供信息咨询服务、促进产业链招商、助力培养和引进人才等服务。行业协会联盟的存在，不仅为制造业和服务业企业的发展提供广泛支持，更成为企业与政府之间沟通的桥梁，优化了促进"两业融合"的生存和发展环境。

第十章 广州制造业基础高级化
评估及建议

习近平总书记在 2019 年 8 月 26 日召开的中央财经委员会第五次会议上提出，要打好产业基础高级化、产业链现代化的攻坚战。党的十九届四中全会明确强调，提升产业基础能力和产业链现代化水平。改革开放以来，中国制造业主要依靠廉价劳动力的比较优势，融入国际分工体系，从下游的主机集成开始做起，引进国外技术进行组装，而在上游的关键零部件、关键材料等领域一直高度依赖进口。中美贸易冲突以来，中国制造业基础薄弱、产业链供应链安全风险进一步放大。产业基础高级化是以习近平同志为核心的党中央根据中国经济社会发展阶段、条件、环境变化提出的，是重塑中国国际竞争与合作新优势的战略抉择，也是广州当前和未来一段时期制造业高质量发展的努力方向和重要遵循，具有十分重要的理论意义和实践意义。

一 制造业基础高级化的内涵、特征和标准

（一）基本内涵

"产业基础高级化"是产业经济学研究工业结构发展演进的一个重要概念，它指的是在一条产业链中，上游产业部门基础科学理论、技术、工艺的发明创造，以及承载这些发明创造

的中间产品、装备等，能为下游加工、制造、装配的产业部门提供更好的加工对象、核心零部件或元器件、技术、工艺等，从而在整体上实现产业的高质量发展。

"产业基础"是一个相对的概念，与之对应的是加工制造业。判断一条产业链中产业基础或基础产业部门有两个标准：一是它处于产业链的上游位置，比如粮食生产相对于食品加工产业部门来说是基础产业部门，没有粮食的生产，食品加工业就没有加工制造的对象；二是它在产业链中具有重要性或不可替代性，比如芯片供应部门对于手机制造业来说，就是最重要的基础产业部门，芯片是手机升级换代、功能实现的核心元器件。反之，如果一个作为中间投入品的产品或技术，在产业链中存在感不强，或可以轻易被替代，则其就不具有基础地位。

对于制造业来说，处于上游环节产业部门的基础创新、技术升级、工艺提升，都体现为产业基础高级化。在产业经济学中，我们用"加工组装工业产值/基础工业部门产值"来反映产业链中工业结构的高级化进程和水平。这个比值说明，加工组装业的发展是建立在基础工业发达的前提下的，基础工业产出质量越高，这个产业链的加工组装能力就越强，产业链条也越强，产业的增加值就越高。

（二）主要特征

产业基础部门具有以下几个特征。

一是显示度低。基础产业通常处于产业链的上游，它们不直接与终端消费市场的消费者发生联系，因此它往往隐藏在最终产品的光环下，成为其背后的无名英雄。实际上，掌控着整个产业的关键知识和技术的基础部门，是产业发展的真正决定者。

二是报酬递增性。基础产业如芯片、基础软件等，都具有高沉没成本、低边际成本的特征，比如第一块芯片或第一个软件的生产成本，几乎就是前期投入的全部成本，后续的批量化生产都是复制，其边际成本接近于零。以基础材料为例，一项新材料其前期投入成本也是相当高，一旦技术上取得突破，后期的制造成本与之相比也就相对要小很多。

三是进入门槛高。相对于加工组装环节，基础产业部门的发展往往需要更长时间的积累，投入大、周期长、见效慢、风险大，对知识、技术、人才、资金的依赖度大，这些构成了基础产业部门比较大的进入障碍。

四是外部性较强。基础产业表现出较强的正外部性，一是基础产业的技术进步或落后，会直接影响下游产业的发展，比如当下中兴、华为、中芯遇到的困难；二是由于投资规模大、投入周期长、失败风险高、补偿不足等特性，在短期内市场容易产生投资不足。

（三）衡量标准

从产业安全和产业链现代化的角度看，产业基础高级化可以用以下标准来衡量。

一是核心技术的自主可控。主要指关键核心技术掌握，及其所附着的关键零部件的国产替代，或者有国产备选预案，以便在极端封锁、紧急事件发生时，不受制于人，将产业发展的主动性牢牢掌握在自己手中。需要强调的是，追求产业发展的自主可控，依然需要对外开放与合作，核心是"以我为主，为我所用"。

二是保障与推动下游产业的发展。基础产业在技术、质量、标准上能够满足下游制造装配产业发展需要的同时，又对下游产业具有前向的推动力，给下游产业产品的丰富与创新带来更多的支持。

三是知识要素的投入。产业部门的高附加值是由要素的投入决定的，在知识经济时代，知识、技术与人力资源的高密集投入，与专业性生产服务业的深度融合是基础性产业的新特征。

总而言之，产业基础能力是对产业发展发挥基础性作用，影响产业发展质量，决定产业竞争力和产业链控制力的关键能力，主要包括产业发展所需的基础关键技术、先进基础工艺、基础核心零部件和关键基础材料等工业"四基"，以及工业软件。具体到制造业，其产业基础的物化表现为关键基础材料、核心零部件、制造加工设备、检验检测设备、基础工业软件等，它们凝结了制造业的核心知识、科技与工艺。产业基础高级化的目标是为产业链安全可控、经济高质量发展提供有力支撑。

二 广州制造业基础能力建设现状分析

改革开放以来，特别是党的十八大以来，以经济高质量发展和建设现代产业体系为目标，广州制造业动能转换进步飞速，产业基础能力大幅提升。

（一）科技基础设施建设逐渐加强

广州瞄准国际科学前沿，围绕产业强基需要系统性布局重大科技基础设施。截至 2020 年底，全市共有国家级重点实验室 21 家、省重点实验室 256 家，市级重点实验室 195 家，国家级孵化器 41 家。其中，人工智能与数字经济、再生医学与健康、南方海洋科学与工程、岭南现代农业科技等 4 家省级实验室，正在积极打造"国家实验室预备队"。2019 年计划投入约 150 亿元布局建设的高超声速风洞、冷泉系统、人类细胞谱系、极端海洋科考设施等四大科学装置正在加快建设。此外，广东粤港澳大湾区国家纳米科技创新研究院纳米生物安全中心和广州生物安全创新研究院建设已经启动，组建学科交叉融合、创新链条全程贯通的生物安全研发平台，支撑药物、疫苗、诊断等生物制品的研发和应用。

（二）核心技术攻关成效初显

技术攻关是制造业基础高级化的关键举措。近年来，广州以制造业支柱产业和战略性新兴产业产业链现代化为目标，实施重点领域技术攻关计划，支持新一代信息技术、人工智能、生物医药、新能源、新材料等相关核心技术研发，财政支持经费对单位项目达 1000 万元以上，现已启动智能网联汽车、人工智能应用场景示范、新材料、脑科学与类脑研究等 8 个重大科技专项。仅 2019 年，广州就承接省重点研发计划 180 项，占全省的 53%，在国家重点研发计划立项数为 16 项，获得国家自然科学基金委立项 3043 项，占全省的 73.8%，突破了飞行时间质谱仪器、电磁屏蔽膜等一批"卡脖子"关键技术。

（三）核心零配件（元器件）环节取得突破

芯片，现代制造业的基础核心技术，所有的运算、存储都必须依靠芯片支持，电脑、家电、手机、机器人、数控机床、各种精密仪器等，都离不开芯片。2019 年 9 月 20 日，月产 4 万片 12 英寸芯片的粤芯半导体正式投产，补上了广州半导体产业链的核心环节。广州拥有约 100 家半导体产业相关企业，涵盖设计、封装、测试、终端应用，并且聚集了一批芯片设计龙头企业，但是，广州半导体产业链长期以来缺少芯片制造环节。粤芯半导体在广州开展晶圆制造，实现了广州、粤港澳大湾区半导体产业的上下游对接，实现了芯片从设计、制造、封装测试到终端应用的本地完成，大大降低了综合成本，提升了对市场需求的响应力，大湾区半导体产业圈雏形初显。

（四）智能制造装备实力显现

汽车制造是当前制造业中自动化、智能化水平最高的行业之一，汽车智能制造生产线是智能制造装备领域的典型代表。广州明珞装备股份有限公司作为专业汽车高端制造装备供应商，其开发的先进的智能整车量产体系，例如利用智能 3D 视觉系统自动识别车型数据，根据实时精准定位，实现了包括轮胎、座椅、挡风玻璃等在内的汽车元件低误差机械自动化装配。目前，广州的这家制造装备供应商已经为包括奔驰、宝马、大众、吉利、广汽、上汽、北汽等在内的国内外知名汽车厂商提供生产线解决方案，建成了国内第一条非标智能制造装备柔性装配线，第一个汽车生产线工业大数据智能分析与诊断平台。此外，凭借自主研发的虚拟制造结合物联网数据分析平台，明珞装备正在涉足离散型制造业领域，迈向更大的发展版图，大到飞机、轨道交通，小到家电、电子产品、3C、陶瓷等一般工业领域，实现了跨产业链的创新布局。

（五）软件和信息技术服务业基础扎实

软件是工业制造的"大脑"和"神经"，与芯片一道构成工业制造的软、硬核心基础。广州是中国软件名城，先后被授予国家软件产业基地、国家网络游戏动漫产业发展基地、国家软件出口创新基地、国家 863 软件专业孵化基地等。2019 年，广州市共有软件和信息技术服务业 2300 多家（纳统企业），从业人员超过 52 万人，总收入达 4273 亿元，同比增长 18.6%，在全国 4 个直辖市和 15 个副省级中心城市中排名第一。全市主营收入超亿元规模的企业达到 621 家，占软件企业总数的 29.78%。广州在中国城市信息化 50 强中排名第二，在"互联网＋"城市榜中位居前三，两化融合发展指数处于全国领先水平，具有发展软件和信息服务业的良好基础。2020年2月，广州市人民政府第15届100次常务会议审议通过的《广州市加快软件和信息技术服务业发展的若干措施》提出，支持企业围绕大数据、云计算、区块链、人工智能等涉及软件和信息服务的关键领域开展技术攻关，支持汽车、医药、家居、能源、通信领域的骨干企业，成立独立法人的软件企业，推动工业制造软件产业的发展。

三　广州制造业基础能力建设创新实践

制造业基础高级化是供给侧结构性改革的一项重要工程。广州把市场的决定性作用和更好发挥政府作用有机结合起来，以创新为引领，以自主可控、高效为目标，以夯实产业基础为根本，在制造业基础高级化方面做出了卓有成效的探索。

（一）做好顶层设计，更好地发展政府引导作用

1. 确定明确的发展目标

为促进产业发展，尤其是制造业的基础能力，广州提出了"建设成为居全国前列的基础科学研究中心和全球有重要影响力的原始创新高地"的发展目标。为实现这一目标，广州面向世界科技前沿，面向中国及省市重大科技需求，汇聚创新资源，充分发挥产学研紧密互动、联合创新的作用。在政策着力点上，积极对接国家在基础研究方面的重大布局，聚焦广州支柱产业、战略性新兴产业，着力实现基础性、原创性创新成果的重大突破。围绕提供基础性、关键性核心技术供给能力，加强开放合作，培育建设高水平人才队伍，发挥人才在科技创新和产业基础能力提升中的关键作用。积极拓展区域合作，全面建设粤港

澳大湾区国际科技创新中心和综合性国家科学中心。

2. 明确了主要任务

一是推进高水平实验室和重大创新平台的建设。着眼国家战略和广州优势领域，对标国际先进实验室打造国家实验室"预备队"。推进广州再生医学与健康广东省实验室、南方海洋科学与工程广东省实验室（广州）建设。制定省实验室创新发展政策，授予省实验室在研究方向的选择、经费的使用、人才引进培养，以及职称评定、聘用，科研成果处置等方面的充分自主权。推动在穗国家级科技创新平台的建设，促进国家级科创平台在数量和质量上实现跨越式发展。支持国（境）内外知名高等院校、科研院所和龙头企业等来广州共建各层级的实验室。

二是争取国家重大科技基础设施落户。加强与国家和省级层面有关部门、科研机构合作，争取中央和省政府在广州布局更多重大科技基础设施、重大科学装置、高水平研究平台。谋划推进南海海底科学观测网等国家重大科技基础设施、重大科学装置及相关应用平台建设。促进重大科技基础设施实现开放共享，最大限度发挥设施价值，推动前沿性基础研究和应用研究。推动在穗高校、科研机构和企业参与国家重大科学研究计划以及由中国发起或参加的国际大科学计划与大科学工程。

三是建设一批国际领先的重大科技创新平台。以基础前沿重点科学问题突破为导向，立足国际高端和全球视野，在前沿、新兴和交叉学科领域重点遴选10—20个具备国际领跑、并跑水平的前沿技术创新平台，通过3—5年的连续滚动支持，培育一批在国际上具有领导地位的重大科技创新平台。

四是通过产学研协同突破重大关键技术。围绕新一代信息技术、人工智能、生物医药、新能源、新材料、海洋科学等重点产业领域中"卡脖子"的重大关键技术需求，建立重大科问题库，有计划、分阶段纳入重大基础研究计划予以支持。引导组建产学研技术创新联盟，共建新型研发机构，解决产业和企业发展中的关键科学问题，推动企业成为研发创新与成果转化的主体。

五是培养高水平基础研究团队。以基础前沿重大科学问题和产业关键核心技术突破为导向，组建一批高水平基础研究团队，采取长周期持续稳定滚动支持方式，鼓励科学家及其团队开展科学理论和前瞻性基础研究，培养和造就一批在国际科学前沿和重大应用基础研究领域占有一席之地的高精尖科学家，培育和壮大有巨大发展潜力的基础科学研究中青年人才队伍。支持引进一批国际学术前沿一流科学家和创新团队来广州开展基础与应用基础领域合作研究。

六是推进粤港澳大湾区合作及加强国际合作。建立健全粤港澳大湾区科研协作机制。围绕若干前沿战略领域，支持广州地区科研机构与港澳地区科研单位合作，联合开展基础与应用基础研究攻关，共建粤港澳联合实验室或创新中心，申请承担广州基础与应用基础研究重点项目。加强与先进国家或地区、"一带一路"沿线国家的创新合作，深度融入全球创新体系，完善创新合作机制。

七是建立健全基础科学研究经费资助体系。深化与国家自然科学基金委员会、省科技厅合作，争取国家自然科学基金委员会—广东省人民政府联合基金更多地支持广州关键领域重大基础研究。推动与省基础与应用基础研究基金合作，成立粤港澳大湾区（粤穗）开放基金，围绕广州创新发展的重大科学问题开展研究。加大对省实验室、国家重大基础设施和重大科学装置、合作共建重点新型研发机构等重大科技创新平台的支持力度。实施基础研究一般项目专题计划，支持中青年科技人员围绕基础和应用基础领域开展自由探索研究。

3. 加强统筹协调、资金支持、科学决策和营造环境，保障强基目标的实现

一是加强与科技部、省科技厅以及各区政府的沟通协调，建立跨区域、跨部门、跨行业统筹协调新机制，引导高等院校、科研院所和企业等创新要素向基础与应用基础研究领域集聚，形成基础科学研究合力与新优势。

二是增加资金投入。加强与科技部、省科技厅等上级主管部门以及中国科学院等国家级科研院所的沟通合作，争取更多的国家、省财政资金投入广州市基础与应用基础研究。加大市财政科技经费对基础与应用基础研究的支持力度，进一步提高市级基础研究经费投入占市级研发经费投入的比重。鼓励、引导企业和其他社会力量参与基础科学研究，多渠道、多方式增加基础科学研究投入。

三是强化科学决策。成立基础与应用基础研究战略咨询专家组，研判基础科学研究发展趋势，瞄准世界科技发展前沿，突出原始创新，开展基础研究战略咨询，提出广州市基础研究重大需求和工作部署建议，为广州市基础与应用基础研究的决策和组织实施提供咨询支持。

四是营造宽松环境。建立符合基础研究特点和规律的项目立项及管理制度，发挥科学家的自由探索精神。扩大高校与科研院所的学术自主权和个人科研选题选择权。完善交叉学科项目评价，建立非共识项目立项制度。推进科研诚信建设，逐步建立科研领域守信激励机制。

（二）以企业为主体，实现点的突破、线的提升和面的展开

汽车、石化和电子是广州的三大传统支柱产业，IAB（新一代信息技术、人工智能、生物医药）、NEM（新能源、新材料）等开始聚力发展并被寄予厚望。产业上，广州越来越聚焦前沿

技术和材料研发，这些将为传统产业转型升级和战略性新兴产业的发展提供重要的技术支撑。实施产业基础再造工程，以企业为主体，点线面协同推进，实现"点"的突破、"线"的提升和"面"的展开，成为广州打好产业基础高级化攻坚战的关键。

1. "点"的突破，着力技术研发突破国外专利壁垒

京信通信凭借对技术研发的执着坚守收获丰硕成果，其天线产品市场占有率连续 9 年全国第一、全球前三；获得天线技术专利 1200 多项；牵头或参与制定天线和射频的国家或行业的技术标准 32 项，政府立项科技项目 27 项，并荣获第十八届、第二十届中国专利金奖。在 2G、3G 时代，国内天线领域几乎被德国凯瑟琳、美国安德鲁两家跨国企业垄断，国内公司只要尝试天线国产化就会面临国际巨头的各种专利侵权诉讼。为冲破技术壁垒，京信通信对电调控制器、移相器、辐射单元等天线基础核心部件展开研发创新，申请国际国内专利 1000 余件，耗时 10 年，耗费 3000 多万元打破了专利壁垒，为企业自身开辟出发展空间，为自己和中国同行迈向全球市场扫清了障碍。目前，京信通信在移动通信全产业链均有产品布局，其中小基站和天馈产品国内第一，全球领先。小基站领域，拥有 2200 多项技术专利；在 5G 领域拥有 60 多项技术专利，契合 5G 时代有源化、小型化、定制化、模块集成化的方向，连续推出 5G 云小站、商用 5G 白盒站和 5G 公路隧道贴壁天线。此外，京信通信有幸成为巴塞罗那世界通信大会会场人脸识别快速入场通道方案的提供商。20 多年时间，京信通信从提供网络优化外围设备到网络接入核心设备研制领军企业，通过坚守自主研发，成功突破国外技术壁垒。

2. "线"的提升，粤芯投产引发集聚效应

芯片，被誉为"现代工业的粮食"，所有设备、电子产品的

运算、存储都需要依靠芯片的支持。随着中国制造业转向高质量发展阶段，"缺芯""少核"的问题越来越突出。2017年粤芯半导体在黄埔区成立，2019年9月投产。粤芯半导体的投产填补了广州在地芯片生产的空白。长期以来，广州半导体产业链中芯片制造环节缺失，导致上游的芯片设计企业必须向外寻找制造产能。粤芯半导体在本地开展芯片制造，成功对接起上下游，实现芯片从设计、制造、封装、测试到终端市场投入的在地完成，大大提升了产业链的协同效率。粤芯半导体主要在12英寸晶圆生产线上先后构建0.18微米进而65纳米的模拟芯片制造平台，能为以物联网、汽车电子为代表的新兴应用场景提供包括传感器、电源管理、集成微机电系统等模拟芯片，进一步夯实大湾区相关产业的强芯工程基础。

3. "面"的展开，构建多端融合现代产业链

新一代信息技术很重要的一个特点叫多端融合，以显示应用为例，要提升画质，拍摄设备、通信传输、画面转码、解析、显示屏等软硬件，包括内容制作、市场推广等均全方面提出升级要求，牵一发而动全身。

2019年广州实施IAB产业发展五年计划，包括建设"世界显示之都"，广州目前已经基本攒齐了从前端显示技术研发、中端显示面板制造到下游的内容制作等全产业链所有环节，为这个目标的提出与实现奠定了扎实的技术与产业基础。

在显示器件方面，华南理工大学曹镛院士研究团队深耕光电高分子材料及器件研究，与创维集团共同创建广州新视界光电科技有限公司，相继研发出全球首块全印刷OLED显示屏、中国首块全彩色AMOLED显示屏、透明AMOLED显示屏、彩色柔性AMOLED显示屏等。

在做强中游显示面板的同时，广州开展首个国家级新型显示和智能家电产业集群建设，联合佛山、惠州共建超高清视频

和智能家电产业集群，以"一核两翼"充分挖掘家电、超高清视频软硬件的研发实力，做实上游材料、器件和装备，做精下游终端显示。此外，广州还将瞄准新一代信息技术、人工智能、生物医药、新材料、新能源等战略性新兴产业，培育做强新能源汽车、智能装备、新型显示、人工智能、生物医药等若干千亿元级新兴产业集群，进一步吸引龙头企业发挥集聚效应，促进区域产业集群的发展，打造多端融合的现代化产业链。

四　存在的主要问题

随着全球贸易环境愈加复杂，国家通过行政甚至司法手段限制产业核心技术、零部件、设备对华出口，遏制中国产业的全球竞争力，倒逼中国相关产业上游基础部门必须加快实现突破。但是，作为国家重要的制造业基地，广州制造业在很多领域仍然呈现技术产品盘踞中低端，产业层次低，核心材料、部件、技术、工艺、工业软件依赖国外的局面，基础高级化进程中面临着诸多问题与挑战。

（一）核心基础材料、零部件、元器件、技术、设备、工业软件等依赖进口

以广州先进制造业计划打造的汽车、超高清视频及新型显示两大世界级先进制造业集群为例，汽车方面，自动变速箱电子车身稳定系统、高端发动机、四驱系统等关键零部件仍依赖国外供应商。控制系统、高速轴承、优良密封件等基础零部件，以及上游车规级基础元器件、配方性基础原材料也严重依赖进口。智能网联新能源汽车还处于起步阶段，驱动电机、动力电池、控制系统三大关键零部件以及充电设施等还比较薄弱。超高清视频产业方面，高端透镜、芯片、惯性传感器等主要依赖

进口。工业机器人及智能装备方面，精密减速器、伺服电机、伺服驱动器、控制器等高可靠性基础功能部件以及传感器等关键元器件长期依赖进口，部分高端工业软件仍需进口。集成电路产业方面，广州芯片制造也仅仅是刚刚起步，与超高清视频产业相关的4K图像传感器芯片和显示驱动芯片等核心部件还不能实现本地化制造。软件方面，广州软件产品主要集中在互联网、娱乐等领域，操作系统基础软件、核心工业软件等领域创新能力和投入动力明显不足。

（二）以美国为首的西方国家的科技封锁，加剧了科技支撑的挑战

以美国为代表的西方加剧了对中国的科技封锁。一个动向是对美国科技地位具有挑战实力的信息科技企业进行技术封锁，比如中兴、华为。2020年5月美国修改后的芯片出口规则规定，使用美国芯片制造设备的外国公司必须获得美国政府许可证，才能向华为或海思等关联公司供应芯片；华为需要获得美商务部的许可，才能购买美国芯片或使用与美国软件和技术相关的半导体设计。这一连串的动作，对于同处大湾区的广州科技企业也产生很大的影响。另一个动向是2019年以来，美国分三次将中国100多家高科技企业、机构、大学列入清单进行全面封锁制裁。此外，美国逐步对中国留学生采取限制措施，美国北得克萨斯大学（University of North Texas）决定驱逐所有中国国家留学基金委员会资助的公派访问学者和留学生，并限他们在一个月内离境。这是美国与中国脱钩的新动作，比起在科技上限制中国，驱赶留学生的意义更严重，象征着美方要全面切断中美纽带，广州相关产业基础高级化的技术源头面临被切断的风险。

（三）基础创新资源存在短板，关键支撑有待突破

在基础创新能力上广州存在明显短板。一是承担国家战略任务的大科学装置缺乏。广州的目标是建设综合性国家科学中心，这也是实现产业基础高级化的重要抓手，拥有一定数量的大科学装置是实现这一目标的重要条件，但目前为止，广州在国家重大科学装置方面仍然为零。二是虽然广州研究院所以及大平台数量不少，但聚集不够，缺乏类似北京怀柔、上海张江、合肥科学岛等研究机构和平台集聚的区域。三是缺乏国家级创新核心载体，在国家科技计划组织实施中发挥的作用有限，知识创造和知识获取能力相对薄弱。四是对高端创新人才吸引力有待加强。缺乏科技领军人才和高水平创新团队，国际高端创新人才全职在穗不多。

（四）关键零部件企业进入产业链面临着诸多障碍

国内庞大的市场是拉动上游基础产业部门发展的最大推动力，但是，目前关键材料、零部件、设备等进入产业链尚存在许多阻碍。一是国内包括广州产业链某些基础环节缺失，根本没有企业能够提供相关产品、技术。此外，即使有相关基础环节，国内企业的技术实力和产品质量与国外仍存在着较大差距，《广州先进制造业强市三年行动计划（2019—2021 年）》着力打造的汽车、新型显示、高端装备制造、生物医药等产业集群，以及广州着力发展的芯片制造环节的关键零部件、材料、基础软件等，绝大多数部件都掌握在国外企业手中，国内企业对于上游基础部门企业的产品信任度不高，如果要推进国产替代，下游厂家不经过一段时间的测试是不会采用的。二是目前广州产业链上游国内供给薄弱的基础产业类别，实际上都是门槛较高、工艺难度较大，需要长期聚焦、投入、积累的门类，在

"以国内大循环为主体，国内国际双循环相互促进" 的新发展格局下，基础产业部门确实存在机遇，但要进入下游供应商体系，以高端半导体级氢氟酸为例，从测产品到设备管理体系等各方面测试周期至少需要一年时间，而且产品品质面临的要求苛刻，因为如果这一产品出问题，整个半导体产品都面临报废的危险。

五　国内外经验借鉴

德、日、韩是当今世界制造业强国的典范，它们相对于传统工业化国家也属于后发的工业国家，其制造业基础构建与升级经验，可以给广州制造业基础高级化提供若干借鉴。此外，高铁是中国在较短时间内实现赶超的极少数复杂系统技术产业之一，高铁的成功经验也能给广州相关产业的基础再造、补链、强链带来启示。

（一）德国经验

德国是一个后发的工业化国家，直到 19 世纪 30 年代德国才开启工业化进程。19 世纪 70 年代到 20 世纪初是德国工业化快速发展时期，今天德国已经成为整个欧洲最重要的工业国家。德国牢牢抓住了 19 世纪 70 年代开始的第二次工业革命的机会，发挥后发优势，通过对英法制造业的学习、吸收、再创新，研制出比英法更先进的产品，完成了对英法的超越。二战时期，德国已成为仅次于美国的世界制造中心，在钢铁、化学以及电力等领域，德国居于世界领先地位。战后在美国马歇尔计划的推动下，德国制造业又进入一个快速发展期，1970 年第二产业占比达到 57.6%。20 世纪 70 年代后，德国制造业在中东欧国家和发展中国家低劳动力成本优势的挤压下开始向知识密集型产业转型，这个时期虽然制造业在总价值创造中的占比持续下降，但与第二产业密切联系的第三产业，即生产性服务业，包括与产业设备销售相配套的培训、技术解决方案和售后服务等，以及研发、设计、检测等占比持续提升。近 20 年来，德国制造业占比基本稳定在 20% 上下，在发达国家再工业化和新兴国家制造业转型升级的双重挤压下，德国为确保其制造业在全球的优势地位，提出了工业 4.0 战略，旨在综合第一、二次工业革命创造的物理系统和第三次工业革命带来的信息系统，实现智能制造，开启制造业的智能化时代。

德国制造业能够保持强势，一是以公私伙伴关系为特征的强大的科研创新体系。由公共研究机构、大学、基金会、企业等各类行为主体构建的多元主体分工协作创新体系，是德国制造业竞争力的来源与基石。从事基础研究的机构包括大学和应用科学大学网络、德国亥姆霍兹联合会、莱布尼茨科学联合会和马普学会等，它们是科学知识的主要源泉，为制造业的原始创新提供坚实的理论基础。在应用研究方面以弗劳恩霍夫协会最为著名，通过与企业的深度合作，推动企业层面的研发与创新。此外，联邦政府和各州政府也采取各种措施鼓励创新，通过各种创新计划、研发补助、扶持项目来支持机构、企业开展研发活动。

二是"双元制"职业教育体系。在"双元制"职业教育中，职业学校的学生既是学生也是学徒，学校学习与企业培训交替进行，以企业培训为主。这种教育体系培养出来的劳动力，理论功底扎实、技术过硬且富有创造力，足以满足德国制造业对于技术工人的素质要求。

三是工会参与公司治理的稳定的劳资关系。德国工会力量比较强，在工资、劳动福利等方面足以平衡劳资关系，一方面，使得资方无法通过压低工资进而以低成本优势来参与竞争，只能通过提高员工技能、研发与创新来构建竞争力。另一方面，员工对企业的忠诚度较高，在遇到危机的时候，工会能够与企业共进退，表现出很强的合作性。

德国制造业转型升级给我们的启示是，在国家全面推进产业基础高级化和产业链现代化背景下，德国制造业的发展与转型为广州提供了可资借鉴的经验与启示。一是社会协同。通过各类行为主体有意愿、有动机地开展协作，共同维护制造业的国际竞争优势。二是倒逼机制。在劳资制度上保护劳工利益，使得企业无法通过压低工资、降低劳动力成本来获得竞争力，倒逼制造业建设依托员工素质提升与技术创新实现转型升级的持久机制。三是以企业为主体的创新驱动。以企业为创新主体，直接面向市场，构建分工协作的多元主体科研创新体系支撑。四是"双元制"职业教育人才保障。深化校企合作，通过"双元制"职业教育为制造业源源不断地提供发展所需的技术技能型人才。

（二）日本的经验

从日本制造业创新和发展来看，日本制造业主要有以下特征。一是高端零部件领域优势地位显著。近年来，日本制造业不断向更具技术门槛的高端零部件领域转型，在多个细分领域市场占有率世界领先。汽车零部件方面，2019 年全球汽车零部件配套供应商百强排行榜中，上榜企业数量最多的是日本，达到 23 家，包括爱信精机、松下汽车系统、住友电工等一批实力强大的企业。工业机器人零部件方面，日本在机器人精密减速机的材料、设计水平、质量控制、精度、功率密度、可靠性和使用寿命等方面处于行业领先地位。日本纳博特斯克的 RV 减速器市场占有率约为 60%，哈默纳科的谐波减速器约占 15%。

二是推动新兴技术创新应用。2017 年 6 月，日本内阁会议通过《2017 年未来投资战略》，认为包括大数据、物联网、人工智能（AI）、机器人等新兴概念在内的"第四次工业革命"，是实现未来中长期经济增长的关键所在。目前，日本已成为世界第一大工业机器人生产国，约60%的工业机器人来自日本制造商，其中，发那科（fanuc）公司已成为世界上最大的专业数控系统生产厂家，制造的多关节机器人位居行业首位。

三是巨头企业加速转型。日本制造业巨头纷纷向新兴领域转型。日本大量企业从终端消费市场向高品质产品线转型，如东芝向存储芯片和循环、清洁、便携、高效能的环保型能源产品转型；松下向新能源和环保领域转型；奥林巴斯传统影像业务已经大幅萎缩，医疗事业已成为公司的主要领域，其销售额占比超过七成。

总结日本制造业发展的经验可以得到以下启示。一是强化顶层设计，优化战略布局。日本积极做好制造业发展的顶层设计与规划布局。在发展经验总结方面，从 2002 年开始，日本官方每年发布《日本制造业白皮书》，及时总结制造业发展态势并预判未来发展方向。在战略布局方面，日本制造业结合经济形势变化，在各个发展阶段主动布局，明确产业发展方向，包括20 世纪90 年代后半期产业空洞化转型、20 世纪初国际产业分工理论、21 世纪初零部件立国以及当前以新兴国家人工费用上升为背景，寻找下一个合适发展区域。因此，广州应及时总结制造业发展成效，强化产业战略布局，为制造业企业发展提供指引。

二是专注产品品质，持续技术创新。一方面，日本企业践行工匠精神，对产品品质精益求精，成就了一批百年企业，日本调查公司东京商工研究机构数据显示，全日本有 21666 家超过 150 年历史的企业。另一方面，日本持续创新，对技术创新的投入在多个领域世界第一。创新企业数量上，科睿唯安公布的 2018 年至 2019 年度全球创新百强企业与机构榜单，包含 39 家日本企业，数量居全球第一。研发经费投入方面，企业主导的研发经费占比居世界第一。因此，广州制造业发展中，应注重激励企业开展自主创新，维护创新者的利益，推动制造业核心基础能力的夯实、制造工艺的优化、产品质量的提高。

三是紧抓发展机遇，改变发展模式。日本企业时刻保持竞争优势，紧跟发展潮流，寻求转型发展。日本东芝、索尼、佳能等家电制造企业在中、韩两国企业竞争力快速提升的背景下，在转移制造、降低成本的同时将资源集中在新兴产业上，将产业转型至需要更高技术门槛且竞争并不激烈的商用市场。广州制造业在人力成本优势逐渐丧失的情况下，企业应积极寻求转变，从"两高一低"，即高能耗、高排放、低水平的传统制造业逐渐转向高技术、高附加值、绿色生产的新型制造业，提升产品竞争力。

（三）韩国经验

韩国半导体产业也是在一片空白中建立起来的，历经 60 年的发展，现在仍位居世界第一梯队。2019 年，韩国拥有全球近 20% 的半导体市场份额，是继美国之后的第二大半导体强国。从 20 世纪 60 年代中期开始，美国的仙童半导体（Fairchild）和摩托罗拉（Motorola）等公司开始在海外投资设厂，韩国成为进口元器件的组装国家之一。但韩国不甘只做"血汗工厂"，1975 年便公布了推动半导体业发展的六年计划。韩国政府开始在半导体产业化的过程中，扮演着推动者、扶持者的角色。

从韩国半导体产业崛起可以看出，资金、人才、技术是半导体产业发展的三个核心要素，缺一不可。韩国通过"政府 + 财团"的模式，高效集合三要素，进而推动半导体行业的崛起。

一是资金方面，"政府＋财团"合力确保资金无忧，并通过逆周期投资实现"超车"。韩国政府投入了大量的资金，比如在1983—1987年的半导体工业振兴计划中，投入了3.64亿美元的贷款，同时还对半导体产业进行大力度的税收优惠。通过政府宏观调控，引导95％的资金流向现代、三星等大企业、大财团。在经济不景气的时候，企业倾向于收缩投资，但动荡时期往往也隐藏着机会。1997年亚洲金融危机爆发后，韩国政府反而大幅提升对半导体产业的资金支持；与此同时，三星等企业也进行逆周期操作，如在1996—1999年全世界DRAM（动态随机存储器）芯片市场低迷期，三星积极谋划兴建了4个分厂，为韩国在金融危机后一跃成为IT强国奠定了坚实基础。

二是技术方面，强调技术自主可控。韩国在半导体产业的目标，一开始就定位于要掌握自主知识产权，而不是仅引进和吸收美国、日本的技术。具体而言，韩国采用循序渐进的方式，引进、合作、消化、再创新，通过内外部技术融合创新，最后实现自主可控。在这过程中，韩国政府是参与者，也是催化剂。如1986年，由韩国电子通信研究所牵头，聚集三星、LG、现代和韩国6所大学，开展4M DRAM技术的联合攻关。2016年，在韩国政府的主导下，三星电子和SK海力士两巨头领军，筹组总规模2000亿韩元（约合人民币11.6亿元）的"半导体希望基金"，聚焦新技术的开发。

三是人才方面，"引进＋培养"双管齐下。韩国政府有一整套系统的人才发展策略，一方面派遣人员出国学习深造，另一方面开设半导体工程人才培养项目，这些人才后来都成为韩国DRAM技术突破的中坚力量。2005年，成均馆大学还和三星电子合作，创办半导体工学系，每年为韩国企业输送高科技人才，为韩国半导体快速发展提供保障和支持。与此同时，韩国企业也积极招纳海外人才，比如在64K DRAM研发的关键期，三星从美国引进了 5 名杰出的半导体设计领域的韩裔科学家和 500 名工程师，这些人才的加盟为三星超大规模集成电路的发展提供了关键支撑。海外人才是三星快速缩短与美日技术差距的重要因素。在 1983 年三星开始生产 64K DRAM 时，技术落后于美国四年，到 1992 年 64M DRAM 已经与美日同步，且此后一直处于领先地位。

总结韩国经验，韩国"政府＋财团"模式的重点，是高效协同资金、技术、人才资源，实现半导体的自主可控，最终"逆袭"。虽然时代与制度背景不同，但这对广州也有着极大的借鉴意义。

（四）中国高铁发展的经验

高铁是中国短时间内即实现复杂产品系统技术赶超的极少数产业之一，如今，中国高铁已经声名远扬，成为中国的"国家名片"。从 2004 年开始引进高铁技术，到超越日本、德国和法国，成功拿下全球最大的市场份额，16 年来中国高铁的发展可谓日新月异。高铁的发展对于自主创新战略的实施和制造业基础高级化提供了宝贵的研究素材。中国高铁的创新发展大致可划分为以下几个阶段。

第一阶段：自主研发实验的技术积累期（2004 年以前）。在这一阶段，中国对高铁技术处于自主摸索阶段，产业技术创新的主要载体是高校和科研院所，如西南交通大学等。它们对铁路科技进行了探索和研发，并且为日后中国高铁迅速成长培养了大批专业人才。企业的技术开发能力相对薄弱，制造技术能力积累不足，造成了高铁技术在实际运营层面存在明显的缺陷。这一时期的试验性探索为后来明确中国高铁技术学习的方向和重点积累了重要的知识。为了推动高铁技术的迅速发展，中国开始引进外国技术。自此，中国高铁发展进入了一个崭新的阶段。

第二阶段：实施"引进消化吸收再创新"战略的技术引进期（2004—2008 年）。2004 年，中国提出"直接利用世界最新科技成果，把引进、消化、吸收先进技术与自主创新结合起来，在较高起点上实现铁路技术发展的跨越"的总方针，进而提出中国高铁事业发展的路径：先引进先进技术，再联合设计生产，最后打造中国品牌。这一年中国向世界敞开高铁市场的大门，以中国高铁市场为诱饵，对外招标，引进外国企业的先进技术。当时全球高铁四大巨头：德国西门子、法国阿尔斯通、日本川崎重工和加拿大庞巴迪都有参加。中国铁道部在招标中明确规定了三大原则：（1）关键技术必须转让；（2）价格必须最低；（3）必须使用中国品牌。另外，招标公告还明确规定参加投标的条件：必须是中国企业（含中外合资企业），并且还需要具备技术成熟的外企的支持。除了以上规定之外，铁道部还要求外企在投标前必须先同中企签署完整的技术转让合同，同时还设置了"技术转让实施评价"环节，防止外企在拿下中国项目之后出现反悔的情况。通过这两次招标，中国已经汇集了当时全球三大高铁建造强国日本、德国和法国的技术，并且开始对其技术进行吸收再创新，中国高铁技术也迎来了迅猛的提升。

第三阶段：全面自主创新，形成正向研发能力期（2009—2012 年）。在引进高铁技术之后，中国的技术人员开始磨炼自身的制造和研发能力。自 2009 年起，中国高铁开始进入自主创新期。据悉，2010 年美国 GE 公司在邀请中国南车成立合资企业以竞标美国高铁项目之前，曾邀请第三方机构对南车的CRH380A 型高速动车组的知识产权问题进行评估，其最终结论是："世界各国相关高速动车组在美国申请的专利，与南车四方股份公司准备出口到美国的 CRH380A 型高速动车组相关性不大，没有发现任何可能会发生产权纠纷的情况。"也就是说，CRH380A 已经实现了自主产权，同时也已经超过了日本新干线的技术，这向世界证明了中国高铁已经具备自主研发的能力。

另外，作为世界上公认的技术要求高、生产难度大的尖端产品，高铁制造的核心零部件——高铁车轮，也经历了从依赖进口到对外出口的华丽转身。中国先后研制出 KKD 快速车轮和 CL50 材质高速车轮，其中 CL50 在时速 270 公里的"中华之星"高速试验列车上安全运用了 60 多万公里。自此，完全由中国制造的高铁车轮开始崭露头角，并且摆脱了对外国的依赖。

第四阶段：自主知识创新与标准体系建设期（2013 年至今）。针对中国高铁在运营层面和技术层面出现的新问题，铁总于 2013 年启动了中国标准动车组研发项目。一是针对关键设备和系统尚未完全自主化的问题，铁总要求中国标准动车组由国内企业自主设计和制造，形成自主知识产权。二是针对车型不统一造成运营成本高企的问题，铁总要求不同厂家生产的动车组可重联运营或相互救援，推动了高铁技术、知识产权和标准的整合。三是随着中国标准动车组的研制，中国高铁标准有了较强的兼容性，更大限度地满足了中国高铁"走出去"的需要。中国高铁由此形成了先进、完备的技术和标准体系。

可以看出，中国高铁发展具有以下经验。一是发挥政府在部门创新系统中的积极主导作用。政府在中国高铁的发展过程中起到了积极的作用，政府作为部门创新系统中的一部分，政府自身的能力提升也是产业创新能力提升的重要内容。针对产业基础再造和创新驱动过程出现的问题，中国高铁的启示是，应当打破政府和企业二分法，从政府和企业共同构成部门创新系统的视角，在优化创新主体的激励结构、加强政府能力建设的基础上，政府、企业和其他非企业主体通力合作，共同解决制约技术赶超的那些最为根本性的技术和非技术障碍。

二是形成"干中学"的技术学习核心机制。中国高铁部门创新体系在既有的技术能力基础上，表现出空前的技术学习强度和效率。对于高铁这种工程技术密集的复杂产品系统，"干中学""用中学""试验中学"是技术学习的核心机制。2004 年后，高铁技术能力结构产生了迅速而积极的变化。一是解决了前期子系统级制造能力不足的问题，制造工艺不再是限制技术能力提升的短板。二是零部件生产企业和子系统总成企业的自主研发和设计能力极大增强，形成了子系统级的自主化产品平台。三是建设了完整的试验平台，形成了大系统级的系统集成能力，可以根据特定要求自行设计、施工、生产、运营全套高铁产品。

三是建立稳定的创新主体和专业化的垂直分工体系。高铁技术实施自主和赶超，主要得益于行业稳定的创新主体和专业化的垂直分工体系。其一是原铁道部或铁总作为需求方，具有很强的自主创新抱负与使命感，愿意为高水平创新成果进行支付。其二是关键创新主体特别是企业主体保持相对稳定，加之原铁道部或铁总以需求方身份严格控制市场准入，形成了"相互专用"的长期交易关系。这使得作为垄断买方的原铁道部或铁总的创新需求得以有效传导到企业，强化了企业的创新激励，使得创新主体愿意进行专用性技术投资，从而形成高水平创新成果。其三是高度专业化的垂直分工体系不仅有利于合作，而且有利于在用户创新目标发生变化以及新的微观创新主体进入创新体系之时，通过市场机制快速重构以新的创新目标为导向的合作网络。

四是采用"博采众长"的引进模式。在引进高铁技术中，以我为主，放眼全球，不拘泥于一家、一国的技术，尽力做到采各家之长，集成创新。这种模式以国内庞大的市场为筹码，雄厚的配套技术研发与集成能力为基础，通过有策略的谈判，从不同的对象、渠道引进最先进的技术，进行集成、消化吸收再创新，实现在较短时间内完成对技术来源国的追赶和超越。

六　广州制造业基础高级化的对策建议

提升产业基础能力，推进产业基础高级化是一项庞大的系统工程，必须认真落实好中央财经委员会第五次会议提出的指导方针和政策要求，结合广州科技资源优势和产业发展需求，围绕各产业的基础薄弱环节，整合资源，补齐短板，切实增强产业基础能力。建议重点做好以下几个方面工作。

（一）对接国家基础研究重大布局，构建粤港澳大湾区基础科学研究中心

广州应面向世界科技前沿，面向国家和本地发展重大需求，聚集高端科研资源，依托科研机构、高校和企业研究力量，对接国家基础研究重大布局，着眼广州市支柱产业和战略性新兴产业发展的关键技术领域，着力实现基础研究、原始创新成果的重大突破，提升关键核心技术的自主可控能力，提高前沿引领性技术的供给能力，建设高水平人才队伍，加强开放合作，以建设全国基础科学研究中心和全球原始创新高地为目标，全面支撑粤港澳大湾区国际科技创新中心和综合性国家科学中心建设。

（二）做好顶层设计，理顺体制机制，切实使国防科技成为广州制造业基础高级化的重要来源

进入新世纪以来，随着中国经济实力的增强，国防科技工业得到越来越多的政策关注与资金投入，尤其是近年来，中国每年都有一批重大军工科研突破，在航空航天、大型舰船、军用电子等高科技领域取得了一大批领先世界的成果。中国军工

行业主要涉及核工业、航空工业、航天工业、船舶工业、兵器工业和信息电子，这些产业所涉及的领域都具有极高的战略意义和地位，以核工业为例，核工业的发展需要冶金制造、化学工业、机械装备、电子信息等产业的支持，同时也带动了它们的发展。核工业所要求的防辐射、耐高温、抗腐蚀、超导材料也会拉动新材料的发展。又如军事船舶工业，是承担各种军用舰船及水上平台的研发、设计、试验、建造、维护保养的重型工业，其技术与工艺亦可应用于民用船舶、海洋工程装备。军民融合 2015 年以来上升为国家战略，国家鼓励、支持国防科技工业根植于国民经济体系。广州作为华南重要的工业城市，本地制造业领域与六大国防工业高度关联，且在核电、船舶、石油化工、钢铁、汽车与装备制造等领域，国资比重较重，在军民融合发展方面更为便利。军工技术转民用，能为广州制造业的发展提供丰富的基础资源科技和可持续发展的动力。

（三）由近及远，跨行业、跨区域配置资源，构建产业基础协同创新生态

在本地推动下游企业与上游基础配套企业的协同创新，以龙头企业为核心，实施"产业链供应链协同强链补链计划"，将上下游供应链企业、相关研究机构、专业服务机构整合在一起，围绕关键核心技术开展联合攻关。在粤港澳大湾区建设上重点加强与香港、深圳、东莞、佛山、肇庆以及清远等地区的产业技术对接合作，推动广深港澳科技创新走廊建设，促进各方创新机制和创新政策协同。从泛珠三角区域合作发展的角度，加强与泛珠合作构建区域协同的产业体系和创新网络，互通有无，紧密协作。围绕粤港澳大湾区、泛珠三角区域制造业打造创新企业集群，围绕主导产业，结合广州国家级先进制造业产业集群建设，集中力量培育、做强、引进一批位于产业链高端环节、

拥有核心技术、带动力强的行业龙头企业。此外，加大科技体制改革力度，健全知识、技能、管理等创新要素参与利益分配机制建设，优化科技金融服务体系，促进科技成果产业化。

（四）加强人才保障，面向全球，倾力打造国际人才战略高地

人才是第一位的，高度重视核心人物对行业的推动，比如日本的垂丼康夫，我国台湾的张忠谋、上海中芯国际的张汝京，分别对当地半导体产业的发展发挥了决定性作用。广州应深入实施"1+4"人才政策，加强制造业基础高级化的人才保障，一方面，瞄准相关产业链源头国家、地区的基础研究和基础环节的科技、企业领军人才，或引进，或为我所用，给予其优厚待遇，为其个人、创业创新团队提供生活、工作方面的全方位支持，帮助广州制造业在关键基础环节取得突破，快速升级。另一方面，依托广州职业技术教育方面的领先优势，借鉴德国"双元制"职业教育经验——既是学校学生也是企业学徒，学校学习与企业培训交替进行，而且以企业培训为主导——培养理论扎实、技术过硬而且富有创造力的制造业技术工人。此外，在"双元制"教育中充分发挥企业界自治组织的作用，将商会、协会、联盟等纳入职业教育的全过程中，包括培训标准的制定、培训过程的实施以及职业能力的考核等。

（五）建设国家产业金融中心，为产融高效合作探索道路

建设国家产业金融中心，强化金融服务制造业。着力发展广州期货交易所、粤港澳大湾区商业银行等金融和准金融机构，依托粤港澳大湾区强大的制造业，构建国家级的产业金融中心，发展多层次的资本市场，探索特色产融合作之路，围绕"工业四基"和数字化，聚焦产业基础的打造，培育产业核心竞争力。促进信息化和工业化深度融合，实施发展工业互联网行动和智能制造行动，推进制造业数字化、网络化、智能化改造，以新技术、新业态和新模式，构建传统制造业数字化转型的新基础。

（六）高度重视数字技术的战略性基础地位，强化信息技术对制造业升级的基础支撑能力

世界正在进入以信息产业为主导的经济发展时期，信息技术和设施也成为制造业强基工程的重要领域。要牢牢抓住数产融合的发展契机，以数字化为制造业转型升级的新动能，驱动制造业生产组织方式、产品形态、赢利模式以及企业边界的根本性转变。以树根互联、阿里云等为行业领军企业为依托，构建一批深耕具体行业、具体领域的工业互联网平台，推动工业互联网在行业的落地应用。全面提升产业大数据的治理和应用，强化数据确权、数据流动交易、数据安全和隐私保护，加强数据标准规范研究，推动多方大数据场景的开放。大力推动互联网、大数据、人工智能同实体经济的深度融合，强化信息技术和设施对制造业的支撑基础能力。

（七）以创建设计仿真工业软件适配中心为牵引，打造国家工业软件产业发展高地

以广州市获工信部批复创建全国首个设计仿真工业软件适配验证中心为牵引，充分发挥广州工业门类齐全、产业基础雄厚、市场需求旺盛的优势，紧紧抓住国产工业软件产业发展的关键期、机遇期，结合广州工业软件产业发展实际，立足家具、汽车、数控、能源等具体行业应用，有效收集工业数据和用户反馈，在家具制造领域、数控和工业机器人领域、能源电力领域，构建具有核心竞争力的工业软件生态体系。依托树根互联、阿里云、航天云网、中船互联、博依特等平台体系，加速构建

以平台为核心的工业互联网生态体系，推动工业互联平台商和解决方案服务商的发展。全力支持中望龙腾、科东软件、瑞松智能等一批拥有自主知识产权的品牌企业做强做大，迅速扩大市场份额。

（八）搭建产业共性技术创新平台，构建关键材料、核心零部件产业集群

通过混合所有制改革的方式，努力建成汽车、船舶、石化、新一代信息技术、人工智能、生物医药、新能源、新材料产业共性基础技术研究院、制造业创新中心。利用企业自投、风险投资、产业基金，国家科技计划专项等统筹组织企业、研究机构、高校等协同攻关，重点围绕产业链重要基础环节，以电动汽车产业为例，重点围绕动力电池、电驱、电控、无人驾驶技术、汽车芯片等5个创新链进行市场化孵化。建设新能源汽车核心零部件产业群，空间上集聚相关企业、科研机构、产业金融、检验检测等生产性服务业、行业组织等，开放共享创新平台，在动力电池关键材料、电池系统等基础性、共性技术领域联合攻关、集中发力，加快实现电解液、隔离材料、电极材料等关键材料的创新突破，推进电池、电控、电驱、IGBT芯片等核心零部件的自主可控发展。

第十一章 广州制造业产业链现代化评估及建议

　　中国作为制造业大国，建立了比较齐全的工业门类，产业链长且完整度高，技术附加值也高，"中国制造"已经深刻地融入全球产业链供应链的分工体系中，而且地位越来越重要。但是也必须看到，中国制造业的产业链、供应链整体上还不完善，尤其是一些核心技术、关键技术以及生产流程中的一些关键环节和关键零部件比较严重地依赖发达国家。2020年新冠疫情在全球蔓延以及以美国为首的发达国家集团引发的不稳定因素，导致全球产业链供应链加速向本地化、区域化、分散化方向发展，与中国制造业发展密切相关的海外产业链、供应链受到深刻影响，这对中国制造业迈向高质量发展产生较大冲击。2019年8月，中央财经委员会第五次会议指出：中国要充分发挥集中力量办大事的制度优势和超大规模的市场优势，打好产业基础高级化、产业链现代化的攻坚战。制造业产业链现代化是大国竞争的题中之义，是打赢"产业链争夺战"的必然选择，构建强大、智慧、安全的制造业产业链，具有重大的现实意义。

　　改革开放以来，广州制造业发展取得了明显成效，已经比较深入地融入了全球价值链，产业基础比较厚实，技术水平不断提高，具备了进一步推动产业基础高级化、产业链现代化的的基础条件；然而，广州制造业产业链体系现代化建设仍存在不少短板，产业链供应链的自主可控性、安全性等有较大差距。在新的国际环境下，具有明显外向型特征的广州制造业产业链将面临不少冲击。因此，加快推进制造业产业链现代化建设，对广州制造业高质量发展意义重大。

一　产业链现代化理论基础

（一）相关概念

1. 产业链

现有文献显示，国内外学者对产业链的研究大多是围绕价值链供应链在企业的微观层面进行。赫希曼在其著作《经济发展战略》中从产业经济活动的前向联系和后向联系的角度首次讨论了产业链的概念。[①] 哈佛大学迈克尔·波特在研究企业竞争优势时，从价值链角度提出"产业链是由企业内部后勤、生产作业、市场和销售、服务及采购、技术开发、人力资源管理和企业基础设施等各环节相关联的运作构成的一个创造价值的动态流程"。[②]

在国内，"产业链"一词最早由学者姚齐源和宋伍生在《有计划商品经济的实现模式——区域市场》一文中提出并使用。[③]可以说，"产业链"是一个中国化的名词。[④] 目前，关于"产业链"的概念还没有一个统一准确的定义，不同的学者从各自专业的视角对产业链的概念和内涵进行了论述。一是从产业关联来看，

① ［美］艾伯特·赫希曼：《经济发展战略》，潘照东、曹征海译，经济科学出版社1991年版。

② ［美］迈克尔·波特：《竞争优势》，陈小悦译，华夏出版社1997年版。

③ 姚齐源、宋伍生：《有计划商品经济的实现模式——区域市场》，《天府新论》1985年第3期。

④ 李心芹、李仕明等：《产业链结构类型研究》，《电子科技大学学报》（社会科学版）2004年第4期。

认为产业链就是基于产业之间广泛存在着的各种技术经济关系所形成的链条式关联形态，比较具有代表性的研究有杨公朴和夏大慰①、简新华等②、龚勤林③和赵绪福④等。二是从价值链角度来看，认为产业链是生产活动中产品价值的创造和转移过程，例如，芮明杰和刘明宇认为，"产业链描述的是厂商内部和厂商之间为生产最终交易的产品或服务所经历的增加价值的活动过程，它涵盖了商品或服务在创造过程中所经历的从原材料到最终消费品的所有阶段"⑤。三是从分工的角度来看，产业链是一种基于专业化分工的产业组织形态，包括从供应商到制造商再到分销商和零售商的产业上中下游所有环节企业的分工合作关系。例如，周路明认为产业链是以产业内部分工和供需关系为基础的产业生态图谱。⑥ 蒋逸民认为产业链是一种不同节点企业间分工协作形成的制度安排。⑦

综上所述，产业链是指产业的各个部门之间基于一定的技术经济联系，并依据特定的逻辑关系和时空分布关系而形成的链条式关联关系形态，通常可以从企业链、供需链、价值链和空间链四个维度来进行考察。它主要体现在生产过程中的企业、行业和区域之间如何分工协作，如何实现价值创造和转移，以及如何进行产业链的构建和整合等。

2. 产业链现代化

产业链现代化可以认为是一个产业基础高端化、创新水平

---

① 杨公朴、夏大慰：《现代产业经济学》，上海财经大学出版社 2002 年版，第 50—80 页。

② 简新华、杨艳琳：《产业经济学》，武汉大学出版社 2002 年版，第 69—71 页。

③ 龚勤林：《论产业链构建与城乡统筹发展》，《经济学家》2004 年第 3 期。

④ 赵绪福：《产业链视角下中国纺织原料发展研究》，博士学位论文，华中农业大学，2005 年。

⑤ 芮明杰、刘明宇：《产业链理论整合述评》，《产业经济研究》2006 年第 3 期。

⑥ 周路明：《关注高科技"产业链"》，《深圳特区科技》2001 年第 11 期。

⑦ 蒋逸民：《关于农业产业链管理若干问题的思考》，《安徽农业科学》2008 年第 22 期。

不断提高、产业生态不断完善、产业流程绿色化、发展优势不断增强等方面共同推进的现代化过程。任何一个国家或地区的产业链以及产业链不同环节的能力是高低不同的，[①] 一个国家或地区的产业链发展水平反映了这个国家或地区在产业链上以及在产业链不同环节上的综合控制能力和竞争力的高低。

产业链现代化的内涵可以从多个维度来理解。从发展动力上看，产业链发展更加依靠创新驱动，创新成为推动产业链再造和升级的主要决定因素。从产业链适应性上看，产业链现代化意味着在外部风险和挑战下，一个地区的产业能够根据市场需求的变化灵活高效地做出反应，表现出较强的韧性和抗冲击调整能力；从盈利能力来看，整个产业体系迈向产业价值链的中高端，产业链的价值创造更加有活力和高效；从产业链的生态来看，产业链上下游之间实现了有效分工和协同配合，产业配套能力更加强大，产业链创新发展更为活跃，在更宽领域、更深层次和更高水平上实现融合发展；[②] 从绿色发展的要求看，产业链现代化能够更有效率地利用资源，对环境更加友好；从要素支撑来看，核心技术、资本和知识经验等要素的积累成为最重要、最关键的力量，产业链、创新链、资金链、人才链深度融合和衔接，是推动产业链现代化的关键。[③]

（二）制造业产业链现代化的内涵特征

结合产业链的定义及内涵特征，制造业产业链可以界定为基于一定技术经济关联关系，制造业各个部门在产品、价值、

---

① 盛朝迅：《打好产业链现代化攻坚战》，《上海企业》2019 年第 10 期。

② 肖荣美、霍鹏：《以工业互联网为关键抓手推动制造业产业链现代化》，《长沙大学学报》2020 年第 1 期。

③ 李燕：《夯实产业基础能力，打好产业链现代化攻坚战》，《中国工业报》2019 年 9 月 12 日第 2 版。

知识方面的结合后形成的链状结构。完整的制造业产业链包括产品的设计、制造到销售的全过程，包括技术创新、研发设计、原材料生产、零部件制造、终端产品装配，乃至商品流通和消费等环节。提高制造业产业链的现代化水平，就是要通过采取一揽子措施，提高制造业产业链上下游企业的协同性，增强制造业各环节的价值创造能力，提高供应链的韧性和安全性，优化区域产业之间的竞合性，从而实现制造业产业链在价值链、供需链、企业链和空间链上的有效衔接，推动制造业发展质量不断提高。总结起来，一个现代化、高端化的制造业产业链具有以下特征。

1. 创新性

从科技创新的角度看，制造业产业链现代化是指制造业的技术创新及其应用要以当今世界的先进水平为标准，尤其是制造业产业链上的关键技术和核心技术要做到自主可控，对国外的技术依赖程度要低。中国经济发展已经由高速度增长阶段转向了高质量增长阶段，阶段的转换要求制造业在整个全球价值链中不断地完善攀升，由过去的中低端向中高端攀升，在全球供应链中占据更有利的竞争地位。在创新驱动发展的背景下，中国制造业迈上全球价值链中高端，突破口就是习近平总书记指出的"围绕产业链部署创新链、围绕创新链布局产业链"。在产业链上部署创新链，关键是在相应的产业链环节上创新处于国际前沿的核心技术。① 围绕创新链布局产业链，强调科技创新的引领带动作用，旨在推动科技与产业活动的密切结合，实现科技创新成果的快速转化应用，促进产业结构优化调整和转型升级，加快培育高新技术产业和战略性新兴产业，形成科技创新驱动的现代产业

---

① 洪银兴：《围绕产业链部署创新链——论科技创新与产业创新的深度融合》，《经济理论与经济管理》2019 年第 8 期。

新体系。从这个层面来看，推进制造业产业链现代化关键是创新驱动，即要着力推进以科技创新为核心的全面创新。

2. 协同性

从企业链要素构成的角度看，产业链现代化一方面是指其供应关系和结构能够根据市场信号灵活、高效地做出反应，不同链上的产业链、创新链、资金链、人才链之间实现高度的协调、协同和协作。另一方面是指产业链上的上下游企业之间实现了深度分工和高度协同，产业配套能力强，产业链融合创新较为活跃。产业链环环相扣，一个环节阻滞，上下游企业都无法运转。提高产业链现代化水平，就是要增强产业链的韧性和根植性，以及不同产业的融合创新能力。现代化产业链上的制造商、供应商、批发商和零售商之间存在激烈竞争的同时也相互密切合作，协同交换，促进协作创新，这种协同性通常表现为时间协同、空间协同和信息与网络协同。[①] 通过上下游企业之间的交换协同作用，实现分工深化和盈利创新，进而提高制造业产业链的整体集成能力和竞争能力。

3. 安全性

从产业发展的安全性来看，制造业产业链的现代化不仅体现在本国对制造业核心技术、关键环节和重要产业的掌控能力，还体现在对外经济贸易中，能够应对供应链中断的风险，确保制造业上下游产业链供应链的安全。在目前逆全球化的趋势下，越来越多的国家和地区把产业链的安全性上升为国家安全战略，纷纷推动全球供应链本地化、区域化和分散化布局。[②] 应对中国工业链面临的"断供"风险，制造业产业链现代化就是要在短期内"补链"，即梳理关联领域的"断点"环节并找到替代方

---

① 徐从才、盛朝迅：《大型零售商主导产业链：中国产业转型升级新方向》，《财贸经济》2012 年第 1 期。

② 徐晖：《新基建为我国产业链现代化按下快捷键》，《电器工业》2020 年第 7 期。

案，确保产业链平稳；在中期要"固链"，即通过国家重大专项及产业规划，聚焦"卡脖子"的重点领域，疏通短板卡点，确保产业链安全；在长期要"强链"，从源头上巩固产业根基，根治"大而不强"的痛点，确保产业链供应链长期安全，增强产业链的国际竞争优势。

4. 竞合性

从空间上看，产业链现代化意味着不同区域内的企业链、价值链、供需链、空间链之间能够实现有机的链接和融合，在空间分布形态上实现有序竞争和相互合作，从而整体上提高区域产业链的技术水平和竞争能力。在产业链空间布局上，现代化制造业产业链主要包括以下几种情况。当大型企业或者龙头企业能够完整覆盖从原材料到研发到生产和销售的产业链全过程，我们称之为"企业微循环"。当城市内不同企业之间形成了完整的产业链上下游关系，我们称之为"城市小循环"。当完整产业链上的企业出现了跨城市但属于同区域的情况，如粤港澳大湾区，我们称之为"区域中循环"。当一条完整产业链上的企业来自国内不同城市且不同区域时，我们称之为"国内大循环"。当产业链上的企业来自不同国家时，我们称之为"国际超循环"。

二 广州制造业产业链现状——以生物医药产业为例

生物医药与大健康产业是当前及未来最具发展潜力的战略性新兴产业之一。生物技术在引领未来经济社会发展和抢占国际竞争新高地中的战略地位日益明显，许多国家和地区都把生物医药产业列为重点发展的产业。以应对新型冠状病毒为代表的生物技术创新，更是充分体现了生物医药产业的重要性。广州作为粤港澳大湾区的重要核心城市，拥有国家生物产业基地和国家医药出口基地的叠加优势。经过多年的努力，广州生物医药产业呈现产业链条越来越完整、市场主体集聚水平不断提高、产业生态日益成熟、发展后劲不断增强的良好发展态势，生物医药相关企业总数占全国企业数量的 2.1%，在全国处于第一梯队。《广州战略性新兴产业"十四五"规划》提出，生物医药与健康产业作为广州三大新兴支柱产业之一，2020 年增加值已达到 1318 亿元，计划于 2025 年实现 2100 亿元的目标。生物医药产业作为广州最有基础、最有条件、最有潜力培育成为支柱产业的战略性新兴产业之一，已成为广州制造业高质量创新发展的重要抓手。为研判广州制造业产业链现代化的现状，本报告将以广州生物医药产业为例，介绍广州制造业产业链的现状及特点。

（一）发展规模

广州生物医药规模总体呈现不断扩大态势，整体实力在全国处于第一梯队。"十三五"时期，广州聚焦发展生物制药、现代医学、医疗器械等重点行业，高新技术应用广泛，广州生物医药产业保持 10% 左右的年均增速，产业竞争力不断增强。从产业规模来看，2018 年广州医药制造业实现产值 313.84 亿元，同比增长 8.1%；生物医药与健康产业实现增加值 587.81 亿元，近三年年均增长 9.5%。[①] 2019 年，广州生物医药与健康产业增加值 1277.76 亿元[②]，较上一年增长了一倍多；全市医药制造业和医疗器械设备制造业分别增长了 10.2% 和 53.5%[③]，预计

---

① 数据来源：《广州生物医药产业强势崛起　今年底产值将超 1300 亿元》，南方都市报，奥一网（https：//ipaper. oeeee. com/epaper/G/html/2019 - 06/11/content_19655. htm）。

② 数据来源：《广州生物医药企业超 3800 家　今年前 8 月医药制造业产值同比增长 7.7%》，http：//www. gz. gov. cn/zwfw/zxfw/ylfw/content/post_6882389. html。

③ 数据来源：广州市商务局网站（http：//sw. gz. gov. cn/swzx/zsyz/content/post_5617600. html）。

2022 年生物医药产业规模有望超过 1800 亿元[①]。2020 年,面对全球新冠疫情蔓延带来的挑战,广州市生物医药行业积极应对,实现逆势增长。据统计,2020 年广州生物医药与健康产业实现增加值 1318 亿元,同比增长 6.2%;规模以上医药制造业产值占全国比重为 1.5%;规模以上生物医药及高性能医疗器械业产值 412.07 亿元,同比增长 23.5%,展现了良好的发展势头。

(二) 产业链

近年来,广州市生物医药产业保持快速增长势头,年均增长 10% 左右,是广东省唯一连续三年(2018—2020 年度)获得国务院表彰和鼓励发展的战略性新兴产业集群。据不完全统计,2019—2021 年,广州生物医药企业数目由 3800 多家上升至 6400 多家,位居全国第三。2022 年广州拥有包括万孚生物、金域医学、达安基因、白云山等 47 家生物医药公司,总市值超过 3000 亿元,占全省上市生物医药公司的四分之一,体现了较强的经济发展活力。(见表 11.1)

表 11.1　　　　　广州生物医药细分领域及代表性企业

细分领域	重点企业	主要方向或产品
现代中药	白云山	南药代表
生物药及细胞治疗	香雪制药	抗病毒口服液、板蓝根等中成药为主导,积极布局精准医疗,推动 TCR 为核心的免疫治疗药物产业化
	百济神州	广州重点引进项目,定位肿瘤免疫药研发和生产

---

① 数据来源:广州市科学技术局网站(http://kjj. gz. gov. cn/xwlb/yw/content/post_5611588. html)。

续表

细分领域	重点企业	主要方向或产品
医学检验	金域医学	国内第三方医学检验行业规模最大的龙头企业
CRO、CMO 外包服务	博济医药	提供药品、器械、保健品研发与生产全流程"一站式"服务
精准医疗	达安基因	分子诊断技术为主导，主要产品为无创产前诊断
生物 3D 打印	迈普医学	中国首家运用生物 3D 技术开发植入医疗器械的企业

资料来源：刘广平：《粤港澳大湾区生物医药产业发展概览·广州篇》，2019 年 8 月 14 日，亿欧网（https：//www.iyiou.com/news/20190814108963）。

目前，广州形成了以现代中药、化学药和医疗器械为主导，以干细胞与再生医学、体外诊断产品及检验服务、海洋生物等为特色优势，以生物制药、生物医用材料、精准医疗等领域为辅的产业体系。广州构建了完整的产业生态圈，培育了广药、金域医学、万孚生物、香雪、百奥泰、达安基因、迈普等各领域龙头企业，形成一批专精特新骨干企业集群式发展局面，形成了覆盖上游研发试验、中游中试生产、下游上市销售的较为完整的产业链。

（三）创新链

1. 创新成果

近年来，广州加快实施创新驱动发展战略，推动生物医药产业迅速发展，创新成果不断涌现。据统计，截至 2020 年底，广州市获得上市许可注册的药品数量有 3649 个，第二、三类医疗器械获批上市 6758 个。2020 年获批药品临床试验批件共 23 件，占全省的 39.6%。2022 年在广州举办的第十四届中国生物产业大会上，《中国生物医药产业发展指数 CBIB 2.0》发布的

2021 年区域生物医药产业评价结果显示，在全国 20 个重点产业园区中，广州科学城生物产业基地在创新器械审批上达到 165 个，位居同行业第一。广州微远基因、恩宝生物在参加 2020 年第九届中国创新创业大赛新冠疫情防控技术创新创业专业赛的 1032 家企业中脱颖而出，分别荣获决赛的二等奖和三等奖，广州市获奖企业数占全国的三分之一。

2. 创新资源

广州拥有丰富的创新资源。2020 年，广州市获评中国最具投资价值生物医药创新城市。从创新平台来看，广州拥有广东省内全部的"双一流"医学高等院校，聚集了生物医药领域 6 个国家重点实验室；拥有省内全部 5 家 GLP 机构，36 家 GCP 机构，以及各类实验室、工程中心、企业技术中心等一大批创新平台和新型研发机构。在专业机构方面，广州是中国三大医疗中心之一，2021 年末，广州市共有各类医疗卫生机构（不含村卫生室）4878 个，其中医院 291 个，三甲医院 57 家，居全国第三。专业人才方面，广州引进生物医药领域诺奖得主 5 位，拥有生物医药领域的院士 20 多位。

3. 创新资本

广州紧跟国家生物医药产业一系列重大政策变化，给予生物医药产业充足的经费和资本支持。2017 年广州市政府主导的总规模 100 亿元的广州市生物医药产业投资基金成立，为产业发展提供了有力的资本支撑。[①] 截至 2019 年底，广州共集聚 130 多家投向生物医药与健康领域的创投、风投、股权投资等机构，在广州注册的 200 多家生物医药企业共获得融资总额超过 180 亿元。[②] 2021 年，广州发布首批 3 个科技计划项目，其中之一就是对生

---

① 数据来源：广州市医药行业协会（http：//www. gzppa. org/list. asp？ id＝2781）。

② 数据来源：广州日报（https：//gzdaily. dayoo. com/pc/html/2020 – 11/03/content＿868＿729384. htm）。

物医药科技创新活动进行财政支持，支持额度超过 2 亿元，通过后补助资助方式支持广州生物医药产业创新发展。

（四）空间链

广州生物医药产业集聚态势明显，形成以生物岛为国际生命科学顶尖研发中心、科学城为区域性生物科技创新创业中心、知识城为国际生物医药价值创新中心的"三中心辐射多区域"格局，成为国家重要的生物产业基地。

国际生物岛位于海珠区仑头水道与官洲水道之间，南面广州大学城，北望广州国际会展中心和珠江新城，规划用地 183 万平方米，定位于创新高地和精品园区，入驻了金域检测、赛莱拉、广州互联网医院等 150 多家企业，逐步形成生物新药、医疗器械、干细胞、基因测序、精准医疗临床转化等产业链条。广州科学城位于广州开发区中部，规划用地面积超 3700 万平方米，定位于区域性科技创新创业中心，聚集了香雪制药、达安基因、中一药业阳普医疗等众多生物产业龙头企业和迈普、铭康、百奥泰、锐博等一批生物技术创新企业。中新广州知识城位于广州开发区东部，规划用地 12300 万平方米，定位于建设国际科技创新枢纽的核心组团，引进 GE 生物科技园、百济神州等重大生物制药产业创新枢纽项目。

综上所述，广州市生物医药产业总体规模呈现不断扩大态势，整体实力雄厚，具备产业集聚明显、产业链体系完备齐整、创新成果显著等优势。

三 广州制造业产业链现代化创新实践

通过对生物医药产业链的分析，可以看出广州在制造业产业链现代化建设上的一些创新做法，总结如下。

（一）注重顶层设计，建立起完备的政策链

自提出"制造强市"战略以来，广州就加快推动在新一代信息技术、人工智能、生物医药、工业互联网等产业领域的谋划布局。相继出台了推动制造业发展的重大战略规划和计划，明确广州制造业发展的产业布局、重点领域、战略目标、保障机制等内容，推进制造业发展的顶层设计。

2017 年，《广州市战略性新兴产业第十三个五年发展规划》明确提出要重点发展新一代信息技术、生物与健康等六大战略性新兴产业，并加速发展精准医疗、高端智能机器人、云计算与大数据等五大前沿产业。同年广州市委、市政府又提出了"IAB"（新一代信息技术、人工智能、生物医药）产业发展计划，提出了到 2022 年将 IAB 产业规模提升到万亿元水平的宏大计划。2019 年底，《广州市先进制造业强市三年行动计划（2019—2021 年）》确定广州市先进制造业建设目标，建设两大世界级先进制造业集群及四大国家级先进制造业集群，推进创新平台建设，推动现代服务业与先进制造业深度融合发展。

（二）加大资本扶持力度，强化资金链

为支持企业通过技术改造加快提升工业高端化、集约化、智能化、绿色化发展水平，广州市及各区都制定了扶持创新经济政策，促进工业投资可持续增长、工业投资结构不断优化、工业投资效率提升，不断提高先进制造业和高技术产业投资占比，为工业经济不断发展、实施先进制造业强市战略提供动力。

从 2015 年起，市财政连续三年安排专项资金，通过贷款贴息、后补助等方式支持企业实施扩产增效、设备更新和智能化改造等技术改造项目以及相关服务机构建设。2020 年 1 月，广州发布《广州市推动工业投资可持续发展实施意见》，继续把

"提升工业投资质量"作为工作重点，明确推动工业投资向先进制造业倾斜，包括 IAB、NEM、基础软件、5G、集成电路、智能网联和新能源汽车、轨道交通、高端装备、新型显示等领域。依据《广州市加快工业和信息化产业发展的扶持意见》（穗府规〔2018〕15 号），对确定支持的补助项目，补助额度不超过项目总投资的 30%，最高不超过 500 万元。此外，广州市各区针对国家高新技术企业也有专门的资金补贴金额，例如增城区：（1）高企认定：规模以下的 30 万元，规模以上的 100 万元；（2）高企营业收入首次达到 5000 万元以上、2 亿元以上、10 亿元以上的分别给予 50 万元、100 万元、200 万元奖励。

（三）引进专业人才，夯实创新链基础

广州多措并举，不断优化引才引智环境。例如，外国人来华工作许可工作以"两个率先"①走在全国前列。广州还出台粤港澳大湾区范围内个人所得税优惠措施的具体政策文件，完成享受个税高端人才资格认定。此外，支持港澳青年来穗创新创业，打造港澳青年创新创业基地 28 家、入驻项目 200 多个。②

加大专业人才引进力度。一方面，广州深入实施"广聚英才"计划，依托市产业领军人才集聚工程、"红棉计划"和省珠江人才计划、特支计划等重大人才项目，广州对产业发展人才的"虹吸效应"更加明显，越来越多的优秀高层次人才涌聚广州创新创业和生活居住。据统计，广州依托重点科研平台、重大创新项目，面向全球引进高精尖缺人才，颁发人才绿卡超过 1 万张。另一方面，依托市内高校、高水平实验室、重大创新平

---

① "两个率先"：在全国率先实现外国人工作许可及居留许可"一窗受理、并行办理"；率先将外国人工作许可办结时间从 20 个工作日压缩到 7 个工作日。

② 数据来源：《广州建成港澳台青年创新创业基地 32 个 成功孵化企业 200 多家》，广州市人民政府门户网站（http://www.gz.gov.cn/xw/jrgz/content/post_6445917.html）。

台，广州引进了大批能承接重大任务、取得尖端成果、形成"塔尖效应"、做出卓越贡献的顶尖科学家及其创新团队，比如蒋兴伟、徐涛院士等 16 位基础研究顶尖科学家及其团队。截至 2021 年底，在穗工作的院士超 120 名。

（四）加快培育高新技术企业，支持科创中心建设

近年来，广州按照"科技创新小微企业—科技创新小巨人企业—高新技术企业—创新标杆企业"的梯次，加快高新技术企业的培育发展。重点聚焦在以新一代信息技术、人工智能、生物医药、新能源、新材料等为代表的科技创新产业技术领域。广州还重点加强高新技术产业科技金融体系建设，引导民间资本支持高新技术产业发展，降低中小型高新技术企业的融资成本，积极推动高新技术企业上市融资。

此外，广州积极推动科技创新中心建设。《广州市建设国际科技产业创新中心三年行动计划（2018—2020 年）》提出，要强化广州国家创新中心城市优势，通过推动创新链、产业链、资金链、人才链深度融合，构建富有广州特色的创新生态系统，在 2020 年初步建成、2025 年基本建成、2035 年全面建成国际科技产业创新中心。目前，广州围绕共建国际科技创新中心的创新思维，重点打造中新广州知识城、广州科学城、南沙科学城、琶洲人工智能与数字经济试验区。目前，广东共有首批国家级、省级创新中心共 6 家，其中广州有 4 家，包括国家级的国家印刷及柔性显示创新中心，省级的广东省机器人创新中心、广东省轻量化高分子材料创新中心、广东省智能网联汽车创新中心。① 2022 年，中国科协公布 2022 年"科创中国"创新基地

---

① 数据来源：《广州工业投资增速全省第一》，2021 年 10 月 8 日，人民网（http：//gd. people. com. cn/n2/2018/1010/c123932－32138367. html）。

认定结果，广州共有 4 家创新基地入选"科创中国"创新基地。

四　广州制造业产业链现代化的
基础条件与现实挑战

（一）制造业产业链现代化的基础条件

1. 产业基础比较雄厚，制造业发展质量稳步提升

近年来，作为国家先进制造业重要基地，广州制造业发展保持稳步增长的良好势头，广州已成为华南地区工业门类最齐全的城市，其制造业综合实力和配套能力居全国前列。广州工业体系覆盖 35 个工业大类，拥有汽车制造、电子产品、石油化工、电气机械及器材制造、电力和热力生产及供应等 5 个超千亿元级的产业，超百亿元级的产业有船舶、冶金、纺织服装、食品饮料、烟草、医药等多达 21 个（不含千亿元以上），其中汽车制造、船舶制造、电子产品、成套设备等发展走在全省全国前列。[①]

为加快先进制造业强市建设，广州还积极布局新一代信息技术、智能与新能源汽车、生物医药与健康、智能装备与机器人、新能源与节能环保、新材料与精细化工、数字创意等战略性新兴产业，加快新能源汽车、超高清视频、新型显示等世界级先进制造业集群的培育。2019 年，广州获联合国工发组织授予"全球定制之都"案例城市，被工信部确定为首批规模化部署 5G 商用试点城市，智能网联汽车、超高清视频和智能家电两个产业集群进入国家先进制造业集群决赛，制造业发展被广东省评为"优秀"等级。

---

① 广州市地方志编纂委员会、广州市工业和信息化局编：《广州市工业志（2001—2017）》，新世纪出版社 2020 年版，第 1 页。

2. 科技创新在制造业高质量发展中的作用日益显著

近年来，为适应新一轮科技革命和产业变革趋势，广州围绕塑造和不断增强科技创新优势，建设国际科技创新中心，出台一揽子政策措施，不断提升以制造业为主体的产业创新能力。科技创新已经成为广州推动制造业转型升级和高质量发展的重要支撑。一是创新成果显著增多。"十三五"时期，广州市科技创新产出明显，专利申请和授权量大幅度增长，其中广州专利申请数年均增速为 31.4%，专利授权数年均增长约 34.8%，2021 年专利授权量进一步上升到 18.95 万件，同比增长高达 60%。二是模式创新、业态创新的高新技术企业不断涌现。2021 年广州高新技术企业数量达到 1.2 家，继续保持在全国各大城市中的领先地位。三是科技成果转换成效显著。统计显示，"十三五"时期广州技术合同成交额增长近 7 倍，2020 年广州技术合同成交额突破 2000 亿元，达到 2256.53 亿元，规模居全省第一，在全国城市排名中仅次于北京，居第二位。四是高端创新平台加快建设。截至 2021 年，广州有 10 家省级及省级以上的制造业创新中心，其中包括国家级制造业创新中心 1 家；创建有 35 家国家级企业技术中心，349 家省级企业技术中心，在全省位居第一，为加快培育制造业新动能，提高制造业产业链现代化水平奠定了坚实基础。

3. 重点制造业产业链条完整，具有省内配套的能力

在制造业产业体系中，汽车制造是广州三大传统支柱产业之一，产业发展基础厚实，产业链比较完备。广州汽车产业在国家经济发展中地位重要，是全国三大汽车生产基地之一，还是国家汽车及零部件出口基地、国家节能与新能源汽车示范推广试点城市、国家基于宽带移动互联网与智慧交通应用示范区。经过多年发展，广州汽车整车制造初步形成了中国品牌、日系品牌和欧美品牌等多品牌并重的多元化汽车品牌发展格局；在

区域分布上，逐步形成了广州东部、南部和北部三大汽车产业集聚区。在汽车零部件以及配件制造方面，以广州番禺区、增城区、花都区、从化区等 4 个区的产业园区为主，汽车零部件产业的差异化布局和业务拓展格局正在进一步深化发展，传统汽车关键零部件基本能够在广东省内完成配套。

在生物医药产业方面，行业领域覆盖广、医药产品种类多，包括原材料种植、研发等上游环节，制造的中游环节和流通的下游环节。广州已形成以现代中药、化学药和医疗器械为主体，具备干细胞与再生医学、体外诊断产品及检验服务等特色优势，培育生物制药、生物医用材料、精准医疗等领域潜力的产业体系，已形成了从生物技术研究、中试到产业化较为完整的产业链条，具有发展基础厚实、区域集聚明显、产业链相对完备、创新成果不断涌现等优势。

4. 产业发展潜力大，产业链现代化水平不断提高

在广州的产业构成中，超高清视频产业的发展非常具有代表性，这是从发展态势来看最有可能成为第一个实现万亿元规模的产业。近年来，广州依托千亿元级新型显示产业发展优势积极开展新数字家庭行动，通过创建示范社区推动 4K 终端消费行为普及倒逼终端产品制造、内容制作体系加快完善，初步形成覆盖摄录编播的超高清视频全产业链。广州已成为广东省首个国家超高清视频产业发展试验区内的核心发展区域，在柔性印刷显示、超高清超高速摄录设备研发方面处于国内领先地位。广州拥有视源电子、乐金显示、广州创维、鸿利显示等全球领先企业，奥翼电子在柔性显示技术方面拥有国际先进专利；广东聚华在印刷显示领域持续创新等。超高清视频和新型显示产业已经成为广州经济稳定增长的重要力量。2022 年，全产业链实现产值超 2000 亿元，规模以上工业企业近 500 家，超高清显示面板产能全国第一，产业创新集聚发展态势已基本形成。

在工业互联网领域，软件和信息技术创新应用产业是广州近年发展最快的产业。树根互联、阿里云、航天云网等20多家国内知名的工业互联网平台已落户广州，广州已建设工业互联网标识解析顶级节点，为全国五个顶级节点之一，广州是广东省工业互联网产业示范基地和广东工业互联网创新中心的所在地，工业互联网资源居全省第一。一批优质企业和项目入选国家、省工业互联网试点示范项目、制造业与互联网融合发展试点示范项目、制造业"双创"平台试点示范项目。此外，广州还成立了省工业互联网产业联盟广州分联盟，设立了全国首家工业互联网企业医院，成立了全国首只规模为100亿元的工业互联网产业基金。

（二）制造业产业链现代化面临的主要挑战

1. 产业链关键环节缺失，中低端制造较多

在广州的优势产业中，不少仍处于产业链的中低端环节，产业发展的自主可控性和市场竞争力都相对较弱，在某些核心技术方面"卡脖子"问题比较明显。广州大部分高新技术企业处于产业链的中间环节，自主创新实力整体不强，集成电路、高端芯片、精密仪器、高端工业机器人、超高精度机床等关键技术自给率偏低，主要还是掌握在欧美日等发达国家手中。

作为广州重要支柱产业之一的汽车产业，近年来，虽然在新能源汽车、智能网联汽车方面发展很快，但在驱动电机、控制系统、动力电池等关键零部件以及充电设施等方面还比较薄弱，对外依赖较大。在集成电路方面，广州拥有兴森快捷、安捷利、风华芯电、丰江微电子等一批集成电路封装企业，但总体处于行业低端，整体竞争力不强。半导体产业链也在推动加快补链，相比国内其他先进城市，广州的芯片制造近两年发展很快，但能力仍待提升。在软件与人工智能产业方面，广州的

软件产业链主要集中在利润较高的数字文创、娱乐、互联网等领域，而基础软件、工业软件、信创应用等环节的创新能力亟待提升，数据库、中间件等关键环节还有待在补链方面下功夫。在超高清视频产业方面，在打造世界显示之都的目标下，现有产业链整体上正在向中高端迈进，但在图形图像采集设备、处理及编辑系统、存储设备等方面缺乏领军企业，产业生态建设的关键核心标准等方面的先进性存在短板，以及更高端的基础软件和硬件的产品竞争力不足。

2. 关键零部件依赖进口的局面还未扭转，产业链韧性和自主可控性不足

就汽车产业来说，关键核心技术依然受限。目前，整车控制系统、线控转向系统、智能座舱等关键部件仍是空白，线束插接件、传感器、芯片等关键元器件主要依赖进口；"三电"系统、环境感知系统的安全性可靠性还需进一步提升。而且，广州汽车产业以日系整车生产企业为主，目前特种钢材等关键材料，芯片、电容等零部件仍需从日本进口。例如，广汽丰田产业链80%的零部件基本能够从国内市场采购，但关键零部件还需要从日本进口。此外，汽车产业链的协调联动还有待提升，大中小企业之间协同效应仍有较大提升空间，本地零部件配套的完善水平有待进一步提升。

半导体产业方面，随着两化融合战略的实施，工业信息化进程不断加快，以及智能汽车、智能家居、智能手机、物联网等领域的快速发展，对芯片需求将进一步增加，芯片市场保持继续增长。虽然中国在芯片的设计、生产制造、封装等方面取得了一定进步，但与国外顶尖企业相比，仍有不少差距。目前，广州拥有半导体产业相关企业100多家，涵盖芯片设计、生产制造、封装测试、行业应用、配套服务等领域，也培育发展了一批集成电路细分领域的龙头设计企业。但广州半导体产业链

的各环节中，基础技术、工艺、核心零部件、加工装备等对外依存度依然很高，除了技术外，资金、人才、管理水平、市场开发能力等都存在短板。超高清视频产业方面，高端透镜、芯片、惯性传感器等主要依赖进口。超高清视频产业方面，芯片、惯性传感器、高端透镜等零部件主要依赖进口。随着以美国为首的发达国家对中国的科技打压，减少或者断裂对中国产业链的依赖，这必然也会影响到广州产业链、供应链的稳定性、安全性和自主可控性。

3. 产业结构升级滞后，创新驱动有待加强

以汽车产业为例来看，因为其是制造业中规模最大的行业，广州汽车产业的第一支柱产业地位稳固突显。汽车产业的发展规模和增长态势在广州工业制造业的发展格局中发挥着决定性作用。2017 年以来，广州汽车制造业总产值占三大支柱产业（汽车、石化、电子）的比重均超过 50%，规模增长形势良好，支撑地位不断增强，成为拉动广州经济发展的强大引擎。2021年，汽车、电子、石化三大支柱产业总产值 11405.1 亿元，占全市比重高达 49.33%，其中汽车制造业总产值上升为 6121.7亿元，占全市的比重为 26.5%。对于一个城市来说，某一个行业规模过大、占比过高，可能会由于市场需求变化等原因导致增长后劲不足、抗风险能力低等问题。而广州的个别区，对于汽车产业的依赖更大，例如，花都区 2021 年汽车产业总产值1749 亿元，占广州市汽车产业总产值的 28.6%，是花都区皮革皮具、珠宝、视听设备、化妆品、服装鞋帽等五个主要产业产值总和的 5 倍以上。南沙区 2021 年汽车制造业规模以上总产值1549 亿元，占全区规模以上工业总产值比重为 45.5%。汽车也是开发区、黄埔区三个千亿元级的产业之一。

再从汽车产业的内部来看，过于依赖一个大企业，也可能导致发展动能不稳定。例如广州黄埔区（广州开发区）的汽车

产业，仅广州本田一家企业就占整个汽车产业的一半以上，这还不包括为广州本田配套的零部件企业。这种情况下，如果广州本田的发展受到扰动，那么整个产业链的稳定性就会受到冲击。广州花都区的东风日产在其整个园区内的供应链相对完整，且有闭环发展的趋势，外部企业要想进入，则门槛较高，存在不少进入壁垒，从融入新发展格局，推动国内国际市场双循环相互促进的视角来看，这对于产业链现代化的提高也有阻碍作用。

4. 产业链龙头企业不足，竞争能力有待加强

拥有具有国际影响力的大企业是一个城市实力以及在区域经济中有重要影响的显示性标志。与国内其他大城市相比，广州拥有世界 500 强企业的数量相对较少。在 2022 年《财富》世界 500 强入围企业名单中，广州有 4 家企业，位居北京（54家）、上海（12 家）、深圳（10 家）、杭州（8 家）、香港（7家）之后。而像世界 500 强这样的大企业在带动其上下游企业集群化发展中，对于行业生态构建、产业竞争力增强具有不可替代的作用。就目前来看，在产业链和产业集群化发展中，广州产业链的龙头企业偏少，其中一个原因可能是在培育企业方面存在短板，或者对这一块不够重视。另外，从所有制结构来看，广州制造业中国有企业比重较高、民营企业占比相对较小，这也许会对产业发展活力、产业创新和产业竞争有一定影响。这样一种企业组织结构状况，很难发挥民营企业在提升自主创新能力方面的作用，民营企业的技术创新主体的主力军作用也很难形成，在做大做强上面临体制机制和市场竞争劣势的制约。

5. 中高端人才吸引力相对不足

一是产业结构的制约。当前，广州传统制造业竞争优势趋于弱化，新兴产业体量还不够壮大，整体上对高端人才的吸引能力不强，人才"洼地效应"尚未形成。二是总部经济滞后削

弱人才吸纳能力。广州近年来提出打造总部经济，并将其作为转变经济发展方式、提高产业链水平的重要战略。但也应该看到，目前，广州总部经济发展比较快，也取得了不错的成绩，但从整体来看，在行业结构、综合实力等方面仍然需要加强，尤其是科技含量高、附加值高、具有竞争力优势的行业规模较小，吸纳高端人才的能力受到影响。三是面临着区域发展的人才地缘竞争。广州与北京、上海存在不同。例如，京津唐地区的高层次人才，在选择去大城市发展的时候，大部分选择北京；长三角一带的人才，会更加倾向于进入上海；而珠三角的人才流动，则在广州和深圳之间二选一。因此，广州在产业发展吸引人才上面临更加激烈的竞争；而深圳是经济特区，城市更加年轻，产业更加具有活力，这使深圳对创新创业人才的吸引力更强，其与广州地理位置接近，在激烈的人才竞争中相对降低了广州的吸引力。

五 广州加快提升制造业产业链现代化的对策建议

加快提升产业链现代化水平是解决产业基础能力不足、增强产业发展自主可控性、提高产业国际竞争力的重要举措。综合国际产业发展形势和广州推动产业链发展实际来看，广州要促进产业基础高级化，掌握产业链、供应链治理权，关键在于具有和掌控产业链的核心技术、主要资源和广阔市场。推进工业产业结构优化，加快培育壮大新经济新动能；发挥国内外经济循环的协调互补机制，统筹优化产业链空间布局；强化产业链、供应链要素保障，完善产业公共服务能力；培育头部企业集群，提升产业链竞争力等方面，切实推进制造业产业链现代化。

（一）突破重大核心技术，提高产业链关键环节掌控能力

一是加快推进广州重点发展领域的基础核心技术攻关。技术创新能力是衡量产业发展水平的重要标志，对提升产业链、供应链的稳定性和竞争力具有基础性和长期性影响。因此，要按照广州先进制造业强市建设工作的部署，聚焦新一代信息技术、人工智能、生物医药、新材料、新能源等战略性新兴产业领域，加强对制造业基础——关键材料、核心零部件、先进制造工艺、产业技术基础和工业软件等的研发攻关，引导创新资源向新能源汽车、智能装备、新型显示、生物医药、新一代互联网等新兴产业和先进制造业产业链的关键环节聚集，加快解决产业链现代化的"卡脖子"技术难题。

二是加快推动制造业创新中心建设，构建以创新中心为核心的产业创新生态网络，增强创新自主性和可控性，提高制造业的创新能力。在现有创新基础及研发平台建设的基础上，要加快谋划建设先进制造业关键领域的重点实验室、技术创新中心、成果转换中心和产业化落地推广中心等产业创新设施，开展产业前沿和共性关键技术研发，突破产业链关键技术屏障。以制造业技术升级、培育发展新动能的重大需求为导向，围绕新一代电子信息、新材料、智能制造、生物医药等战略性新兴产业，整合产业链上下游龙头骨干企业、科研院所、高等院校、行业组织等产业资源和创新资源，通过政府引导支持，企业市场化运作，自主决策、自我管理、自负盈亏，充分激发市场活力，打造跨界协同的创新生态系统。

（二）推进产业结构优化，加快培育壮大新动能

一是以智能化技术引领广州先进制造业发展。新智能技术是支撑先进制造业的关键，体现在材料的技术参数、产品设计、

要素匹配、生产工艺等多方面。广州要提升对先进制造业高端要素集聚和吸引能力，运用数字技术推动制造业数字化转型，重点实施人工智能和数字经济战略，积极推动制造企业和工厂的智能化改造和数字化赋能行动，加快智能制造和创新中心建设，推进数字产业化和产业数字化。

二是以"互联网＋工业"和技术创新为根本途径，促进广州制造业转型升级。对传统产业的改造提升和转型升级，特别是传统特色产业的传承与创新，要通过产业互联网和"企业局域网"提升产业核心竞争力，激励企业借道产业互联网改造生产流程、提升生产工艺，实现提质增效。同时，要加快推动新技术转化利用，培育发展战略性新兴产业和先进制造业，尤其是着力提高高技术制造业的比重，加快现代化产业体系建设，打造结构合理、优势明显、竞争力强的制造业产业链生态。

（三）利用国内国际双循环相互促进机制，优化产业链空间布局

一个城市或地区的产业链的空间形态应该是超越城市或地区的范围，呈现出一种开放型的空间格局，也就是以国内大循环为主，国内国际双循环相互促进的新发展格局。就一个城市来说，在国内大循环格局下也是可以进一步分层次的，如城市内部循环、所在区域内部的循环等。因此，一个城市的产业链空间布局的优化，就是应该在新发展格局理念下，利用国内国际经济循环的互补机制，在不同地域、范围、层次上推动产业链各环节在空间上实现有序的竞争与合作，促进产业链在国内国际的畅通和联动发展。

就服务构建国内大循环来说，一个城市的产业链布局，至少有四个层次。一是企业所在的产业园区或集聚区的循环层次。支持本区域内的企业尽可能地建立产业链、供应链联系，或者

通过产业链招商实现产业集群化、生态化发展，实现局域小范围的产业链微循环。二是城市范围的循环层次。在局域小范围实现不了的产业链联系，可以而且应当支持企业在整个城市的产业体系中实现产业链、供应链关联。可以通过实施链长制，充分发挥行业龙头企业的作用，大企业带动中小企业，推动产业链上下游企业协同发展，实现城市范围的产业链小循环。三是在城市所在的更大经济区域内的循环层次，比如粤港澳大湾区范围内的循环层次。可以在城市间构建跨行政区域的产业链供应链联系，通过产业链、产业集群和产业生态在更大范围的建立形成，在经济区范围内依托城市及其周边地区的产业集群的水平分工、垂直整合和协同创新优势，实现中等层次的产业链循环。四是国内大循环层次，也就是我们所熟悉的作为新发展格局的主体循环层次。在国家范围内，我们有建立在人口众多基础上的强大的国内市场、不同区域的资源禀赋和产业结构，对于任何一个行业的发展，都有足够的条件和基础可以在地区之间实现优势互补的内在经济联系和生产分工，从而构建实现产业链、供应链的国内大循环。以上这四个层次的国内循环层次，对于广州来说，也是应该重视并推动实施的。

从融入国际市场，在全球范围构建开放型的相互促进的更大层次上的循环来看，广州面向全球开放，更是推动中国建设实现"一带一路"倡议的重要节点城市，因此也可以分两个层次来推动。一是基于邻近的地缘关系，广州要加强与东亚、东南亚地区的经济贸易联系，在产业投资、技术合作、对外贸易等方面加强合作，强化产业链、供应链的关联关系。二是从建立更广泛的国际经济贸易联系看，广州要围绕制造业产业链强链、补链、延链，不断强化与"一带一路"沿线国家的产业链关系，并在此基础上，更广泛地拓展与其他国家和地区的经济贸易往来，完善建立多向可选择性的产业链和产业生态网络体系，实现国际互补的产业链大循环。

（四）强化产业链、供应链要素保障，完善产业公共服务能力

人才、资金、土地等要素资源是影响产业链、供应链稳定性和竞争力的重要因素。要加强国际化、现代化和法治化营商环境建设，通过完善更加有效的财税、人才、金融、土地支持政策，加快吸引国际高端制造业项目投资落地。同时，还应进一步强化政策引导和市场机制相结合，促进人力资源、现代金融、土地资源等要素顺畅流动。

一是强化人才保障。要树立强烈的人才意识，深入实施广聚英才计划，探索建立与国际接轨的全球人才招聘、服务管理制度，发挥一流高校和科研机构的"人才蓄水池"作用，集聚更多科学家、领军人才，建设广州人才大智库和国家级人力资源服务产业园，打造人才资源集聚高地。要坚持事业留人、待遇留人、感情留人，加快建设国家级科技创新平台和载体，加强协同创新和跨界创新，开展高层次国际合作。要坚持"输血"与"造血"并重，培养更多本土科技人才，把广州制造业创新平台打造成粤港澳大湾区的人才高地。

二是强化金融支持力度。用足用好用活财政资金，多渠道拓展资金来源，降低实体经济企业的融资成本；大力发展天使投资、创业投资、风险投资等股权投资基金，支持龙头企业发挥产业链的引导作用，鼓励和引导投资机构加强对产业链、供应链上下游企业的支持；聚焦技术创新和新技术的渗透利用，引导社会资本加大对高新技术企业发展的支持力度。

三是优化土地资源供给，加大新型产业用地的支持力度，大力推进先租后让、租让结合方式使用土地，实施弹性年期出让，强化土地供后监管评价，创造条件推广"工业上楼"，推进旧工业园区改造提升和工业用地二次开发，激活存量土地资源。

（五）培育头部企业集群，提升产业链竞争力

头部企业在推动建立完善产业生态体系，提高产业链、供应链现代化水平中发挥着极为关键的作用，广州要加快培育更多的头部企业，增强引领产业链发展的带动和标杆作用。一是要加大力度吸引和培育优质总部企业和头部企业，全力打造总部企业产业集聚区。提升广州产业链的控制力和产业链关键环节的控制力，最重要的在于培育壮大一批行业龙头企业、标杆企业和领军企业。因此，政策上可以通过制定引领性措施，围绕培育龙头企业，推动产业集群打造，以集群化发展实施产业生态主导型企业培育工程，大力发展头部企业、龙头企业，加快龙头企业和总部企业的集聚；应该大力支持行业龙头企业通过兼并、重组、收购、控股等方式组建大型企业集团，并通过产业链延链、补链，促进行业相关企业的空间集聚抱团发展，促进龙头企业集群发展，不断提升头部企业的产业链发展带动能力。

二是要加快推进产业创新，加快头部企业转型升级。大力推进龙头企业，尤其是传统优势行业的龙头企业转型升级，加快关于龙头企业的工业互联网建设，运用大数据、云计算、人工智能等数字技术，鼓励龙头企业深入实施数字化转型。在强化产业链带动能力上，一方面，要支持龙头企业瞄准产业链关键环节和核心技术实施兼并重组，持续增加研发投入，把核心技术牢牢掌握在自己手中。另一方面，围绕行业龙头企业，实施中小企业"专精特新"培育计划，筛选一批具有高成长性的中小企业，鼓励中小企业与龙头企业合作，参与实施产业链关键共性技术的研究，系统性提升产业的创新能力，支持其建立特色品牌，培育一批能够引领和支撑未来产业发展的"单项冠军"和"隐形冠军"。

参考文献

［美］艾伯特·赫希曼：《经济发展战略》，潘照东、曹征海译，经济科学出版社 1991 年版。

［美］罗纳德·哈里·科斯：《论生产的制度结构》，盛洪、陈郁等译，上海三联书店 1994 年版。

［英］马歇尔：《经济学原理》，朱志泰译，商务印书馆 1964 年版。

［美］迈克尔·波特：《竞争优势》，陈小悦译，华夏出版社 1997 年版。

钞小静、薛志欣：《新时代中国经济高质量发展的理论逻辑与实践机制》，《西北大学学报》（哲学社会科学版）2018 年第 6 期。

陈建军：《中国现阶段产业区域转移的实证研究——结合浙江 105 家企业的问卷调查报告的分析》，《管理世界》2002 年第 6 期。

陈文玲：《注意！国际制造业格局正在发生这些深刻调整》，北京日报客户端，2019 年 8 月 13 日。

范剑勇：《长三角一体化、地区专业化与制造业空间转移》，《管理世界》2004 年第 11 期。

龚勤林：《论产业链构建与城乡统筹发展》，《经济学家》2004 年第 3 期。

国家制造强国建设战略咨询委员会：《中国制造业 2025 蓝皮书

（2018）》，电子工业出版社 2018 年版。

洪银兴：《围绕产业链部署创新链——论科技创新与产业创新的深度融合》，《经济理论与经济管理》2019 年第 8 期。

洪银兴：《以创新的理论构建中国特色社会主义政治经济学的理论体系》，《经济研究》2016 年第 4 期。

黄汉权：《聚焦四大发力点，打好产业链现代化攻坚战》，《智慧中国》2020 年第 Z1 期。

简新华、杨艳琳：《产业经济学》，武汉大学出版社 2002 年版。

蒋逸民：《关于农业产业链管理若干问题的思考》，《安徽农业科学》2008 年第 22 期。

金碚：《关于"高质量发展"的经济学研究》，《中国工业经济》2018 年第 4 期。

金利霞、李郇、曾献铁等：《广东省新一轮制造业产业空间重组及机制研究》，《经济地理》2015 年第 11 期。

李丽辉、王吉：《马克思社会资本再生产理论对我国经济高质量发展的启示》，《〈资本论〉研究》2020 年第 00 期。

李伟：《高质量发展有六大内涵》，《人民日报》（海外版）2018 年 1 月 22 日。

李晓红：《全球制造业呈现新"四化"特征》，《中国经济时报》2019 年 3 月 19 日第 A08 版。

李晓雯：《广东省制造业集聚与扩散影响因素研究》，硕士学位论文，华南理工大学，2016 年。

李心芹、李仕明、兰永：《产业链结构类型研究》，《电子科技大学学报》（社科版）2004 年第 4 期。

李燕：《夯实产业基础能力，打好产业链现代化攻坚战》，《中国工业报》2019 年 9 月 12 日第 2 版。

李玉虹、马勇：《技术创新与制度创新互动关系的理论探源——马克思主义经济学与新制度经济学的比较》，《经济科学》

2001 年第 1 期。

林毅夫：《新结构经济学——重构发展经济学的框架》，《经济学》2010 年第 1 期。

芮明杰、刘明宇：《产业链理论整合述评》，《产业经济研究》2006 年第 3 期。

汪丁丁：《制度创新的一般理论》，《经济研究》1992 年第 5 期。

巫细波：《广州汽车制造业空间布局变化及影响因素研究——基于 GIS 方法》，《汽车工业研究》2019 年第 4 期。

吴三忙、李善同：《中国制造业空间分布分析》，《中国软科学》2010 年第 6 期。

肖荣美、霍鹏：《以工业互联网为关键抓手推动制造业产业链现代化》，《长沙大学学报》2020 年第 1 期。

徐从才、盛朝迅：《大型零售商主导产业链：中国产业转型升级新方向》，《财贸经济》2012 年第 1 期。

徐晖：《新基建为我国产业链现代化按下快捷键》，《电器工业》2020 年第 7 期。

徐期莹、周春山、叶昌东、倪方舟：《1996—2013 年广州市工业的空间分异及其演化机制》，《中山大学学报》（自然科学版）2020 年第 4 期。

杨公朴、夏大慰：《现代产业经济学》，上海财经大学出版社 2002 年版。

杨宏翔：《发展经济学对中国经济增长方式转变的启示》，《学术交流》2006 年第 3 期。

姚齐源、宋伍：《有计划商品经济的实现模式——区域市场》，《天府新论》1985 年第 3 期。

叶昌东、周春山、刘艳艳：《近 10 年来广州工业空间分异及其演进机制研究》，《经济地理》2010 年第 10 期。

叶初升：《发展经济学视野中的经济增长质量》，《天津社会科学》2014 年第 2 期。

尹涛：《现代化大都市工业布局的思路与对策研究——以广州为例》，《学术界》2009 年第 1 期。

尹训飞：《制造业产业链安全现状与对策》，《中国工业和信息化》2019 年第 7 期。

余东华：《制造业高质量发展的内涵、路径与动力机制》，《产业经济评论》2020 年第 1 期。

张文伟：《常州制造业空间布局研究》，硕士学位论文，河海大学，2007 年。

张屹山、高丽媛：《制度变迁下交易费用变化的权力视角分析——对诺斯第二悖论的再认识》，《东北师大学报》（哲学社会科学版）2014 年第 3 期。

赵绪福：《产业链视角下中国纺织原料发展研究》，博士学位论文，华中农业大学，2005 年。

周路明：《关注高科技"产业链"》，《深圳特区科技》2001 年第 11 期。

周逸影：《广州工业发展与城市形态演变（1840—2000 年）》，硕士学位论文，华南理工大学，2014 年。

C. Cindy Fan, Allen J. Scott, "Industrial Agglomeration and Development: A Survey of Spatial Economic Issues in East Asia and a Statistical Analysis of Chinese Regions", *Economic Geography*, Vol. 79, No. 3, 2004.

Devereus M. P., Griffith R., H. Simpson, "The geographic distributions of productions activity in the UK", *Regional Science and Urban Ecnomics*, Vol. 34, No. 5, 2004.

Krugman, P., "Scale Economies, Product Differentiation, and the Pattern of Trade", *American Economic Review*, Vol. 70, No. 5, 1980.

附表 广州与中国主要城市制造业发展质量评估基础指标得分

基础指标	广州	上海	深圳	北京	苏州	武汉	重庆	宁波	青岛	南京	杭州	成都	天津	合肥	长沙	无锡	郑州	佛山	西安	东莞
规模以上工业企业增加值	11.02	16.58	17.12	11.04	14.98	8.86	13.05	9.01	8.20	9.96	9.38	8.78	14.31	7.87	8.57	8.97	10.01	11.20	9.56	10.30
规模以上工业企业总资产	12.05	8.76	18.65	7.29	16.92	11.47	12.75	10.59	10.28	10.14	11.72	10.50	8.16	8.80	8.90	11.67	9.48	10.37	8.35	10.71
规模以上工业企业资产利润率	10.15	19.09	9.49	17.89	9.75	9.58	9.83	10.54	9.13	9.97	9.63	9.34	12.93	9.07	9.61	9.96	9.59	11.25	11.87	9.15

续表

基础指标	广州	上海	深圳	北京	苏州	武汉	重庆	宁波	青岛	南京	杭州	成都	天津	合肥	长沙	无锡	郑州	佛山	西安	东莞
规模以上工业企业全员劳动生产率	10.18	11.40	8.29	13.04	8.38	11.28	9.11	8.66	10.16	11.97	10.17	10.75	19.29	13.85	12.62	9.53	13.26	9.31	9.06	6.36
规模以上工业企业成本费用利润率	11.26	12.40	9.91	10.89	9.65	10.51	9.93	12.56	9.36	11.41	10.45	9.26	10.59	8.75	9.43	10.83	10.65	10.98	21.39	7.07
规模以上工业企业总资产贡献率	12.35	11.24	8.66	7.12	9.09	11.61	10.78	13.04	8.58	12.77	10.55	10.03	9.76	8.29	11.59	9.88	11.48	12.85	19.84	7.43
规模以上工业增加值率	11.41	11.61	12.13	10.97	10.72	9.53	13.13	8.02	9.83	13.82	9.71	9.27	9.84	8.34	9.44	8.81	10.18	10.22	20.83	9.76
规模以上工业企业增加值占GDP比重	8.05	10.16	13.42	6.64	14.18	7.87	11.01	10.33	7.97	10.70	9.30	7.58	13.25	10.04	9.24	9.75	13.03	15.97	14.14	15.40
规模以上工业企业对GDP增长的贡献率	17.05	10.35	17.47	9.39	9.64	10.93	12.98	11.02	7.05	10.84	10.41	7.98	13.80	11.30	8.96	11.02	7.37	8.00	10.78	11.60

续表

基础指标	广州	上海	深圳	北京	苏州	武汉	重庆	宁波	青岛	南京	杭州	成都	天津	合肥	长沙	无锡	郑州	佛山	西安	东莞
国家高新技术企业数	13.58	12.71	15.24	20.42	10.86	9.93	9.43	9.06	9.73	9.74	10.12	9.67	10.67	9.19	9.33	9.22	8.86	10.11	9.25	11.04
高技术产业企业数量	10.91	11.96	20.74	11.08	14.24	9.51	10.69	10.63	9.02	9.47	10.50	10.13	9.75	9.14	9.18	9.68	8.45	9.89	9.12	14.17
高技术制造业增加值占规模以上工业增加值比重	9.33	9.90	18.97	11.76	14.52	9.58	8.85	8.51	8.68	10.69	11.81	15.51	9.68	8.69	9.43	11.72	10.50	8.01	8.87	12.83
规模以上工业产业区位熵	6.81	7.20	10.81	3.61	12.98	11.65	11.56	14.20	10.98	9.77	8.89	11.63	9.49	12.77	11.52	12.90	11.79	15.55	9.34	13.04
规模以上工业企业全国市场占有率	10.50	16.05	15.97	10.83	15.46	9.23	11.32	10.73	8.21	8.36	9.78	9.30	15.90	8.62	8.91	9.91	10.23	11.62	6.67	10.92
规模以上工业企业 R&D 经费支出占工业增加值比重	10.30	10.81	16.52	10.48	11.55	10.26	8.93	13.28	14.11	9.98	13.50	8.82	7.09	12.27	10.72	16.07	6.50	9.11	7.12	9.84

续表

基础指标	广州	上海	深圳	北京	苏州	武汉	重庆	宁波	青岛	南京	杭州	成都	天津	合肥	长沙	无锡	郑州	佛山	西安	东莞
规模以上工业企业R&D人员全时当量	11.06	12.13	21.18	9.78	13.74	8.87	10.64	12.07	9.22	9.87	11.37	9.03	10.15	8.86	9.27	10.73	8.89	11.64	8.57	11.19
规模以上工业企业R&D人员占规模以上工业从业人数比重	12.25	9.50	17.21	10.82	8.79	8.02	8.43	11.90	10.51	16.15	14.86	8.07	10.91	11.62	11.92	11.42	8.21	10.58	10.52	6.16
国家两化融合贯标企业数	12.53	14.57	15.60	17.39	9.20	14.57	9.71	11.76	11.50	10.73	8.94	10.99	10.99	9.20	7.66	9.45	7.92	8.17	9.20	7.92
有效发明专利数	12.36	14.86	16.53	18.76	12.26	9.22	9.75	10.34	9.00	9.89	11.04	10.23	10.35	8.81	8.46	9.35	8.50	10.39	8.95	9.49
技术市场输出技术成交额	11.06	12.39	10.74	21.94	9.76	11.06	9.74	9.44	9.63	10.28	9.79	11.68	11.01	9.75	9.63	9.50	9.47	9.28	11.89	9.29
规模以上工业企业就业人数占全社会就业人数比重	9.29	9.42	11.18	8.56	12.70	9.32	8.78	11.18	10.45	9.33	9.54	8.83	9.07	8.92	15.11	11.40	13.03	19.74	8.60	12.68

续表

基础指标	广州	上海	深圳	北京	苏州	武汉	重庆	宁波	青岛	南京	杭州	成都	天津	合肥	长沙	无锡	郑州	佛山	西安	东莞
城镇非私营制造业在岗职工年平均工资	12.72	16.38	12.94	17.53	10.82	8.21	9.33	11.33	10.27	12.86	11.99	5.33	11.62	9.73	10.72	10.94	9.05	9.15	7.87	9.51
规模以上工业企业就业人员人均利润率	11.97	15.45	8.66	15.26	8.97	11.81	9.83	9.61	9.05	13.64	10.58	9.21	11.90	8.37	9.46	10.99	9.26	10.56	17.31	5.79
货物出口与进口之比	10.23	7.21	9.56	5.14	10.55	10.80	12.62	12.51	10.87	10.42	12.67	9.75	7.15	10.78	12.30	11.21	11.84	19.16	10.78	10.79
机电产品进口额占进口总额比重	11.02	10.07	13.49	6.90	12.82	10.87	12.46	6.56	6.94	10.47	7.01	14.89	7.50	9.26	15.28	10.47	13.02	11.97	12.72	13.78
外贸依存度	9.84	14.09	15.46	13.09	15.59	7.87	8.64	12.40	9.94	9.20	9.56	9.12	9.84	8.66	7.67	10.60	9.67	10.08	9.61	17.43
工业境外企业数	11.45	14.74	14.32	9.96	18.08	8.68	8.91	11.58	10.90	9.29	9.84	8.77	10.67	8.38	8.41	10.81	8.39	10.55	8.49	15.95
机电产品出口额占出口总额比重	8.53	12.04	13.22	7.80	13.59	8.34	14.61	9.66	7.07	10.05	7.64	14.25	16.02	12.58	6.38	10.05	11.93	11.37	9.49	13.06
单位增加值能耗	11.57	10.90	14.13	13.00	7.13	9.24	5.26	8.49	10.74	7.93	12.78	11.54	13.85	11.47	14.07	5.59	10.90	12.64	13.86	13.29

续表

基础指标	广州	上海	深圳	北京	苏州	武汉	重庆	宁波	青岛	南京	杭州	成都	天津	合肥	长沙	无锡	郑州	佛山	西安	东莞
单位增加值耗电量	12.11	11.80	14.20	13.20	8.74	11.11	10.50	4.66	10.89	11.72	8.46	10.73	12.48	12.18	13.96	4.98	12.39	11.25	15.16	7.83
单位用地增加值	9.13	10.38	11.92	8.92	14.85	8.59	9.56	11.50	9.35	9.66	10.37	8.61	11.10	9.60	10.36	11.47	11.29	20.93	10.53	9.43
单位增加值用水量	13.09	13.53	13.45	13.16	8.77	6.05	8.71	13.75	12.62	12.58	13.54	9.53	11.14	7.29	7.62	7.43	14.01	7.20	13.89	10.89
单位增加值废气排放量	12.76	12.96	13.90	13.08	8.39	12.03	3.71	9.54	12.01	10.44	10.46	11.71	10.30	13.80	12.83	4.31	11.25	11.41	13.39	10.31
规模以上工业单位增加值固体废弃物排放量	12.62	11.71	14.46	12.52	8.81	6.87	8.27	7.97	9.29	6.16	11.88	13.05	11.29	6.36	14.06	14.19	9.23	13.52	13.81	12.37
单位增加值废水排放量	11.41	11.11	14.93	13.35	8.10	9.72	10.93	8.33	12.56	9.72	4.96	11.82	12.34	12.07	14.18	5.30	13.38	11.01	14.33	8.66
一般工业固体废物综合利用率	10.91	13.33	5.49	8.45	13.52	14.14	6.84	13.72	13.24	12.39	12.11	9.31	14.56	9.76	11.10	12.91	8.99	11.27	6.55	7.92